明代岭南大儒黄佐
交游研究

王 婷 著

岭南古籍出版社
·广州·

图书在版编目（CIP）数据

明代岭南大儒黄佐交游研究 / 王婷著. -- 广州：岭南古籍出版社, 2025. 8. -- ISBN 978-7-80775-060-4

Ⅰ. K825.4

中国国家版本馆CIP数据核字第20250SU686号

Mingdai Lingnan Daru Huang Zuo Jiaoyou Yanjiu

明代岭南大儒黄佐交游研究

王　婷　著

出 版 人：肖风华

责任编辑：易建鹏
责任技编：周星奎

出版发行：岭南古籍出版社

地　　址：广州市越秀区恤孤院路12号（邮政编码：510080）
电　　话：(020)87776449（总编室）　(020)87774479（售书热线）
印　　刷：广州市人杰彩印厂
开　　本：787 mm×1092 mm　1/16
印　　张：13.75　　字　　数：216千
版　　次：2025年8月第1版
印　　次：2025年8月第1次印刷
定　　价：78.00元

版权所有　翻印必究

如发现印装质量问题，影响阅读，请与出版社(020-87778643)联系调换。

序

  黄佐是明代中期岭南地区有名的思想家、文学家、教育家、史学家。给他贴这么多标签，是因为他在上述领域均做出了不菲的贡献，可谓名副其实。我最早关注到黄佐，是在整理清初屈大均选录的《广东文选》的时候。在点校该书时，我发现其中选录文章最多的作者就是黄佐，于是开始关注黄佐及其作品。完成了《广东文选》的点校整理任务之后，我向古委会申请了整理黄佐诗文集《泰泉集》的古籍整理项目，侥幸获得批准，整理成果后来在凤凰出版社出版。关于明代中期岭南地区思想家的研究，陈献章、湛若水等人是重点关注对象，但是对黄佐的讨论则远远不够。这与他的成就和贡献形成鲜明的对比，于是我开始指导研究生做一些关于黄佐研究的论文题目，如黄佐的交游、教育、地方教化、年谱等方面的问题。其中王其良同学做的题目是《黄佐交游研究——以名宦和大儒为中心》。

  2020年，在暨南大学工作的王婷博士以外招生的身份，考取暨南大学中国古代史专业，跟我读博士。她是陕西人，也是潮州媳妇，对潮州文化很感兴趣，而我对潮州文化则十分陌生，所以在她选择学位论文题目时，我们是花了较长时间反复讨论，以便选取一个我能指导、她能研究的题目。就这样，我们最终选择了香山黄佐作为研究对象，这不属于潮州文化的范畴，但属于岭南文化，研究起来她也是很有兴趣。更何况前期的材料收集工作，我们已经做得很扎实了，研究现状也比较清楚明了，这对王婷博士而言，也可以节省一些时间和精力。

  王其良同学在做黄佐交游问题的研究时，一是限于硕士学位论文的体量，二是考虑到黄佐交游问题的复杂性和广泛性，只选取名宦和大儒作为重点考察对象，因故他的论文主要讨论了黄佐与蒋冕、杨一清等名宦，与王守仁、文徵明、徐问等大儒的交游情况，并在此基础上对相关问题进行了初步分析。但就黄佐交游来看，还有很多问题尚未得到解决。如黄佐与其他官员、文人及方外人士的交游情况如何？这些交游是通过何种方式展开的？黄佐的交游圈都讨论哪些话题？这些交游话题是如何传播的？交游活动对黄佐本人及其交游对象又产生了哪些具体的影响？诸如此类的问题还很多，还值得做更为深入的研究。鉴于此，王婷博士的论文主题，最终确定在黄佐交游的进一步拓展上。

王婷博士是学美术出身的，后来转攻法律，其后又学习工商管理，涉猎的范围比较广泛，同时她对历史的兴趣也十分浓厚。她头脑灵活，思维敏捷，动手能力很强，情商也很高，也能吃苦。在论文资料收集、归纳及论文写作过程中，我指导她要多和同学交流，多请同学给予相应的帮助，多向其他老师和同学们请教，她很好地采纳了我的这一建议。为了弥补历史专业知识较弱的短板，能够更加集中时间和精力看书、补差距、写论文，王婷博士把孩子送到寄宿学校，以便心无旁骛。记得有一次和同学们讨论论文，她高烧不退，但还是坚持到晚上十一点多。而在论文资料搜集和归纳过程中，一有问题，她就到我办公室来讨论，有时候甚至带着几位同学一起来商量，以期给她更多的启发和思考。论文写作阶段，她更是全力以赴。正是这种不懈的努力和坚持，不断的讨论和修改，她最终完成了近20万字的学位论文。

正如王婷博士在她的学位论文摘要里所言，黄佐的社会交游活动纷繁复杂，其交游话题因交往对象的不同也存在很大差异。与黄佐交往的官员很多，王婷博士围绕当时明朝发生大礼议之争的时代背景，将与黄佐交游的参与大礼议之争的官员分为"护礼派"和"议礼派"两类，很好地抓住了黄佐与这些官员交往的特点及当时的政治环境。黄佐一生仕途上的成就不是很大，他致仕后退居广州，创办泰泉书院，致力于教书育人与著书立说。因此与广东本地官员的交往就是黄佐与官员交游中比较重要的一个问题，这也是王婷博士重点探讨的内容。在探讨黄佐与理学大儒如湛若水、王阳明、徐问等人的交游活动中，关注黄佐与这些大儒的思想论辩，借此展示黄佐的学术思想演变及观点，则是王婷博士研究黄佐与理学家们交游的重点。黄佐与岭南地区文人的交游，体现出明显的地域特色，王婷博士也在论文里试图通过对这种交游活动的探讨，展现黄佐对岭南文化的贡献。黄佐是典型的宋明理学的继承者和传播者，他对佛道二教采取了较为激烈的批判态度，尤其是佛教，而这种态度也是通过他与佛道人士的交游活动反映出来的。

黄佐与官员、文人的交游往来，是比较表象的问题，而交游背后体现出的更深层次的问题，才是更加值得挖掘的内容。这一点我在和王婷博士讨论论文框架结构时，就一再提醒她要注意挖掘黄佐交游背后的东西，而不仅仅是考证出黄佐与哪些官员、哪些文人有交往。因此王婷博士论文的最后一章，即"黄佐交游的主要话题及其传播方式"，便是这一想法的集中体现，而这一章也的确是对黄佐交游较为深层次问题的一种尝试性的思考与总结。

总体上来看，王婷博士将黄佐置于明中叶政治斗争和文化变迁的时代背景下，重点分析他的交游对象、交游活动、他与交游对象之间的交游话题及传播方式，并在此基础上较为深入地探讨了黄佐的政治倾向、学术思想、宗教思想、教育贡献等问题。这对揭示黄佐的精神世界，进而形成对黄佐更为全面和深入的认识，并对探讨明中叶岭南地区理学发展、文学创作、人才培养、社会教化等问题，均有相应的参考意义和价值。我想王婷博士的这本著作，可以说是达到了预期的目的。

在王婷博士学位论文出版之际，她邀我为其论著写篇序言。盛情难却之外，作为导师，我想这应该也可以算是一种义务吧。抱着这样的想法，我写下如上文字，这既是对王婷博士的交代，也算是对她日后能够继续从事岭南文化、潮州文化等相关问题研究的一种期许吧。

陈广恩

乙巳年嘉月

书于暨南大学第一文科楼326室

目 录

绪 论 ··· 1
  一、选题目的与意义 ·· 2
  二、创新与难点 ·· 5
  三、写作思路与方法 ·· 7

第一章 黄佐的家族世系与生平事迹 ································· 10

第一节 黄佐的家族世系 ·· 10
  一、对黄佐先祖的追溯 ·· 11
  二、迁徙岭南定居 ·· 12
  三、黄氏三代名儒 ·· 16

第二节 黄佐的生平事迹 ·· 24
  一、入仕之前:家学传承下的勤学苦读 ····························· 24
  二、科试历程:举路漫漫与三失礼闱 ································ 30
  三、仕途经历:仕途迁转与三次致仕 ································ 33
  四、致仕之后:教书育人与著书立说 ································ 37

第二章 黄佐与官员的交游·················43

第一节 与护礼派官员的交游·················44
  一、与梁储、杨廷和等人的交游·················44
  二、与蒋冕的交游·················45
  三、与舒芬的交游·················49
  四、与林俊的交游·················52

第二节 与议礼派官员的交游·················55
  一、与杨一清的交游·················56
  二、与霍韬的交游·················62

第三节 与文徵明的交游·················64
  一、同处翰林,交往甚密·················65
  二、徵明隐退,黄佐赠行·················67
  三、阻冻潞河,联舟唱和·················71
  四、扬州别离,书信交游·················76

第四节 与同年、同馆的交游·················76
  一、与同年的交游·················77
  二、与同馆的交游·················84

第五节 与广东地方官员的交游·················91
  一、与广州府地方官的交游·················91
  二、与韶州府地方官的交游·················92
  三、与南雄府地方官的交游·················93
  四、与惠州府地方官的交游·················94
  五、与肇庆府地方官的交游·················94
  六、与高州府地方官的交游·················95
  七、与廉州府地方官的交游·················96

第六节　大礼议背景下黄佐的交游策略与境遇……………98
　　一、友而不党：黄佐的交游策略…………………………98
　　二、进退维谷：黄佐的官场交游境遇……………………101

第三章　黄佐与理学大儒的交游及思想论辩……………103

第一节　与湛若水的"中思"之论…………………………103
　　一、与湛若水论"中思"…………………………………105
　　二、与湛若水罗浮同游……………………………………107
第二节　与王阳明的"知行""良知"之辩…………………108
　　一、绍兴初遇与"知行""良知"之论…………………109
　　二、广州之会与"知行""良知"的再次讨论…………115
第三节　与徐问的交游及阳明心学、中和观之论…………122
　　一、定交桂林，相谈甚欢…………………………………123
　　二、离桂途中的唱和………………………………………124
　　三、秣陵再会同游与致仕后的书信往来…………………126
　　四、黄佐与徐问论阳明心学、中和观……………………130

第四章　黄佐在岭南的交游及其
　　　　　对岭南文化的影响……………………………134

第一节　与岭南士绅的交游及地方教化的推行……………134
　　一、《广东通志》编纂中的交游与教化…………………135
　　二、与学官、书院儒师的交游及教化的推行……………138
第二节　与"南园后五先生"的交游
　　　　　及对岭南诗歌的贡献……………………………140
　　一、与"南园后五先生"的交游…………………………141
　　二、黄佐与"南园后五先生"对岭南诗歌的影响………143

第三节　交游视域下黄佐著作的生成、传播与影响：
以《庸言》为例……………………………………145
一、《庸言》：与弟子交游讲学的成果……………………145
二、交游中《庸言》的传播与影响…………………………146

第五章　黄佐与佛道中人的交游及其
对二教的态度………………………………149

第一节　游而不交：黄佐与佛道的渊源及交游…………150
一、黄佐的佛道渊源…………………………………………150
二、佛寺游历及与佛僧的交游………………………………151
三、罗浮之游及与道士的交往………………………………154

第二节　黄佐对佛道二教的批判态度及其思想成因……157
一、黄佐对佛道二教的批判…………………………………157
二、黄佐批判佛道二教的思想成因…………………………161

第六章　黄佐交游的主要话题及其传播方式……………164

第一节　黄佐交游圈的主要话题…………………………164
一、程朱理学与阳明心学……………………………………164
二、治国理念与为官之道……………………………………170
三、"礼"的观念……………………………………………175
四、谈禅论道…………………………………………………177
五、文学创作与求学问道……………………………………181

第二节　黄佐交游话题的传播方式………………………184
一、书院讲学，人才培养……………………………………184
二、文人雅集，诗歌唱和……………………………………187
三、书信来往，学术论辩……………………………………188

结　语···190

附录　黄佐家族世系表·····································193

参考文献···194

后　记···204

绪 论

《管子》卷一《权修》有言："观其交游，则其贤不肖可察也。"①一个人的交游情况，可以反映出他的品行、能力和他所处的人际圈、生活环境，也可从某个侧面折射出其所处的社会环境和时代特征。

明代活跃的党社及讲学活动，使士人群体意识得到加强。这一时期士人关于"友道"的言说包含了复杂丰富的历史内容，与"朋友"有关的伦理实践也涂染了危机时刻特有的色彩。②在明史研究中，明代思想、社会文化的变迁历来是一个重要研究方向。③明代士人阶层作为当时的社会精英，其思想世界和行为活动，或凭借官修史书，或依靠私人著述留存于世，成为可供后世研究的宝藏。正是基于这样的史料特点，当代学界对明代思想、社会文化变迁的研究，便主要是基于对明代士人阶层的思想与活动研究而展开的。而选择明代某位著名文人进行个案研究，自然是窥视明代士人阶层精神世界与行为活动的重要路径。其中士人的交游情况，特别是著名文人的交游活动，因其能牵扯出庞大的人际关系网或重要历史事件和人物，故而成为探究明代上层社会及其所处时代变迁的锁钥。

---

① 黎翔凤撰，梁运华整理：《管子校注》卷一《权修第三》，中华书局，2018年，第52页。

② 赵园：《乱世友道——明清之际有关"朋友"一伦的言说的分析》，《甘肃社会科学》2006年第1期。

③ 赵现海：《明代中国的历史定位与研究视野——2015年明史研究的总结与展望》，《中国史研究动态》2016年第3期。

一、选题目的与意义

黄佐（1490—1566），字才伯，别号希斋、太霞子，晚号泰泉居士，广东香山（今中山市）人，明代中期著名的理学家、史学家、方志学家。正德十六年（1521）进士，嘉靖初授翰林院编修，曾出任江西按察佥事、广西提学佥事、南京翰林院侍读、南京国子监祭酒等。晚年与大学士夏言论河套事不合，遂辞官返粤。嘉靖四十五年（1566）去世。穆宗年间赠礼部右侍郎，谥"文裕"。

黄佐的一生，几乎完整涵盖了明朝弘治（1488—1505）、正德（1506—1521）、嘉靖（1522—1566）三个时期。这一时期，以王阳明、湛若水等为代表构建的心学兴起，文人士大夫与皇权的斗争趋于激烈。作为一代大儒，黄佐在明代岭南地区的政治、文学、史学、思想、教育等方面都具有重要地位。就活动轨迹而言，黄佐起于岭南，因科举和出仕，足迹达于两京。以上种种，使得黄佐的交游呈现出对象、话题多样化的特点。由以下表格，不难管窥黄佐交游对象的广泛、社会活动的活跃，且牵扯到明中叶许多著名人物。

黄佐交游对象：官员（部分）

人物	简要生平	与黄佐交游情况
梁储 （1451—1527）	广州府顺德县人，官内阁首辅、华盖殿大学士	正德十二年，黄佐会试不顺，梁储慰留之
杨廷和 （1459—1529）	历仕宪宗、孝宗、武宗、世宗四朝，官内阁首辅，大礼议中坚持"护礼"	嘉靖元年，杨廷和移置黄佐殿试成绩为二甲十一名

续表

人物	简要生平	与黄佐交游情况
蒋冕 （1463—1532）	嘉靖三年，继杨廷和为内阁首辅，大礼议中坚持"护礼"	①蒋冕以乾清宫成为主题命新入选的庶吉士们作赋，黄佐表现卓异，深为蒋冕赏识。②嘉靖二年，黄佐出京，蒋冕赠诗送行。③嘉靖三年，蒋冕因在大礼议中失势而致仕，黄佐上疏请求赦免。④蒋冕为黄佐家庙落成作记，黄佐为蒋冕文集作序
舒芬 （1484—1527）	精于《周易》，长期在翰林院任职，带头反对明武宗南巡，参与大礼议	二人曾就易学、音律等展开学术探讨；黄佐为舒芬《梓溪文集》作序
林俊 （1452—1527）	成化十四年进士，官至刑部尚书，大礼议中坚持"护礼"	在京城时，黄佐常受林俊教诲，此后二人多有书信往来，讨论学术。林俊应黄佐之邀，为其祖父黄瑜撰写墓表
杨一清 （1454—1530）	历仕宪宗、孝宗、武宗、世宗四朝，官内阁首辅。大礼议中，支持明世宗的主张	黄佐在《上杨石淙书》中与杨一清就时局展开论辩
霍韬 （1487—1540）	广州府南海县人，官礼部尚书。大礼议中，支持明世宗的主张	霍韬曾作《送黄才伯序》勉励。霍韬去世后，黄佐作祭文怀念
文徵明 （1470—1559）	少时即负盛名，曾官翰林院待诏。与祝允明、唐寅、徐祯卿并称为吴中四才子	①在翰林院时，二人多有酬唱。②黄佐纂修《黄氏家乘》成书，文徵明为之作序。③文徵明隐退，黄佐作诗赠行。④黄佐回家省亲，与文徵明同行，途中多有唱和。⑤扬州别离后，二人多有书信往来
梁世骠 （1495—1544）	广州府顺德县人，曾任浙江按察使司佥事、福建漳南道兵备佥事	二人为科举同年，交往密切，多有唱和之作，梁世骠之子梁有誉后拜入黄佐门下
葛鸣	官至云南按察副使	同为庶吉士，二人多有唱和，曾书信往来讨论《周礼》

续表

人物	简要生平	与黄佐交游情况
赵廷瑞	官至南京户部尚书，多次弹劾奸佞不法之臣，以清正廉明著称	与黄佐同在翰林院任职时相熟，二人多有唱和
廖道南	历任翰林院编修、徽州府通判	与黄佐同在翰林院任职时相熟，二人多有唱和
郑一鹏	秉性伉直，刚正不阿，敢于劝谏，官吏科左给事中	与黄佐同在翰林院任职时相熟，后多有交游，曾在书信中讨论鬼神仙佛之事
张璧	历翰林编修、南京礼部尚书、经筵日讲官等	与黄佐结识于翰林院，二人相知相惜，交谊深厚，多有唱和
林士元	历南京户科给事中、广西参政、浙江按察使等	林士元迁建香山县学，黄佐为之作记。二人曾书信往来，讨论"理"与"气"等学术问题

黄佐交游对象：理学大儒

人物	简要生平	与黄佐交游情况
湛若水 （1466—1560）	广州府增城县人，世称"甘泉先生"。历翰林院编修、南京国子监祭酒，南京吏部、礼部、兵部尚书等职	①两人于翰林院任职期间相熟。②嘉靖二年，黄佐离京省亲，湛若水赠序相送，序中对"中思"理论多有讨论。③嘉靖二十九年二月，湛若水与黄佐同游罗浮
王阳明 （1472—1529）	世称"阳明先生"，明代"心学"的代表人物。官都察院左都御史，总督两广军务	黄佐曾二会阳明，二人对"知行""良知"等理论多有论辩。黄佐主持编纂的《广州志》，收录了王阳明六世祖王纲事迹
徐问 （1480—1550）	历任刑部主事、登州知府、广东左布政使、贵州巡抚、兵部右侍郎	二人定交于黄佐任广西提学佥事时，多有诗歌唱和，曾在书信中就阳明心学、中和观等展开探讨

黄佐交游对象：南园后五先生

人物	简要生平	与黄佐交游情况
梁有誉 （1519—1554）	广州府顺德县人，嘉靖二十九年进士，授刑部主事，后称病告归	拜入黄佐门下，在诸弟子中"从游最久"。协助黄佐编集《六艺流别》
黎民表 （1515—1581）	广州府从化县人，嘉靖十三年举人，历官翰林院孔目、河南参议等职	黄佐学术活动的重要参与者，与黄佐一同编纂《罗浮山志》《明音类选》等著作，与梁有誉一起协助黄佐编集《六艺流别》
欧大任 （1516—1596）	广州府顺德县人，嘉靖四十二年以岁贡生选授江都训导，官南京工部郎中	曾随黄佐讲学，为黄佐《泰泉集》作序
李时行 （1513—1569）	广州府番禺县人，嘉靖二十年进士，授嘉兴知县，升南京兵部主事	曾师从黄佐，为黄佐文集作序。嘉靖二十一年，于嘉兴刊版《泰泉集》
吴旦	广州府南海县人，嘉靖十六年举人。初任湖广归州知州，后升山西按察佥事	曾师事黄佐

在黄佐的交游作品中，经常出现他对理学的认识，对朝廷政局的关心与讨论，对岭南地方教化的思考，对人才培养的用心与实践，对官员、理学家、社师、文人等人物形象的分析评价等。所以研究黄佐的交游，一方面，对了解黄佐本人的文学创作、思想学说、社交网络、教育思想等有重要的意义，有助于推进对黄佐个人的深入考察和研究，有助于我们更加立体和动态地认识黄佐；另一方面，对研究明中期理学思想、政治环境、岭南历史文化、社会教化等也有重要的参考价值。黄佐的交游情况，其实正是折射明朝中叶社会思想文化变迁及士林精神状态与思想世界的一面镜子。

二、创新与难点

正因为黄佐一生的交游活动牵扯到明中叶许多著名人物，加之明朝士人的社会活动非常活跃，因此黄佐交游问题的复杂性不言而喻，对黄佐及其交游对象相关作品、事迹的搜集梳理，黄佐交游情况与社会背景之间联系的揭示，黄佐交游背后相关问题的挖掘等问题都极具挑战性。但也正因如此，黄佐交游这一主题富有学术意义和探讨空间。有鉴于此，关于黄佐交游的研究，虽然学界已有不少相关成果，但仍有继续耕耘的余地，仍需在前人研究的基础上做进一步的深入探讨。

本书努力的主要方向有以下几个方面：第一，系统梳理黄佐的家族世系与生平事迹。前人虽对黄佐生平有或详或略的讨论，但仍有不少细节尚未达成共识。本书在详细梳理黄佐家世及生平的基础上，考辨史籍中有关黄佐祖先记叙的若干抵牾，关注黄佐家族谱系建构与家族意识形成过程，探讨家学传承对黄佐学问的具体影响。第二，对大礼议背景下黄佐与官员的交游情况及其交游策略与境遇进行探讨。前人虽对黄佐与官员的交游情况有所涉及，但主要局限于杨廷和、杨一清、文徵明等少数几位，对黄佐在大礼议背景下官场交游的多样性呈现不够，难以体现黄佐的交游特点。本书除了对前人有所关注的黄佐与"护礼""议礼"两派的交游问题做进一步讨论外，还关注黄佐与地方官员、同年及同馆的交游，并分析黄佐在大礼议背景下的交游策略及其境遇。第三，进一步讨论黄佐与理学大儒的交游。明代以降，黄佐的理学成就逐渐为人所忽视，其形象多为文学家、教育家。但黄佐对理学及心学均有自己独特的理解和主张，他在交游中曾就相关议题与友人多次展开论辩。前人对此已有关注，但部分细节仍有待纠正，且交游对黄佐思想的影响等问题仍有待进一步探讨。第四，从交游来看黄佐对岭南文化的贡献。前人虽对黄佐的教育活动及教育思想有所讨论，但讨论黄佐与岭南地区不同群体的交游及其影响的著述尚属罕见。对黄佐与地方学校教师、文士交游的研究还有待进一步展开。黄佐在地方建立书院、制定乡约、推行教化并非单独完成，而是与社师、士绅、学子等共同成就的，这些人通过哪些方式凝聚，又是怎样在地方发挥作用和影响，仍需深入挖掘。第五，探讨黄佐与佛道人士的交游及其对二教的态度。在明代崇道佞佛的社会风气下，黄佐对佛道的态度，前人关注较少。而且，黄佐对佛道的态度与其个人对佛道的认知密切相关，通过讨论黄佐与佛道人士的交往及其对二教的态度,有利于增进对明中叶宗教发展与士人宗教观的认识。第六,黄佐交游圈的主要话题及其传播方式等问题值得深入挖掘。本书拟通过深入考察,窥探明代士人之间的交游方式、交游目的及由此而形成的社交网络等,并据此进一步理解明代社会尤其是岭南地区的思想、政治、经济、文化、社会、家族等相关问题。

三、写作思路与方法

本书主要采用考据法,通过对文献资料的搜集与爬梳,试图对黄佐的交游情况进行全方位、多角度的考察,明晰以黄佐为核心的交游圈对当时政治、思想和文化的影响。主要包括以下几个方面:

其一,考察黄佐的家族世系和人生轨迹,探究家族文化对他产生的影响。黄佐通晓典礼、乐律、词章等,与丘濬、陈献章合称为明代广东三大学者,一生著述颇多。朱彝尊《静志居诗话》云:"岭表自'南园五先生'后,风雅中坠,文裕力为起衰,如黎维敬、梁公实辈,皆其弟子。嘉靖中,'南园后五先生',二子与焉。盖岭南诗派,文裕实为领袖,不可泯也。"① 四库馆臣称赞他:"少以奇隽知名。及官翰林,明习掌故,博综今古。生平著述至二百六十余卷。在明人之中,学问最有根柢。文章衔华佩实,亦足以雄视一时。岭南自南园五子②以后,风雅中坠,至佐始力为提倡。如梁有誉、黎民表等,皆其弟子。广中文学复盛,论者谓佐有功焉。"③ 可见黄佐在岭南的文化传承中起着举足轻重的作用。他之所以取得这样的成就,一方面固然是由于幼年勤学苦读,博闻强识,其祖父黄瑜(双槐先生)、父亲黄畿(粤洲先生)都是岭南名儒,有深厚的家学渊源,另一方面也与黄佐的社会交游有很大的关系。黄佐与亲友、同僚的唱和、游历、纂书、思想

---

① 朱彝尊著,黄君坦校点:《静志居诗话》卷十一,人民文学出版社,1990年,第297页。
② 南园五子,也称南园五先生,指元末明初活跃于广州的孙蕡、赵介、王佐、黄哲、李德等五人,因共结南园诗社而得名。
③ 永瑢等:《四库全书总目》卷一七二《别集类·泰泉集》,中华书局,1965年,第1503页下。

交流等活动，对他的兴趣爱好、文学主张、理学思想都产生了很大影响。因而，考察黄佐的家庭环境与交游情况，有助于了解其思想学说的成因和时代背景，丰富学界对于黄佐个人的研究。

其二，考察黄佐的交游对象与交游活动。黄佐的交游对象非常广泛，交游活动也非常丰富，正可作为考察明代中叶官僚、理学家的交游方式、交游活动和交游话题的典型案例。本书拟通过厘清围绕黄佐形成的社交网络，丰富学界对黄佐生活圈、社交圈的认识，探寻明代中期的社会思潮和政治环境，了解明代士大夫阶层的生活环境和文化生态。尤其是考察黄佐与姻亲、同年、同僚、好友的交游，既有助于了解明代中期士大夫阶层的生活状态、社交活动和人际关系，又可以窥探当时的政治环境和文化氛围。而且，明代的地方势力在国家权力中占有重要地位，朝廷培养的士大夫势力（地方精英、士绅阶层）对地方社会产生了重要影响。研究黄佐与地方文士的交游情况，有助于明晰明中叶士绅群体的凝聚方式、官僚与士绅的交游方式等，探寻明代国家权力与地方政治之间的微妙关系，对了解官僚与士绅在地方发挥的作用、国家权力与地方政治之间的关系都有重要的参考价值，因而有助于促进明代地方文化研究。

需要特别说明的是，黄佐的一些交游对象兼具官员与理学家等多种身份，本书在对这些交游对象进行分类时，或依据其主要成就，或依据其与黄佐交游的主要话题。这种分类方法主要是为便于行文论述，而非对其身份的单一界定。

其三，考察黄佐与佛教、道教的联系，对佛道的复杂态度，及其与佛道人士交游背后的家族渊源、政治环境和社会因素。黄佐早年受家学熏陶，对释老之学多有涉猎。赴京赶考之际，也曾于庆寿寺观览佛书，反倒是晚年潜心理学，而贬斥佛老。在与人交游过程中，黄佐屡有针砭释老之语。作为明代中叶著名的理学家，黄佐对佛道思想的态度值得关注，也值得作为明代理学家佛道观的典型个案进行研究。研究黄佐与佛道思想有何具体的交涉，在一定程度上还有助于我们明晰明代中叶佛道思想在士大夫物质生活和精神生活中产生了怎样的具体影响。

其四，考察黄佐与门下弟子的交游情况，梳理黄佐的师承脉络，考察黄佐对明代岭南地区文化发展、地方教化的具体影响和贡献。黄佐在岭南文坛上有着重要的地位和影响,是衔接南园前五先生和南园后五先生的关键人物。尤其是南园后五先生,在明代文坛上占据重要位置,也是后来广东士人心中重要的文化符号,激励起后世广东文人的文化自豪感。南园后五先生的成就离不开黄佐的教导。黄佐把自己的理学观念渗透到平时的教学活动中,把诗书传家的理念传播出去,把理学传播、书院发展与官学制度、科举考试联系起来,对地方教化起着举足轻重的作用。他的门人秉承师志,大多走向了官学系统或科举仕途。考察黄佐与其门人弟子的交游情况,是研究其理学思想与教育思想的重要途径。

第一章 黄佐的家族世系与生平事迹

研究黄佐的交游情况，离不开对其生平事迹及其家族情况等背景知识的了解。前人讨论黄佐家世和生平最为详细者，当属王其良的《黄佐交游研究——以名宦和大儒为考察对象》①一文，但该文对黄佐先祖的论述侧重于其祖父黄瑜及其父黄畿，缺乏对黄氏家族世系的全面探讨，对黄佐生平的梳理较为笼统，对黄佐受家学影响的具体情况讨论不足。高春缎的《黄佐生平及其史学（一四九〇—一五六六）》②依据黄佐《郡志自叙先世行状》一文，对黄佐的家世、生平也有所梳理，然甚为简略，对黄氏来源、黄佐出于黄忠之后等说法缺乏辨证，也没有注意到其背后的家族谱系建构历程。鉴于此，本章拟在考辨史籍有关黄佐祖先世系记载抵牾的基础上，重新梳理黄氏家族世系及黄佐生平事迹，勾勒黄氏家族在岭南的传承发展情况，进而考察家学传承对黄佐治学的影响。

第一节 黄佐的家族世系

黄佐出身的"香山黄氏"，是明清时期香山望族。黄氏于明清两代五百

---

① 王其良：《黄佐交游研究——以名宦和大儒为考察对象》，暨南大学硕士论文，2013年，第2—11页。
② 高春缎：《黄佐生平及其史学（一四九〇—一五六六）》，台湾高雄文化出版社，1992年，第39—46页。

多年间文士辈出，可谓文脉悠远。①随着黄氏家族在岭南地区的发展，黄佐的家族历史叙事也逐渐清晰明朗。嘉靖年间，黄佐依据旧有家谱，专门编写了《郡志自叙先世行状》，叙述黄氏家史，是已知现存最早的系统记载明中叶以前香山黄氏家族历史的文献。黄佐借助修纂《广州志》之便，将该文收入府志。后人又将《郡志自叙先世行状》收入黄佐《泰泉集》中。②因嘉靖《广州志》仅天一阁所残存的三十七卷，且不易寻获，故学者们讨论黄佐家世时，所征引的《郡志自叙先世行状》一文多出自《泰泉集》，本书亦是如此。

一、对黄佐先祖的追溯

香山黄氏虽为岭南重要的文化世家，在明代之前却不彰。黄佐在《郡志自叙先世行状》中将其先祖上溯至三国名将黄忠，又称在五代时期有名为黄鸢的祖先出仕后晋，一度官拜谏议大夫，后为躲避中原战乱而迁居江西筠州（今高安市），并暗指其家族或与黄庭坚所出之金华黄氏有联系。然而毕竟"旧有家乘，蠹漏过半，名字多缺略"③，由于旧有家谱的缺失，明代之前的黄氏谱系多难以考实。"黄氏家世的历史，是到了黄佐或其祖黄瑜的时代，才开始有专门的文字记录。"④故《郡志自叙先世行状》中对黄氏先祖系统的谱系记录十分简陋，缺失严重，自黄鸢之后经宋至元末，四百年间在《郡志自叙先世行状》中留有名姓者不过"汉卿""文敬""重载""雍""宪昭"等数代人。宪昭因直谏而触怒龙颜，被贬岭南，黄氏谱系在

---

① 参阅黄雪敏、区婉仪：《岭南香山黄氏文化世家考述》，《佛山科学技术学院学报（社会科学版）》2017年第2期。

② 据陈广恩研究，黄佐的《泰泉集》共有六十卷本、十卷本、一卷本三种本子行世，其中十卷本是"黄佐任南京国子监祭酒时编定的诗集"，所收录的内容主要是黄佐所作"诗歌"。一卷本、六十卷本皆为后人尤其是黄佐子孙编定付梓。见陈广恩：《〈泰泉集〉版本初探》，《暨南学报（哲学社会科学版）》2014年第2期。黄佐《自叙先世行状》主要收录于六十卷本《泰泉集》中。

③ 黄佐著，陈广恩点校：《泰泉集》卷五十八《郡志自叙先世行状》，凤凰出版社，2021年，第1261页。本书所引用《泰泉集》中文献，如无特别注明，均为此版本。

④ 刘志伟：《从乡豪历史到士人记忆——由黄佐〈自叙先世行状〉看明代地方势力的转变》，《历史研究》2006年第6期。

明代才开始相对清晰起来。

黄佐自叙其出自三国黄忠之后,高春缎、梁艳等采信了这一记载,将黄佐先世推至三国时期。①然据《三国志》载:"(黄忠)子叙,早没,无后。"②此外也别无其他关于黄忠后裔的记载,由此可知黄佐认为其先祖出于黄忠的说法不足为信。且黄佐在《郡志自叙先世行状》中也无法完整罗列明代以前的黄氏谱系,于缺失之处只能作若干泛泛之论。大抵黄氏在迁入岭南之前或并非显望,或几经起伏,早已遗失完整的谱系,香山黄氏只能在发迹后将祖先追溯至黄忠以自重身份。

许多论者言及黄佐先祖,多从元末黄宪昭开始。③而从《郡志自叙先世行状》中可发现黄氏自"汉卿"以下就有了相对明确的代际传承关系,至黄宪昭共七代人。除黄汉卿子、孙二代姓名不详外,其余五代都有姓名留存。《郡志自叙先世行状》载黄氏"入宋,子孙益衍,巍科膴仕,往往而有。其昭然可据者,则谏议裔孙、度支员外郎汉卿为一世"④,可能是由于家族人员数量多,再加上黄氏跻身于士大夫之列,宗族意识进一步强化,才有了相对明晰的谱牒传承。然黄汉卿之后的黄氏或为"处士",或任"迪功郎"(从九品),或为"楚州监税",《郡志自叙先世行状》中所说的"巍科膴仕"者并不多。

二、迁徙岭南定居

黄雍之子黄宪昭,曾官至西台御史,为黄氏谪迁岭南前功名最著者。元顺帝至元年间,元廷"禁汉人、南人不得蓄兵器,犯者论死",黄宪昭上

---

① 高春缎:《黄佐生平及其史学(一四九〇—一五六六)》,台湾高雄文化出版社,1992年,第39页;梁艳:《黄佐的教育活动及其教育思想研究》,暨南大学硕士论文,2015年,第5页。

② 陈寿撰,陈乃乾点校:《三国志》卷三六《蜀书·黄忠传》,中华书局,1964年,第948页。

③ 如王其良:《黄佐交游研究——以名宦和大儒为考察对象》,暨南大学硕士论文,2013年,第3页。

④ 《泰泉集》卷五十八,凤凰出版社,2021年,第1261页。

疏直谏，后被"贬岭南，卒于途"。①黄佐在《郡志自叙先世行状》中记载这位祖先的事迹时，特别称赞他"以直谏驰声朝署"②，由此可以看出香山黄氏及黄佐本人推崇忠直耿介家风的价值取向。黄宪昭在举家谪迁岭南途中病逝于南雄境内，其子黄从简则继续南下，至广州西濠定居，被黄氏后人尊为岭南始迁之祖。元末天下大乱，东莞人何真（1321—1388）拥兵自雄于岭南，③黄从简追随何真"起兵卫乡间，累功拜宣慰司副使"④。黄佐祖父黄瑜有《双槐岁钞》一书传世，书中亦称黄从简为何真部下骁将，这是目前关于黄从简事迹的最早记载。⑤何真归附朱元璋后，广东归于明廷统治，黄从简的事迹自此失载，大抵也归顺了明朝。黄氏家族在元代两世为官的经历，不仅对其后人重视读书，进而发展为岭南文化世家产生了深远影响，很可能也是黄氏南迁入粤后迅速发展为一方豪族的直接原因。

值得注意的是，黄从简事迹仅在黄瑜、黄佐这些黄氏后人著述中存在，而于其他史料无征。这就使得《双槐岁钞》《郡志自叙先世行状》中关于黄从简的记载显得颇为可疑。⑥刘志伟指出，这有可能是明朝建立后，明廷通过拔除何真父子在广东的势力，摧毁了元末岭南地区豪强势力割据的社会基础，大量地方豪强势力遭到翦灭，事迹无存，被淹没在了历史长河中。黄从简大约属于此类，但也不排除黄从简事迹有后人虚构的成分。⑦

关于这一点，从《郡志自叙先世行状》的行文也可以看出一些端倪。

---

① 《泰泉集》卷五十八，凤凰出版社，2021年，第1261页。
② 《泰泉集》卷五十八，凤凰出版社，2021年，第1261页。
③ 相关研究可参阅汤开建：《元明之际广东政局演变与东莞何氏家族》，《中国史研究》2001年第1期。
④ 黄培芳等纂修：《黄氏家乘》卷三《小传·宣慰祖》，《北京图书馆藏家谱丛刊·闽粤（侨乡）卷》第5册，北京图书馆出版社，2000年，第163页。以下出自此家谱丛刊者省略出版信息，以省冗繁。
⑤ 黄瑜撰，魏连科点校：《双槐岁钞》卷一《何左丞赏罚》，中华书局，1999年，第8—9页。
⑥ 吴泽文认为，香山黄氏家族的祖先叙事存在一个黄佐利用自身交际网络和地方影响力进行"祖先故事再书写"的过程，因此黄佐的祖先故事主要留存于黄佐主持修纂的地方志及好友为其祖先所作墓志铭、家传等。参阅吴泽文：《明代理学社会化与祖先故事的再书写：以香山黄氏为中心》，《历史人类学刊》2021年第1期。
⑦ 刘志伟：《从乡豪历史到士人记忆——由黄佐〈自叙先世行状〉看明代地方势力的转变》，《历史研究》2006年第6期。

一方面,《郡志自叙先世行状》虽然记载说黄从简是"藐然孤子入广",但是在记叙其子黄教事迹时,又称其"与宗人定家礼,变夷习,乡人化之",既然黄从简"孤子入广",那么如何仅一代人过后,黄家在广州就有"宗人"呢?另一方面,《郡志自叙先世行状》提及明征南将军廖永忠平定岭南时,曾将黄从简之孙黄温德强行编入军籍。需要注意的是,廖永忠平定广东是在洪武元年(1368),次年九月便返回应天。① 如此来看,黄温德被编为军户至迟不会晚于洪武二年。而黄培芳等所纂《黄氏家乘》(以下称道光《黄氏家乘》)卷三记载黄温德生于"至正壬辰年",即至正十二年(1352),与文徵明《处士黄温德墓志铭》记载同,其说当属可信。据道光《黄氏家乘》卷三,黄宪昭死于至正三年(1343)。如此来看,黄氏迁粤后不到十年间,家中就有第三代人物出生。那么黄从简迁粤时年龄应在三十岁以上,其次子黄教(黄温德父)有可能已经成年。因此黄佐关于黄从简"藐然孤子入广"的说法便不足为信。黄氏一族既在元朝两世为官,在江西老家的宗族势力可能并不弱小。很可能是在黄从简举家定居广州后,筠州黄氏族人继踵南下,投亲聚居,使黄氏宗族在广州人丁日盛,加上黄从简出身官宦人家,很快在新的居住地积累起威望,以至于其家族成为足以教化乡里的一方豪绅。否则黄从简作为外来人户,在广州毫无根基,如何能在元末举兵响应何真,迅速成为一方军政要员?其子黄教在徙居叠滘(今属广东省佛山市南海区)后又为何能在乡里"与宗人定家礼"?黄佐之所以强调黄从简"藐然孤子入广",不过是为了强调先祖筚路蓝缕、开创家业之艰辛。黄氏在累世教育子孙的过程中,形成了一些宣扬祖先光荣历史的夸张说辞。

《郡志自叙先世行状》提到黄氏入粤的第二代为黄教、黄敏兄弟(黄从简有三子,长子早夭,次子即黄教,三子为黄敏),黄佐即系黄教后裔。从《郡志自叙先世行状》中关于黄教"与宗人定家礼,变夷习,乡人化之"的事迹看,黄氏似乎已从元末参与起兵的地方豪强转变为乡贤,成为明廷在广东地方推行教化所依仗的本土乡绅势力。与之相应,黄教兄弟也一改其

---

① [美]富路特、房兆楹原主编,李小林、冯金朋主编:《明代名人传》,北京时代华文书局,2015年,第1237页。

父黄从简"骁将"的历史形象,变成了教化乡里的秩序维护者。据《郡志自叙先世行状》载,黄敏为洪武二十六年(1393)乡贡进士(即举人),那么黄氏成为文化世家殆肇始于入粤第二代。

《郡志自叙先世行状》所载的黄氏入粤第三代人物为黄教之子黄温德。在黄佐的描述中,他也是"读书成儒业"的儒生形象,"年十有四失怙","弱冠,英发善谋",为永嘉侯朱亮祖赏识,荐往廖永忠军中效力。结果黄德温因不愿从军而触怒廖永忠,被下令"系诸尺伍,繇广州右卫,已而调南海卫以困苦之。居无何,又徙隶香山守御以卒"①。明代在沿海地区广设卫所,屯驻军队。卫所军士,除了早期从军的,尚有征调、贬谪等来源。明代大致将人口分为民户、军户、灶户等数类。其中,充入卫所者多隶军户。且其子孙亦入军户,世代为兵。整体而言,"人耻为军"成为明代社会的普遍认识,军户在通婚、教育、科举、仕途等方面受到限制,社会地位相对低下。因此,有条件者无不设法脱离军户身份。从香山黄氏的始迁祖传至温德,香山黄氏一度成为明朝军户,其家族势力较之于元末,渐趋衰微。值得关注的是,温德被籍为军兵的历史曾被黄氏后人有意"淡忘",《黄氏家乘》中有关温德的事迹并未采用黄佐《郡志自叙先世行状》中的说法。②

黄温德"徙隶香山守御以卒",其后裔便落籍香山,"香山黄氏"之名由此而来。据《黄氏家乘》,黄温德有四子:黄洙、黄泗、黄涵、黄洋。值得注意的是,谢廷举《明故文林郎知长乐县事双槐黄公行状》③(以下简称《双槐黄公行状》)对黄佐祖父黄瑜的身世做了梳理,其中呈现的黄氏世系与《黄氏家乘》略有不同。谢文载:"教生温德,温德生源远府君,泗公之父也。"④较《黄氏家乘》,多源远一世。考诸史籍,谢文记载误,黄泗为黄温德之子,源远其号也。文徵明为黄温德撰写的墓志铭载:"府君四子:

---

① 《泰泉集》卷五十八,凤凰出版社,2021年,第1261—1262页。
② 刘志伟:《从乡豪历史到士人记忆——由黄佐〈自叙先世行状〉看明代地方势力的转变》,《历史研究》2006年第6期。
③ 谢廷举是黄瑜的至交好友,《明故文林郎知长乐县事双槐黄公行状》写于黄瑜逝世后五天,故行状中虽对黄瑜有所回护,但所载内容的真实性仍较高。参阅李美琴:《黄瑜研究》,江西师范大学硕士论文,2022年,第9页。
④ 《双槐岁钞》,中华书局,1999年,第7页。

洙、泗、涵、洋。"①并无黄源远一世。成化年间任吏部侍郎的黎淳所撰《源远公墓志铭》载:"公讳泗,字惟清,家广之香山。"②亦可证源远公实指黄泗。温德四子中,黄洙不见于《郡志自叙先世行状》。可见黄佐后人在编修明中叶之前的家族谱系时,除《郡志自叙先世行状》外,当别有史源可以凭依。

黄佐对黄氏迁粤第四代的叙述起于其曾祖父黄泗。黄泗字惟清,以经商而致富。有三子:长子黄瑄,字廷华,号友梅;次子黄瑜,字廷美,号友琴;三子黄玠,字廷佩,号友月。据《黄氏家乘》,香山黄氏虽于温德时为军户,但至其子辈已有读书、经商者。据传,黄泗去世时曾对子孙"诲以读书、行善"③,此遗言渐成家训,影响后世文化教育。

三、黄氏三代名儒

香山黄氏虽然被括籍为军户,但明朝有允许军户子弟读书入仕的政策。《皇明制书》卷十二《军政条例》云:"故军户下,止有一人丁,充生员,起解兵部,奏送翰林院考试,如有成效,照例开豁军伍。"④黄泗有三子,但长子黄瑄与三子黄玠在成年后皆"以疾不能襄事"⑤,子辈中能承担家业的就只剩下次子黄瑜,或许是因此之故,黄瑜获得了成为生员的机会。自才华出众的黄瑜开始,黄氏家族逐渐摆脱军户身份,渐趋发展成读书入仕的书香门第。

黄瑜(1426—1497)即黄佐祖父,生前仕途非显,只出任过知县之类的基层官职,史书上并没有关于他的详细记载,其事迹主要保存在黄佐

---

① 文徵明:《明朝贵公墓志铭》,《黄氏家乘》卷五《事迹》,《北京图书馆藏家谱丛刊·闽粤(侨乡)卷》第5册,第476页。
② 黎淳:《源远公墓志铭》,《黄氏家乘》卷五《事迹》,《北京图书馆藏家谱丛刊·闽粤(侨乡)卷》第5册,第479页。
③ 黎淳:《源远公墓志铭》,《黄氏家乘》卷五《事迹》,《北京图书馆藏家谱丛刊·闽粤(侨乡)卷》第5册,第480页。
④ 杨一凡点校:《皇明制书·军政条例》,社会科学文献出版社,2013年,第1496页。
⑤ 《双槐岁钞》,中华书局,1999年,第8页。

《郡志自叙先世行状》及黄氏族谱中。有赖黄佐整理，黄瑜的著作得以刊行于世，其中也保存有若干关于他生平的信息。其中内容较为详细的文献有嘉靖年间黄佐请谢廷举为其撰写的《双槐黄公行状》、黄佐之子黄在中专门编撰记录黄瑜言行的《槐景流芳》、清代黄氏后人利用家族文献编写的《先三乡贤年谱·双槐公年谱》。

《双槐黄公行状》所依据的材料当为黄佐所提供，属于对黄佐先祖生平事迹作追述性质的文献。虽然其文多为对黄瑜的歌功颂德，且部分记载具有神秘主义色彩，不排除谢廷举对黄佐祖父事迹进行了一定的虚构和渲染，但其所投射出的黄氏以儒家道德观念构建和推崇的家风观念还是值得注意的。《双槐黄公行状》交代了黄瑜的孝亲事迹：

> 初，太孺人厌世时，年才十二，即知哀慕。继母李氏鞠养之，既长，敬奉如亲母。及遭源远之丧，踊泣几绝，水浆不入口者累日。殡敛送终之节，凡当时搢绅之所不能行者，务尽其曲折。冒荆莽以求兆原，日行数百里，两足溃血，不自知也。时兄瑄弟玗各以疾不能襄事，营办之费，皆自己出，未尝吝焉。兄弟欲分有其业，公不能止，尽以付之，一无所取。归自墓所，敝箧露祭器银杯三枚，皆尽取去，且诟且攘，亦不与校。已而瑄荡析至无以家，公出己赀赎还所居第，赒给之终身。玗早夭，抚育其二子，克底成立，为之立家室，给田庄。其孝弟慈睦，出于天性，盖加人一等也。①

黄瑜在生母病逝后，敬奉继母如血亲；父亲去世时，哀痛欲绝，他亲自料理后事；别家析业时，他不计较个人得失，家资尽给身有病疾的兄弟；兄长困顿，弟弟早亡，黄瑜对兄弟、子侄多有照顾。以上种种充分显示了黄瑜对父母、兄弟、子侄"孝弟慈睦"的忠厚品格。"黄瑜的这种孝亲、睦亲的行为和思想对其子黄畿、其孙黄佐都产生了重要的影响。黄畿及其子黄佐都是有名的孝子。"②

---

① 《双槐岁钞》，中华书局，1999年，第8页。
② 王其良：《黄佐交游研究——以名宦和大儒为考察对象》，暨南大学硕士论文，2013年，第5页。

黄瑜是黄氏家族中第一位为后世所知晓的文士，《双槐黄公行状》在赞扬黄瑜才华方面也不吝笔墨。文中称黄瑜在年幼时就崭露头角，天资颖悟，才思敏捷，有过目成诵之能。五岁时塾师出联"黄楮题朱字"，在诸童生苦思未就之际，他随口对以"青梅点白盐"，引得塾师赞叹。①虽然在黄瑜之前，黄氏并无闻名后世的文士，但他小小年纪就能有如此才思，离不开黄氏重视读书的家风影响。就学之后，黄瑜勤于读书，求知若渴，曾"得侍讲林环讲义，乃窃诵默识，大得其旨"②。林环（1375—1415）是永乐四年（1406）状元，曾参与编修《永乐大典》，谙熟《尚书》之学。③在父亲黄泗的指导和林环讲义的帮助下，黄瑜"幼聪颖，明《尚书》"④。后入县学，"英标特异，文思雄伟不群，流辈未之知也"⑤，同府李智对其极为推许，妻以女弟。此段经历为其成为一代宿儒奠定了基础。当时番禺名儒陈政在广州开坛讲授《易经》《尚书》《礼记》《春秋》等儒家经典，黄瑜慕名求学，学问日益精进，颇得陈政赏识。陈政遂将女儿嫁给黄瑜长子黄畿，陈氏即黄佐生母。陈政（1418—1476），字宣之，号东井，出身于岭南儒学世家，为元代番禺大儒陈大震五世孙，其本人也是景泰年间进士，一度官拜云南按察副使。两家联姻对于黄氏从一般的读书人家庭进阶为名士辈出的岭南文化世家无疑会起到重要作用。这些记载也为我们清晰勾勒出了黄氏文脉昌隆的早期轨迹。

景泰七年（1456），黄瑜"举于乡"⑥，考中举人。次年，黄瑜携夫人李氏北上京师参加会试，惜未中进士。黄瑜便以贡生的身份进入国子监读书，后来进入户部任事，长期沉沦下僚，居北京长达十二年。其间黄瑜虽多次参加科举，但均不得志。

在黄氏后人编写的《先三乡贤年谱·双槐公年谱》中，对黄瑜在北京的经历有较详细的记载。这一时期黄瑜虽科场不得意，但结交了诸如吏部

---

① 《双槐岁钞》，中华书局，1999年，第7页。
② 《双槐岁钞》，中华书局，1999年，第8页。
③ 《大明一统志》卷七七《兴化府·莆田县·人物》，巴蜀书社，2018年，第3439页。
④ 《泰泉集》卷五十八，凤凰出版社，2021年，第1262页。
⑤ 《双槐岁钞》，中华书局，1999年，第8页。
⑥ 《泰泉集》卷五十八，凤凰出版社，2021年，第1262页。

尚书王翱，户部侍郎薛远，大学士李贤、丘濬等京师的知名文士，其才华也得到了一些在京官员的赏识。大学士李贤爱惜其才，"欲延入馆阁"，孰料黄瑜颇有文人傲骨，不愿依靠权贵托举实现政治抱负，于是"辞不就，作《七诱》以明志"①。天顺七年（1463），黄瑜上疏明英宗革除弊政，建言皇帝当从"正身、正家、正礼、正乐、正赋税、正军伍"六方面加以振作。②此疏未被英宗采纳，他更因为批评朝中现状而得罪了权贵，"兴济伯杨公善欲绌之"③，"议削公仕籍"④。黄瑜在户部任事多年，当初又曾得吏部推举，在二部颇有人望。最终由王翱、薛远出面斡旋，勉力保住了黄瑜的官职，其声名也由此日渐彰显。按《郡志自叙先世行状》记载，"成化初，御史缺员，吏部首举之"⑤，但有人暗示黄瑜，他只有进贿打通关节才能充任御史，黄瑜却说："功名高下，自有定分，关节求进，吾不为也。"⑥黄瑜终因不肯行贿而落选。成化五年（1469），黄瑜出任广东惠州府长乐县（今梅州市五华县）知县，此时距离黄瑜上"六事疏"已过去六年。可知黄瑜从上疏罹祸到最终外放，中间经历了长达数年的曲折。由于史料所限，其间黄瑜种种遭遇已不为后人所知，但其所经磋磨必定不少。

朱国祯《涌幢小品》称黄瑜在任期间"有惠政"⑦，其具体事迹在《双槐黄公行状》中多有记载，大体有以下几个方面。

一是整治豪强。黄瑜本为岭南士人，按照当时的"避籍"制度，⑧本不应来广东任职，但"两广兵兴，旨意不限士之贯籍，惟其贤能，则授以牧

---

① 《黄氏家乘续篇·年谱》，《北京图书馆藏家谱丛刊·闽粤（侨乡）卷》第5册，第1002页。《先三乡贤年谱》编纂者黄佛颐（1886—1946），清末民初任广东通志局分纂，纂有《广州城坊志》等。
② 《泰泉集》卷五十八，凤凰出版社，2021年，第1262页。
③ 《双槐岁钞》，中华书局，1999年，第9页。
④ 《黄氏家乘续篇·年谱》，《北京图书馆藏家谱丛刊·闽粤（侨乡）卷》第5册，第1003页。
⑤ 《泰泉集》卷五十八，凤凰出版社，2021年，第1262页。
⑥ 《双槐岁钞》，中华书局，1999年，第9页。
⑦ 朱国祯撰，王根林校点：《涌幢小品》卷一三《双槐》，上海古籍出版社，2012年，第242页。
⑧ 有关明代官吏任职回避制度的讨论，可参阅王兴亚：《明代官吏的回避制度》，《河南大学学报（社会科学版）》1991年第1期；杨华文：《明朝回避制度述论》，湖南师范大学硕士论文，2005年，第5—19页。

民之任，公遂得惠州府长乐知县"①。出现这种现象，恰说明彼时两广僻居岭南，难以管理，法度不申，外省士人又嫌其偏僻辽远，故明廷选派官员才不遵循用人成制，用两广籍官员治理当地。长乐县就是一个难以治理的地方。《双槐黄公行状》载，此县"豪户不供粮税"②现象十分普遍。黄瑜猜测其弊乃出于里胥强横的缘故，待至其地，里胥"果皆乘肩舆衣罗绮，导以钲旆来见"③，对自身服饰逾制的行为丝毫不以为意。黄瑜以此为突破口，下令"襫之于庭，示以礼制"，极大震慑了当地胥吏劣绅，"由是阖境服舍无违式者"④，官府权威得以重建，"豪户不供粮税"的现象也得到遏制。

二是发展地方教育。针对长乐县"俗素称狡犷"的现状，黄瑜"辟田里以阜其俗，兴礼义以化其心"，取得了良好的治理效果。⑤面对长乐县教育落后的现状，黄瑜"首捐俸迁建学校"，并"日与学官、弟子论经史，修树群废"。⑥黄佐《重建长乐县儒学记》载："成化己丑，我祖双槐公作宰，迁建于兹，捐俸廓宇，益闳以壮。"⑦经过他的努力，长乐县文运振兴。《双槐黄公行状》称："（县）科目久乏人，自公兴振庠序，曾琼、林广相继领乡荐，而亦公素所鉴别者也。"⑧即指黄瑜在任四年期间，全县有两人中举，打破了当地长期科举不振的局面。按照当时的评价标准来看，这自然是泽被当地的突出政绩。⑨

三是明于决狱。《双槐黄公行状》载，黄瑜听讼，"公门大辟，民或不

---

① 《双槐岁钞》，中华书局，1999年，第9页。
② 《双槐岁钞》，中华书局，1999年，第9页。
③ 《双槐岁钞》，中华书局，1999年，第9页。
④ 《双槐岁钞》，中华书局，1999年，第9页。
⑤ 《先三乡贤年谱·双槐公年谱》，《黄氏家乘续篇·年谱》，《北京图书馆藏家谱丛刊·闽粤（侨乡）卷》第5册，第1005页。
⑥ 《泰泉集》卷五十八，凤凰出版社，2021年，第1262页。
⑦ 《泰泉集》卷三十三，凤凰出版社，2021年，第756—757页。
⑧ 《双槐岁钞》，中华书局，1999年，第10页。
⑨ 明太祖朱元璋规定的"本等六事"是明代文官考核的重要内容，包括学校、田野、户口、赋役、讼狱、盗贼六个方面（参阅于天娇：《明代文官考核制度》，哈尔滨师范大学硕士论文，2013年，第29—30页）。黄瑜崇文重教，置校促学，无疑在"学校"方面符合考核标准。

持牒径行赴讼，询之多得其情"，做到了断案公正严明，行之既久，全县"牛羊盈野而人无敢窃者"①。《双槐黄公行状》还特别记载了黄瑜断案的一则轶事：长乐富户黄新杀人藏尸，虽有苦主报案，但官府苦于找不到尸体，无法给黄新定罪。为了给死者申冤，黄瑜"默祷于神，忽有大蚱蜢折左股入砚池而毙"②。黄瑜认为此为神谕，断定黄新是杀人后藏尸水塘。黄新见事情败露，只好承认罪行，供认将死者尸体"折其左足，埋黑水塘中"③。这则轶事带有浓厚的神异色彩，应系经过了人为加工。古人本就容易笃信幽冥之事，黄瑜本人所写的《双槐岁钞》中也多有因果报应之语，可见其人迷信鬼神，这对其后人应该产生了不小的影响。《双槐黄公行状》所据的材料应为黄佐提供，专门记载这则有"怪力乱神"色彩的轶事，固然是黄佐为了强调其祖父为官清明、断案能得鬼神之助而特别向谢廷举提供相关说法所致，但客观上反映了从黄瑜至黄佐，其家族一直有着浓厚的鬼神观念。这也从某个侧面反映了明代岭南文化世家的精神世界。

除此以外，《双槐黄公行状》还记载了黄瑜在长乐为官期间修桥补路、废除地方巫鬼旧俗、感化盗贼、为官清廉等种种事迹，兹不一一详举。成化八年（1472），黄瑜致仕还乡。《涌幢小品》称其"以劲直弃官"④，具体情形不详。在广州，黄瑜留下了《国子试魁》《甲申庶吉士》《双槐集》《书传旁通》《七诱》《槐景流芳》等著述，其中最著名者为《双槐岁钞》十卷。作为一部文人笔记，该书颇有史学和文学价值。关于此书的研究，已有不少成果。⑤《涌幢小品》就曾引用过其中内容。《双槐岁钞》后经黄佐增补，于嘉靖二十年（1541）刊行于世。

黄瑜一生官职不显，没有在正史中留下太多记载，但黄瑜毕竟是香山黄氏著书立说第一人。时人及后人对其文学成就也多有肯定，如金都御史赵宏就将黄瑜和韩愈、白居易相提并论："文近昌黎，诗如乐天，岭南一大

---

① 《双槐岁钞》，中华书局，1999年，第10—11页。
② 《双槐岁钞》，中华书局，1999年，第11页。
③ 《双槐岁钞》，中华书局，1999年，第11页。
④ 《涌幢小品》卷一三《双槐》，上海古籍出版社，2012年，第242页。
⑤ 代表性成果如孙宇：《黄瑜〈双槐岁钞〉研究》，江苏师范大学硕士论文，2018年；陈利娟：《〈双槐岁钞〉对广东文化的正面书写与形象建构》，《广州大典研究》2020年第2辑；李美琴：《黄瑜研究》，江西师范大学硕士论文，2022年。

家也。"①《明史》称其"以学行闻"②，皆为允当之论。总的来说，从关于黄瑜有限的记载来看，黄氏在他这一世大体已摆脱了军户、商人的身份，走上了读书出仕的道路，这为黄佐日后成为明代著名文人奠定了基础。

黄瑜诸子中，以次子黄畿（1465—1513）文名最著。黄畿字宗大，号晚琴，别号"粤洲学者"，故世称"粤洲先生"。成化元年（1465），黄畿生于黄瑜羁旅北京之时。成化五年（1469），黄畿随父亲黄瑜南下广东长乐。四年后黄瑜辞官，黄畿再随父亲回到广州。黄畿幼年颠沛，但一直成长在父亲黄瑜身边，受到了良好教育。据说黄畿七岁时即"善属对鼓琴，见者呼为奇童"③，十六岁成为府学生员，又博览群书，尤"通《诗》《春秋》二经"④。黄畿年纪轻轻便文采斐然，广州督学张习对其文章曾有"汉魏乃有此作"⑤之誉。屈大均曾述黄畿学术谓："论学则曰：'前之三代，由夏历殷而文成于周；后之三代，由汉历唐而文成于宋。'名理醇粹。"⑥从中可窥粤洲对宋学态度之一斑。郭棐称其"邃于理学"⑦，可见粤洲理学成就不低。但黄畿科场并不得志，屡试不第，加之他兴趣广泛，对术数、释老抱有浓烈兴趣，无意专心于八股，索性便在成化二十一年（1485），"沿养亲例以隐，乃弃举子业，肆力九流百家"⑧，在广州越井冈上建起粤洲草堂，过起了读书隐居生活。隐居罗浮山后，黄畿把更多的精力放在了钻研黄老术数和天文历象方面。此外，他还服膺于北宋邵雍的学说，花了很大精力对邵雍著作《皇极经世书》进行注疏，在四十岁时撰成《皇极经世书传》

---

① 田明曜修，陈澧纂：《（光绪）香山县志》卷十三，上海古籍出版社，2002年，第309页。
② 《明史》卷二八七《文苑传三·黄佐》，中华书局，1974年，第7365页。
③ 《香山志粤洲公传》，黄培芳等修：《黄氏家乘》卷四，《北京图书馆藏家谱丛刊·闽粤（侨乡）卷》第5册，第413页。
④ 《泰泉集》卷五十八，凤凰出版社，2021年，第1263页。
⑤ 黄映奎、黄佛颐等：《先三乡贤年谱·粤洲公年谱》，《黄氏家乘续篇·年谱》，《北京图书馆藏家谱丛刊·闽粤（侨乡）卷》第5册，第1017页。
⑥ 屈大均：《广东新语》卷七《人语·黄宗大》，中华书局，1985年，第227页。
⑦ 郭棐撰，黄国声、邓贵忠点校：《粤大记》卷二四《献征类·黄佐》，广东人民出版社，2014年，第743页。
⑧ 高韶：《粤洲先生黄公家传》，《黄氏家乘》卷四，《北京图书馆藏家谱丛刊·闽粤（侨乡）卷》第5册，第420页。

八卷。另有《三五玄书》《删正黄庭经》等著作。黄畿的著作后来大多散佚，后人辑录遗文，编为《粤洲集》四卷。黄畿是古代岭南少有的象数学成就突出的学者，屈大均《广东新语》称赞说："粤人书之精奥者，以先生为最。"①

黄畿无意于科举，对儿子黄佐应试却十分支持。正德八年（1513），黄畿陪伴黄佐赴京参加科举，中途不幸染疾去世，年仅四十九岁。黄佐供职翰林院后，黄畿父凭子贵，照例于嘉靖四年（1525）被追封翰林院编修，追赠文林郎。户部右侍郎高韶为其撰写《粤洲先生黄公家传》，后被收录于《黄氏家乘》中。②

黄畿的长子黄佐，是为黄氏第三代名儒。黄佐于明孝宗弘治三年（1490）出生在广州承宣里第（今广州市北京路一带），世人称为"泰泉先生"。在黄氏家族中，黄佐名声最显，功名最著。后世将其与丘濬、陈献章并列为"明代广东三大学者"③。黄佐与妻李氏、妾林氏生四男一女，长子在中、次子在素为李氏所出，三子在宏为林氏所出，其女适广西参政黎民表，另有林氏所出一子在贞早殇。可以说，正是由于几代先人秉持读书传家的祖训，黄家才终于摆脱军户、商人身份而成为书香门第，并自黄瑜开始，连续诞生三代名儒。《广东文征》即总结说："泰泉祖双槐先生、父粤洲先生，累世儒宗，至泰泉而益著。"④

---

① 屈大均：《广东新语》卷七《人语·黄宗大》，中华书局，1985年，第227页。
② 高韶：《粤洲先生黄公家传》，《黄氏家乘》卷四，《北京图书馆藏家谱丛刊·闽粤（侨乡）卷》第5册，第419—422页。
③ 温汝能纂辑，吕永光等整理：《粤东诗海》，中山大学出版社，1999年，第358页。
④ 吴道镕、张学华辑：《广东文征》卷十《黄佐传》，广东人民出版社，2019年，第385页。

第二节　黄佐的生平事迹

人物交游与其生平事迹相伴生，了解人物的生平经历是讨论其为人处世、思想主张、交友取向及不同时期的遭遇和心境的基础。在祖父黄瑜、父亲黄畿的教育与熏陶下，黄佐勤学苦读，学问日益精进，历经"三失礼闱"而终得以入仕。但黄佐耿直的性格并不适合官场，其主要功绩在于著书育人。

一、入仕之前：家学传承下的勤学苦读

家学传承是中国古代教育活动的重要形式。黄佐学术的开蒙与精进，离不开祖父黄瑜、父亲黄畿的悉心教导和熏陶。可以说，家学传承是影响黄佐治学态度和学术取径的重要因素。[①]

（一）黄瑜对黄佐的教导

黄佐与祖父黄瑜相处的岁月并不长。黄瑜卒于弘治十年（1497），时黄佐年仅八岁。幸赖黄佐天资聪颖，年少好学，于黄瑜处仍承惠良多。黄佐在《书双槐岁抄目录后》一文中回忆祖父教导云：

> 忆孩提时府君抱哺，日置诸膝，先考过庭，时时问及名理神化。披阅《语类》诸书，且诵且谈。既莹所疑，则笑曰："程、朱语我矣，又奚疑焉？"其笃信如此。闻邸报时事，辄叹曰："蛮夷猾夏，寇贼奸宄，虽帝世不能无也，然明良率作，修其本以胜之。今也机轴转移，竟何如哉，竟何如哉！"江湖之忧，形诸抄中者深

[①] 高春缎指出："（黄佐）历经孝宗、武宗、世宗三朝，前承景帝、宪宗朝之纷扰，后启穆宗、神宗朝之变局。故其家庭教育及政权演变，皆对泰泉日后事功产生深远之影响。"见高春缎：《黄佐生平及其史学（一四九〇——五六六）》，1992年，第1页。

矣。及佐七八龄，教以数与方名，偶弄笔作河洛点画，见之喜溢眉宇，遂遣就外傅。今恭阅是编，音容如在，感念罔极，为之愀然。①

黄瑜、黄畿儒学造诣颇深，时常论及名理神化，诵谈《朱子语类》等书。黄佐自幼耳濡目染，学到了不少知识。黄瑜服膺程朱之学，黄佐受其影响，"观周、程六君子遗像，即自誓必如此而后为人"②。在黄佐七八岁时，黄瑜更是亲自教导他"数与方名"，随后又安排黄佐进入私塾受学。短暂的相处岁月给黄佐留下了深刻记忆。

黄瑜对黄畿、黄佐父子期望甚高，致仕后曾以北宋三槐之典激励二人奋发上进。黄佐《郡志自叙先世行状》追忆道：

> 既归，徙家会城番山下，手植槐二，构亭吟啸其中，自称双槐老人。曰："子若孙能更植其一，则吾志毕矣。"时呼先考及佐，指眂之曰："念哉其勿忘！"③

北宋初年，王祐"以文学介直知名，知制诰二十余年，官至兵部侍郎，风鉴精审。旦（指王祐之子王旦——引者）少时，祐常明以语人，谓旦必至公辅，手植三槐于庭以识之"④。《邵氏闻见录》亦载："（王祐）手植三槐于庭曰：'吾子孙必有为三公者。'已而果然，天下谓之三槐王氏。"⑤其后，王旦果真没有辜负王祐之期望，成为北宋一代名相。黄瑜以三槐王氏为喻，手植双槐，并期冀黄畿、黄佐等后世子孙能够再植其一，全其三槐。此举饱含着对子孙后世赓续家学、光宗耀祖的殷殷盼望。

黄佐时刻谨记黄瑜三槐之嘱，希望通过辑录祖父之言行，激励后人，以垂百世。在他的指导下，其子黄在中辑录黄瑜言行录一卷，名为《槐景

---

① 《泰泉集》卷四十四，凤凰出版社，2021年，第996页。
② 黎民表：《泰泉先生黄公行状》，《泰泉集》，凤凰出版社，2021年，第9页。
③ 《泰泉集》卷五十八，凤凰出版社，2021年，第1263页。
④ 司马光著，邓广铭、张希清点校：《涑水记闻》卷七《王旦》，中华书局，1989年，第141页。
⑤ 邵伯温撰，王根林校点：《邵氏闻见录》卷六，上海古籍出版社，2012年，第34页。

流芳》。黄佐述此事谓：

> 此我先祖考长乐府君言行录也。不曰"言行录"而曰"槐景流芳"者，正以手植双槐，有亭贻后，仰止景迹，欲流芳悠久焉尔。……今佐据家藏往牍，必确有明征而后采之，付嫡长子在中辑为此卷，录者必书姓名于后，以示信焉。卷成，谨识岁月，以垂百世。猗与！为子若孙者尚仰体植槐之志，以光前人哉。①

黄佐指出，辑录《槐景流芳》的目的在于激励后世子孙，继承和发扬先祖双槐公之善，使其德行能够流芳百世。黄佐与祖父情感深厚，黄瑜去世多年后亦不忘其教诲。"佐虽病中，梦寐恒见"。②他本人正是黄瑜学识德行的继承者和发扬者。

黄瑜在京期间，李贤欲请其入馆阁，黄瑜拒而弗受，撰《七诱》一文明志。黄瑜还提出"学贵知本"的主张，对黄佐影响颇深。黄佐《书先祖长乐府君〈七诱〉墨刻后》载："先祖长乐府君发明，作《七诱》《唐子允传》，书而刻之，以示博学知本者焉，可谓有见也已。……虽《中庸》言文王之所以为文，即《七诱》之本旨也。嗟乎！学必博通六经，而后能知本。"③格致明善，反躬而诚，是谓知本。知本后施之于政，由家及国，方能天下治平。黄瑜《七诱》一文，体现了他博学知本的治学取向。正德五年（1510），黄佐以《诗经》中乡试第一，是年未及北上参加会试。次年，黄佐借"守一先生"之名仿《七诱》作《九州问》明志。④黄佐《〈九州问〉题辞二首》云：

---

① 《泰泉集》卷四十四《题〈槐景流芳〉卷后》，凤凰出版社，2021年，第1015页。
② 《泰泉集》卷六十《祭长乐先祖名宦祠文》，凤凰出版社，2021年，第1290页。
③ 《泰泉集》卷四十四，凤凰出版社，2021年，第1014—1015页。
④ 黎民表《泰泉先生黄公行状》记《九州问》作于"正德五年"，黄佛颐、张俊业亦将之系于此年，实误。黄佐《九州问》记是文作于"正德辛未"，即正德六年（1511）。见《泰泉集》卷二十三《九州问》，凤凰出版社，2021年，第515页。刘敬宜对此有所梳理考辨，参见刘敬宜：《黄佐诗文系年》，暨南大学硕士论文，2020年，第11页。

汉枚叔始作《七发》，以讽谏吴王，自后曹子建、张景阳之徒纷然效之，文胜质博，溺心而无益于世者多矣。唐柳子厚效叔作《晋问》，以讽当世而隆道实，然其体犹七也。先大父双槐府君乃作《七诱》，示人文毋胜质，博毋溺心。盖学贵知本之义。佐不揣狂斐，乃作《九州问》以效柳文，其体则九。①

黄瑜《七诱》仿汉枚乘《七发》、唐柳宗元《晋问》之体，讽明空谈心学，貌六经为注脚，学不知本之乱象。黄佐体认双槐学贵知本之义，作《九州问》，抒发自己闭门习静，因以守一，希望取得更大作为的心境。②

（二）黄畿对黄佐的教育与熏陶

与黄瑜相较，黄佐与黄畿相处的时间更长，受到父亲的教导也更多。五岁时，黄佐便随父黄畿执养亲礼。③此后的治学生涯中，黄畿对黄佐也多有教导。

在治学态度上，黄畿教育黄佐为学首重德行，需诚身问学，循序渐进。据《郡志自叙先世行状》载：

佐自幼知读书，先考躬教之。十有二而举子业成，乃更学古文，尝撰《粤会赋》。比及弱冠，撰《广州人物传》，以补范瑗、陆胤二家之阙，盖尊乡也。先考见之，召佐于庭，吁衡而诲曰："汝其未免为乡人也夫。《赋》与《传》，概征之矣。夫文也者，词藻云乎哉？必也载乎道。学也者，诵读云乎哉？必也诚乎身。元凯之癖于传也，相如之俳于赋也，圣道奚与焉？《易》曰：'默而成之，不言而信，存乎德行。'今汝其未免为乡人也夫。"于是佩服六籍，反身践之。追领荐书，先考则又诲曰："夫幼学壮行，学而未优，行斯踬矣。"于是止，不敢行。正德之末，始入翰林，获与一代之英游焉。砭其所偏，订其所失，然后知道在兹也。守太

---

① 《泰泉集》卷四十四，凤凰出版社，2021年，第1020页。
② 参见林子雄：《黄佐》，广东人民出版社，2010年，第18页；刘敬宜：《黄佐诗文系年》，暨南大学硕士论文，2020年，第11页。
③ 黎民表：《泰泉先生黄公行状》，《泰泉集》，凤凰出版社，2021年，第9页。

史六年，四疏予告省母，乃伏谒先考墓道，泣而誓曰："所不如庭诲者，神灵厌之。"①

《广州人物传》成书于正德四年（1509），时黄佐二十岁。在这部史著中，黄佐把自汉至明两百余名岭南人物，分先哲、忠义、孝友、卓行、列女、方技、宦者、流寓等门搜集成传，"对于研究由汉至明岭南历史人物无疑具有重要文献价值"②。黄畿看到后，告诫黄佐为学当以德行为先，文以载道，学需诚身。黄佐乡试中式后，黄畿担忧他学识未深而宦迹过速，期冀黄佐先潜心问学，后致远有成。

在治学取径上，黄畿引导黄佐宗道于宋。明前期，程朱理学取得独尊地位，被树立为官方意识形态。③黄佐却"思效先秦，而宋之弃其修词驳如也"，治学取径于先秦。对此，黄畿训诫谓：

> 嗟！女佐，谁以是命汝？来居，吾语女。夫文也者，文也，由中而见之外者也。其法欲显不欲晦，欲典不欲诡，欲浅不欲邃。天垂日星，地形河岳，夫谁能蔑视之，而以诘曲鬾瑣为哉？是故前之三代，历夏殷而文成于周，后之三代，历汉唐而文成于宋。观诸《通书》《定性》，《易》《诗》诸诂，六艺而后所未有也。非宋也，则将孰配周者？而舍弗宗？佐乎，吾见女之日叛于道也！④

黄佐摈弃宋学之行径，在黄畿看来属离经叛道之举。黄畿认为，治学应当浅显典雅，不能隐晦诡邃。宋代作为汉唐文学发展的定型时期，周敦颐《通书》、程颢《定性》等著作接续了周代文统，为学当宗尚于此。黄畿此论，对黄佐影响颇深。在编撰《香山县志》时，他在黄畿的传记中又一次提及黄畿的论学：

> 其论学则曰：前之三代，由夏历殷，而文成于周。后之三代，

---

① 《泰泉集》卷五十八，凤凰出版社，2021年，第1266页。
② 陈广恩：《〈泰泉集〉文献价值管窥》，《文化杂志》2014年冬季刊。
③ 参见李德锋：《论明代程朱理学的官方化及其对史学的消极影响》，《内蒙古大学学报（哲学社会科学版）》2018年第3期。
④ 《泰泉集》卷三十五《眉轩存藁序》，凤凰出版社，2021年，第799页。

> 由汉历唐，而文成于宋。名理醇粹，周宋其齐轨乎。是故周至玄矣，道同乎宓义。程至大矣，见卓于颜渊。朱至博矣，功亚乎仲尼。再辟浑沦，不亦玄乎。心普万物，不亦大乎。功在六籍，不亦博乎。①

黄畿强调周、宋文脉的延续性及正统性，倡导遵循程朱路径治学。黄畿的教育和引导，深刻地影响了黄佐的治学取径。综观黄佐之学，大体"以程、朱为宗"②。

除问学求知外，黄畿对黄佐为人处世亦多有熏陶。黄畿强调"慎独"，主张"为学必主于独"："又曰：孔门传心之要，一言而已，慎独是也。故为学必主于独。平生未尝袒露星月下，梦寐中有不善语，必吁天谢过。"③受此熏陶，黄佐"平生服膺博约之训，慎独而力于行"④，曾作《慎独论》阐发慎独要义及其重要性⑤，在培养弟子的过程中也十分强调慎独。

黄畿对黄佐的治学为人产生了深远的影响。"粤洲天性至孝，友于兄弟，赈济邻里，其课子读书，以德行为宗旨，主张文以载道，学需诚身，类此之教诲，对黄佐日后用心经籍、待人处世、应对进退影响深远，且养成其民胞物与、宽厚待人之襟怀。"⑥这从都察院右副都御史高韶对黄佐行迹的肯赞可以看得出来，高氏《粤洲先生黄公家传》谓：

> 庚寅之春，余备员广西按察使。泰泉忤时外转，来督学事。古貌古心，古学古行，略不随俗俯仰。人或谓难合，顾独辱其知己。用是庶狱庶慎，庶几无负于弼教之意。⑦

---

① 黄佐纂：《（嘉靖）香山县志》卷六，书目文献出版社，1991年，第379页。
② 《明史》卷二八七《文苑传三·黄佐》，中华书局，1974年，第7366页。
③ 黄佐纂：《（嘉靖）香山县志》卷六，书目文献出版社，1991年，第379页。
④ 陈绍儒：《〈黄文裕公泰泉先生文集〉序》，屈大均辑，陈广恩点校：《广东文选》，广东人民出版社，2008年，第386页。
⑤ 《泰泉集》卷二十六《慎独论》，凤凰出版社，2021年，第597—598页。
⑥ 高春媛：《黄佐生平及其史学（一四九〇——一五六六）》，台湾高雄文化出版社，1992年，第64—65页。
⑦ 高韶：《粤洲先生黄公家传》，《黄氏家乘》卷四，《北京图书馆藏家谱丛刊·闽粤（侨乡）卷》第5册，第421页。

嘉靖八年（1529），黄佐改任广西。次年（即庚寅），高韶备员广西按察使。二人遂有交游。黄佐的"古貌古心""古学古行"皆不负黄畿之教，给高韶留下了深刻印象。

香山黄氏的儒学声望历经黄瑜、黄畿两代人的传承，到黄佐时得到进一步彰显。黄佐学术成就的达成和岭南儒宗地位的奠定，与家学的传承密不可分，离不开黄瑜、黄畿二人悉心教导和熏陶。

二、科试历程：举路漫漫与三失礼闱

祖父黄瑜去世后，黄氏家产析分，家道从此中落。黄佐并没有因此放弃读书，而是发奋攻读，并将其学习心得撰写成文，汇编为《淑芳录》，"欲以资举业也"①，立志通过科举改变命运。他曾作《志学铭》以明志，文曰：

> 为学在志，立志在勤；今我不力，岁月如轮。汤曰日新，孔云时习；所以圣人，寸阴恐失。忠信作主，孝悌是先；有过斯改，闻善必迁。勿衒己长，而谓人短；情不可逸，志不可满。行恐躁妄，言妨诞烦；义之与比，礼以为闲。方事口耳，即求温饱；匪小人儒，亦童之狡。惟明其道，不计其功。钦哉是言，德广业崇。②

黄佐此文从学业和道德两方面着眼，充分体现了儒家对"修身"的要求，所言"惜时""忠信""孝悌""改过""迁善"各项，也符合儒家的道德要求。而"修身"正是《大学》所谓"齐家""治国""平天下"的基础。黄佐年少而能作此文，对自己提出严格要求，固然显示了其正直守则的性格，也显示出他慨然有治国平天下之志。二十岁时，黄佐搜集广州地方史料撰成《广州人物传》，姚涞对此书大加称赞："先正之遗烈固赖是以显，

---

① 《先三乡贤年谱·文裕公年谱》，《黄氏家乘续篇·年谱》，《北京图书馆藏家谱丛刊·闽粤（侨乡）卷》第5册，第1029页；《泰泉集》卷三十四《淑芳录序》，凤凰出版社，2021年，第782页。

② 《泰泉集》卷十八，凤凰出版社，2021年，第423页。

而后贤继兴，将亦籍声光以自壮矣。表南海者，其在于兹录乎！"①这也是黄佐才高志大、尊重乡贤并以前辈名人为榜样的表现。

然而黄佐的科举之路却一波三折，有"三失礼闱"的曲折经历。正德元年（1506），广州督学李希颜"试孔氏遗书论，公（黄佐）谓'曾子发尧舜之所未发，慎独是也'。大异之，置第一"②，黄佐由此初露锋芒。挫折却接踵而来。第二年，新任广州督学林廷玉重新组织考试，"虽奇公，而不令入场屋，曰：'吾以成其才也'"③。不论林廷玉是有意锻炼，还是故意刁难，都没有动摇黄佐读书应试的志向。嗣后，他更加发奋读书，潜心义理之学，十七岁时便有"孔门之道，知行并进。然有主知者，闻一知十是也；有主行者，仁在其中是也。知为行之始，行为知之终，岂可偏废乎"④之论，这也成了他日后重要的思想主张。

正德五年（1510），黄佐高中举人，名列乡试榜首。但黄佐"不及束装北上"⑤，因时间仓促而未能按时参加次年举行的会试。这是他人生中的"一失礼闱"。不过以二十之龄高中举人，仍可谓少年得志。正德六年（1511），他撰成《小学古训》一书⑥，集中体现了黄佐的基础教育思想。⑦

正德八年（1513），黄佐在父亲黄畿的陪伴下北上参加秋闱。黄畿本人无意于科举，但他自幼随父客居京师十余年，非常熟悉北京的情况，因此此行不过是为照料儿子，故地重游。但是父子二人抵达扬州府仪真县（今

---

① 姚涞：《〈广州人物传〉序》，黄佐著，陈宪猷疏校：《广州人物传》，广东高等教育出版社，1991年，第1页。
② 黎民表：《泰泉先生黄公行状》，《泰泉集》，凤凰出版社，2021年，第10页。
③ 黎民表：《泰泉先生黄公行状》，《泰泉集》，凤凰出版社，2021年，第10页。
④ 黎民表：《泰泉先生黄公行状》，《泰泉集》，凤凰出版社，2021年，第10页。
⑤ 黎民表：《泰泉先生黄公行状》，《泰泉集》，凤凰出版社，2021年，第10页。
⑥ 黄佐《泰泉集》中收录了他本人所作《小学古训序》一文，然并未注明写作时间。《小学古训》一书前附有黄佐所作《小学古训引》，内容与《泰泉集》所录序文同，唯于文后增注写作时间："正德辛未正月下瀚，后学岭南黄佐书"。见黄佐：《小学古训》卷首，《丛书集成新编》第33册，台湾新文丰出版公司，2008年，第286页下。说明这篇序文的写作时间是正德六年。
⑦ 有关《小学古训》的基本情况，可参阅梁艳：《黄佐的教育活动及其教育思想研究》，暨南大学硕士论文，2015年，第31—35页；吴泽文、陈广恩：《从〈小学古训〉的流传看明中后期社会文化生态之变化》，纪宗安、马建春主编：《暨南史学》第十四辑，广西师范大学出版社，2017年，第119—130页。

江苏省仪征市）时，黄畿不幸染疾去世。黄佐只好放弃了此次科举的机会，扶灵回乡，为其父建永思堂，并守墓三年。这是他此生中的"二失礼闱"。

正德十二年（1517），黄佐再次赴京参加科举，却在京师染病，"值疾作，不克终试。同乡大学士梁公储慰留之，公竟归，焚其路引，有终焉之志"①。这是黄佐科举生涯的"三失礼闱"。

连番意外致使科举失意，仿佛是命运故意刁难。黄佐不由得愤慨起来，烧毁了参加科举所需要的路引，以示永不再考之意。他回乡后专心著书立说，于是年完成《诗经通解》一书。不过母亲陈氏却从旁劝慰黄佐不要放弃科举。前文已述，陈氏是番禺宿儒陈政的女儿，出身儒门，陈氏平日的教诲对黄佐影响极大。台湾学者高春缎谈及黄佐一生道德文章成就，即有"太夫人（指陈氏）厥功最伟"②之论。在母亲鼓励下，黄佐又燃起了对科举的热情。正德十五年（1520），再值会试之年，黄佐第三次上京赴试。但是由于他三年前心灰意冷之下烧毁路引，③按明代科举制度，是不可以参加考试的。好在负责科举事宜的礼部尚书毛澄、侍郎王瓉不忍人才被埋没，特破例允许其入闱考试。待阅卷时，黄佐的文章本来被房考官张衍庆列为第一名，主考官大学士石珤却"病其专，抑置十八名"④。就这样，经过几番波折，黄佐终于以第十八名的成绩通过会试。会试通过后，还要迎接皇帝主持的殿试。但明武宗自上年以征讨宁王朱宸濠为名南巡以来，一直逡巡未归，因此殿试无人主持，只得延后。在京待考期间，黄佐时常到大兴

---

① 黎民表：《泰泉先生黄公行状》，《泰泉集》，凤凰出版社，2021年，第10页。
② 高春缎：《黄佐生平及其史学（一四九〇——五六六）》，台湾高雄文化出版社，1992年，第45页。
③ "路引"是明代的出行凭证，一般注明"给引人的身份、籍贯、外出原因、属员"等内容。"明代严格地执行路引制度，不管什么阶层的人，没有路引，寸步难行"。（参见李龙潜：《读〈惠州府志〉札记八则》，收入氏著《李龙潜文集》，齐鲁书社，2020年，第343页）黄佐烧掉路引这一行径，可见其绝意科考信念之坚决。事实上，明人不乏通过这一决定宣示告别科场决心者。如黄佐好友湛若水，也"曾焚毁入京会试的路引，以示弃科举仕进之路和进德修业的决心"。（参见何国华：《明代著名教育家湛若水》，《岭南文史》1991年第3期；黎业明：《湛若水年谱》，上海古籍出版社，2016年，第12页）
④ 黎民表：《泰泉先生黄公行状》，《泰泉集》，凤凰出版社，2021年，第10页。

隆寺阅读佛经，参研佛教心源理论。①这段经历对黄佐哲学思想的发展产生了深远影响。

正德十六年（1521），明武宗驾崩，殿试延期至明世宗继位后才举行。殿试结束后，大学士蒋冕"阅公卷，又欲置第一"②，但首辅杨廷和却"以公所言切直，乃移置二甲十一名"③。就这样，黄佐与状元失之交臂，但毕竟得中二甲进士出身，由此步入仕途。从黄佐的科举经历可以看出，他文章盖世，却因为言语"切直"而屡遭贬抑，这暗示了其忠直的性格致使其未来的仕途不会平坦。

三、仕途经历：仕途迁转与三次致仕

按明朝科举制度，殿试一甲进士及第可以直接进入翰林院任职。至于二甲进士出身及三甲同进士出身者，则需要经过吏部的"庶吉士"考试才能进入翰林院。④黄佐的庶吉士考试十分顺利，"五试皆第一"⑤，得以入选庶吉士。进入翰林院后，大学士蒋冕曾以"乾清宫"为题考察新入选的庶吉士的文采。黄佐先成《乾清宫赋》，"文奇字奥，长老惊叹，以为张平子、王文考之流也"⑥。时人将之比作汉代张衡（字平子）、王延寿（字文考）两位辞赋家，足见其才华不凡。连将其殿试名次移置二甲第十一名的杨廷和也"色若有憾"地说："予目近视，今日乃识君耳！"⑦

明代制度，翰林院庶吉士"优者留馆，次者出为他官"⑧，若表现不佳，将会被外放。而黄佐"素不喜干谒，而同列又有毁之者"，恐怕难以留用馆阁，于是表示"即不偶，虽州守亦愿为之"，做好了被外放的打算。或

---

① 林子雄：《黄佐》，广东人民出版社，2010年，第20页。
② 黎民表：《泰泉先生黄公行状》，《泰泉集》，凤凰出版社，2021年，第11页。
③ 黎民表：《泰泉先生黄公行状》，《泰泉集》，凤凰出版社，2021年，第11页。
④ 邹长清：《明代庶吉士制度探微》，《广西师范大学学报（哲学社会科学版）》1998年第2期。
⑤ 黎民表：《泰泉先生黄公行状》，《泰泉集》，凤凰出版社，2021年，第11页。
⑥ 黎民表：《泰泉先生黄公行状》，《泰泉集》，凤凰出版社，2021年，第11页。
⑦ 黎民表：《泰泉先生黄公行状》，《泰泉集》，凤凰出版社，2021年，第11页。
⑧ 邹长清：《清代翰林院庶吉士制度研究》，商务印书馆，2021年，第22页。

许是因其"五试皆第一"颇有影响,黄佐被留任翰林院编修,此后更是因为几次上疏而在朝廷中声名鹊起。"首上《初政要疏》,又上《修举新政疏》",虽未被皇帝采纳,却得到刑部尚书林俊的认可,并与之交好。① 嘉靖二年(1523)正月,黄佐上《考定朝仪以正夷礼疏》,认为朝廷接待外国使节入朝进贡的流程和礼仪存在问题,应师法古仪。明代规定外国来华商船,必须持有朝廷颁发的"勘合符"(贸易特许证)才有贸易资格。这年五月,日本大名大内氏与细川氏来华进行朝贡贸易。大内氏持有明武宗颁发的勘合符,拥有贸易资格;细川氏虽也有勘合符,却是明孝宗颁发,已经失效。孰料细川氏使团中有宁波人宋素卿充当副使,他通过贿赂,使细川氏使团得以顺利入港通商,而大内氏使团却被拒绝贸易。于是大内氏使团愤而袭击细川氏船队,并袭扰宁波沿岸地区,大肆杀掠,震动明廷。此即"争贡之役"②。此前黄佐所上关于改进接待外国使节的流程和礼仪的奏疏,预言式地指出"倭奴入浙,贸易交通,此乃有乱之萌,无乱之形,是谓将乱",并提出了相应的对策:"四夷虽其君入朝,各位于阙门外,遥望天威,可畏而不可进;夷使朝贡,各在东西二门外设位拜伏,若赐酒饭,则鸿胪寺官传天语以命之。"③希望通过立威德、崇礼仪来防止祸患发生。但此疏并未引起朝廷的重视,等争贡之役发生后,时人想起此疏,都佩服他有先见之明。这也表明黄佐时刻关注政局,留心实务,有洞察朝廷隐患的能力,是干臣之才。

时大礼议兴,黄佐因从尚书毛澄"兄终弟及,无追尊之礼"的说法,被异议者归入党籍。嘉靖二年九月,黄佐被任命为册封南渭王使团副使,前往湖南永州,并被允许顺道省亲。杨廷和之子杨慎作诗送之。按《先三乡贤年谱·文裕公年谱》记载,黄佐此次在途经浙江时,经广州府学好友梁焯介绍,专程去绍兴拜访了王阳明,并留宿七日,与王阳明深入辩论

---

① 张俊业:《黄佐年谱》,广州大学硕士论文,2019年,第26页。
② 有关研究可参阅徐永杰:《宁波争贡事件再研究》,《历史教学(高校版)》2008年第22期;童杰:《从明日勘合贸易的历史进程看"宁波争贡事件"》,《宁波大学学报(人文科学版)》2013年第6期;刘斌:《试论"宁波争贡"事件对朝鲜处理日本漂流民政策的影响》,《海交史研究》2023年第1期。
③ 《泰泉集》卷十九《考定朝仪以正夷礼疏》,凤凰出版社,2021年,第437页。

"知行"问题,并论及抵御夷戎、治理河道等事。嘉靖三年,因著名的大礼议之争,朝廷发生了左顺门跪谏事件。①二百多名大臣在左顺门外跪谏明世宗,反对其将生父谥号"本生皇考恭穆献皇帝"中"本生"二字去除。明世宗勃然大怒,下令严惩参与跪谏者,当场杖毙十六人,另将一百四十二人下狱,贬谪十一人。黄佐虽没有参与跪谏事件,但赞同杨廷和等人坚持礼制、追封明世宗生父为皇叔的主张,曾在反对明世宗以其生父为皇考的奏章上签名。黄佐在大礼议兴起之时,就意识到得罪了皇帝,为了避祸,他再三以省亲、养病为由要求告假还乡,避开了跪谏事件。

黄佐省亲返京后,礼部尚书席书、大学士杨一清等人皆欲引用,均被婉拒。嘉靖三年十二月,黄佐撰《黄氏家乘》二十卷,文徵明为之作序。②嘉靖四年,赠黄佐文林郎、翰林院编修。嘉靖五年,黄佐经过四次上疏乞归才被允许回乡探母,其《题滕用亨祯符诗》有"嘉靖丙戌,佐予告归省,时文待诏徵仲亦致仕南归,阻冻潞河,间出此卷见示"③之语。嘉靖丙戌,即嘉靖五年。至嘉靖六年春,潞河解冻后,黄佐继续启程返乡,与致仕南归的文徵明同路,"并舟而还,倡酬甚适"④。

嘉靖七年,明廷突然任命本该留用翰林的黄佐为江西按察司佥事。黄佐经过南雄地方时,"触冒瘴热,得患泄痢"⑤,又闻其母陈氏病日益笃,故上《患病陈情养亲疏》陈其欲致仕养亲之愿。未果,又随补广西督学官。是岁,次子在素生。然而据黄佐《答王阳明书》"六月中,始往江西,会病不可愈,乃挂冠而归"⑥的记载,可知此年他曾因病"挂冠而归"。又据其《庸言》载,嘉靖七年九月王阳明在广州期间,黄佐曾与之相见。⑦或许此年黄佐有过短暂的辞官归乡经历。

---

① 有关"左顺门事件"的研究,可参阅李亮:《左顺门事件研究》,西北师范大学硕士论文,2011年。
② 《先三乡贤年谱·文裕公年谱》,《黄氏家乘续篇·年谱》,《北京图书馆藏家谱丛刊·闽粤(侨乡)卷》第5册,第1040页。
③ 《泰泉集》卷四十四,凤凰出版社,2021年,第999页。
④ 黎民表:《泰泉先生黄公行状》,《泰泉集》,凤凰出版社,2021年,第12页。
⑤ 《泰泉集》卷十九《患病陈情养亲疏》,凤凰出版社,2021年,第443页。
⑥ 《泰泉集》卷二十一,凤凰出版社,2021年,第468页。
⑦ 黄佐:《庸言》卷九《著述》,齐鲁书社,1995年,第646页下栏。

嘉靖八年，黄佐在广西任职期间，以威信招安瑶民；在省城稽查书院，教育人才；编辑《理学本源》，颁行地方。"又出令严士习，撤淫祠，行射礼，举节孝，立乡社，择土民之秀者为弟子员，以风励之"①。他在《大藤峡瑶老》一诗中抒发了通过招抚安定瑶族百姓的欣慰之情：

> 大藤勋业使人疑，今日裹帷始见之。
> 每忆韩公成感叹，且令瑶老望威仪。
> 江山道梗空千里，兵甲屯云又一时。
> 闻道招安成妙算，从前真觉费王师。②

可见他勤于政事、关心民族地区安定的家国情怀。

嘉靖九年，有家书报知母亲陈氏病重。黄佐闻讯，"即日疏致仕，以符印付有司，弃官竟归"③。上司认为黄佐未经批准即离任，十分恼怒，"偕御史劾公擅离职守，欲中以法"④。幸有大学士李时"荐公有程朱之学，宜充经筵讲官"⑤，明世宗体谅黄佐孝行，诏准其致仕还乡。⑥这便是黄佐宦海生涯的第一次致仕。⑦

自此，黄佐开始了长达六年的家居生活，⑧卜居粤洲草堂，远近学者闻其声名，接踵而至。其间与之交流频繁的有黎民表、梁有誉等门人，张峨、

---

① 黎民表：《泰泉先生黄公行状》，《泰泉集》，凤凰出版社，2021年，第13页。
② 《泰泉集》卷十二，凤凰出版社，2021年，第265页。
③ 黎民表：《泰泉先生黄公行状》，《泰泉集》，凤凰出版社，2021年，第13页。
④ 黎民表：《泰泉先生黄公行状》，《泰泉集》，凤凰出版社，2021年，第13页。
⑤ 黎民表：《泰泉先生黄公行状》，《泰泉集》，凤凰出版社，2021年，第13页。
⑥ 关于此事，《明史》载："（黄佐）闻母病，引疾乞休，不俟报竟去，下巡抚林富逮问。富言佐诚有罪，第为亲受过，于情可原，乃令致仕。"可知黄佐得以顺利致仕，广西巡抚林富亦有斡旋之功。参见《明史》卷二八七《文苑传三·黄佐》，中华书局，1974年，第7365页。
⑦ 据胡小安研究，黄佐的第一次致仕，并不仅是源于母亲生病，其背后有着复杂的政治背景。黄佐在学术上与当时在广西声望甚高的王阳明唱反调，在行政中不认同广西戡定"动乱"的重武政策，"在广西的一年里过得并不轻松"。参见胡小安：《论黄佐在广西的教化活动》，《广西民族大学学报》2008年第3期。需要指出的是，黄佐与王阳明虽在学术上多有分歧，但其辩论和交流并非简单的"唱反调"，详见后文。
⑧ 《明史》载黄佐"家居九年"，或指从嘉靖九年致仕至嘉靖十九年至京任职这段时间。参见《明史》卷二八七《文苑传三·黄佐》，中华书局，1974年，第7365页。

汪思、张岳等人数来请教。虽有巡抚陶谐、谏臣董进第、礼部侍郎吕柟推荐，但均被议礼者阻拦。

嘉靖十五年冬月，世宗召大学士夏言、顾鼎臣等人询问黄佐是否可用，众人皆言黄佐可用，"遂以翰林院编修、左春坊左司谏起公于家"[①]。嘉靖十九年，黄佐至京任职后一直兢兢业业。明代学校读书人需要研习射术、武艺，自洪武以来形成定制，但是明中叶以后有所废弛。黄佐上谏明世宗，建议在京师大兴隆寺建立射圃以培训生员武艺，将他们培养成"文武兼用"之人。是年三月八日，黄佐充经筵讲官，有《庚子三月八日奉命充经筵讲官有感赋十二韵》[②]为证。同年，明廷擢升黄佐翰林院侍读，并"掌南京院事"。次年举家迁往南京，便道省亲，作《祭告先墓文》。嘉靖二十一年，黄佐编成《革除遗事》十六卷。次年又召为右谕德兼修撰，同修玉牒。嘉靖二十三年升任南京国子监祭酒。任上"颁《五伦条约》"，"作《南雍志》"[③]，同时著《乐典》《礼典》来强化儒家道德教育。是年七月，母亲陈氏不幸病逝，丁母忧归，于嘉靖二十四年将母亲灵柩与父亲黄畿合葬。

延至嘉靖二十六年，黄佐被再次起复，担任翰林院少詹事兼侍读学士。明廷为对抗鞑靼，讨论收复河套事宜。在这一问题上，黄佐与内阁首辅夏言意见相左，因此遭到排挤。适逢吏部左侍郎一职开缺，吏部举荐由礼部右侍郎崔桐与黄佐补缺，但是与夏言同党的徐霈、艾梣等人对崔桐和黄佐大加构陷，以致二人不能补缺。此时黄佐已经五十八岁，对官场不再眷恋，于是再次致仕。至此其宦海生涯结束，再未返回政坛。[④]

四、致仕之后：教书育人与著书立说

黄佐一生对官场权谋之事不甚热衷，大多数时候仅担任清职。特别是

[①] 黎民表：《泰泉先生黄公行状》，《泰泉集》，凤凰出版社，2021年，第14页。
[②] 《泰泉集》卷十三，凤凰出版社，2021年，第319页。
[③] 黎民表：《泰泉先生黄公行状》，《泰泉集》，凤凰出版社，2021年，第14—15页。
[④] 《先三乡贤年谱·文裕公年谱》，《黄氏家乘续篇·年谱》，《北京图书馆藏家谱丛刊·闽粤（侨乡）卷》第5册，第1055—1056页。

在明代专制主义空前加强的政治环境下，清流名儒在官场上往往追求明哲保身，或寄情山水，或留意学问。儒家素有"三不朽"之说，黄佐于事功方面成就不大，而且晚年对官场失望，致仕还乡，自此专心教育与著书立说，以成其"立言""立德"之业。

其实早在嘉靖初年，黄佐就有在家乡开办书院之举。在黄佐看来，朝廷虽有官学，但学政废弛，导致"小学、大学之教废"①，不能很好地起到教化士人的作用。基于"文起八代之衰，道承千载之绪，而通情思于周孔，溯渊源于伊洛"②的目标，黄佐决意创办自己的书院。嘉靖二年，黄佐尚在翰林院供职，便托人在广州城北的栖霞山向官府买了一块土地，用于兴建馆社，并开始筹划开馆授徒。③因山上有山泉名曰"泰泉"，故书院被黄佐命名为"泰泉书院"④。九月，黄佐被明廷任命为册封南渭王的使团副使，前往永州。嘉靖三年，自永州过粤，顺道归省。是岁，泰泉书院落成，黄佐在归省期间便曾在泰泉书院讲学。不过是年冬天，黄佐便返回京师复命，因此这段讲学经历十分短暂。直至嘉靖九年黄佐一度弃官致仕，他才得以有数年时间在乡办学。考虑到泰泉书院地理位置相对偏僻，"至者病其荒远"⑤，黄佐又在粤洲草堂旧址之上建新书院。嘉靖十年，新书院落成，黄佐于每月三、六、九日讲学其中。⑥嘉靖十四年，巡按戴璟改粤洲草堂为粤洲书院。次年，巡按陈大用又于粤洲书院前空地建泰泉精舍。直至嘉靖十八年九月，黄佐束装北上，他的这段讲学生涯才告一段落。其间编纂《内

---

① 黄佐纂修：《（嘉靖）广州志》卷二八《学校下》，岭南美术出版社，2007年，第397页。
② 黄佐纂修：《（嘉靖）广东通志》卷三八《礼乐志三》，岭南美术出版社，2006年，第950页。
③ 泰泉书院前身为景泰寺，吴泽文对景泰寺与泰泉书院之更迭的复杂背景有深刻分析，可参阅吴泽文：《黄佐与明代广东地方教化研究》，暨南大学硕士论文，2018年，第70—74页。
④ 《泰泉集》卷三十《泰泉书院兴作记》，凤凰出版社，2021年，第694—696页。
⑤ 黄佐纂修：《（嘉靖）广东通志》卷三八《礼乐志三》，岭南美术出版社，2006年，第966页。
⑥ 《（嘉靖）广东通志》卷三八《礼乐志三》，岭南美术出版社，2006年，第951页。

则》《曲礼》《列女传》诸书，撰《姆训》一卷。

嘉靖二十六年，黄佐最终告别官场。他返回广州后，旋即被当地士人邀请讲学。黄佐遂重新开馆，"乃为条约，以申告之。朔望皆至精舍请业。诸生多以行业自饬。有宦游四方者，人见其持论，必知之曰：此泰泉先生弟子也"①。因黄佐文名素著于天下，求学者颇多，俨然形成了一方学派，梁有誉、欧大任、黎民表、黎民衷等人都是他的得意门生。关于黄佐的讲授内容，文献记载相对有限。但其旧著《泰泉乡礼》六卷于嘉靖二十八年刊刻。同年，又以《士相见礼》《投壶乡射》诸篇附之，增至七卷。先后有香山知县邓迁、顺德何巍为之作序。黄佐素重礼仪，教学内容亦应涵盖礼仪之学。另外，黄佐于嘉靖十年在粤洲草堂讲学时，曾作《粤洲草堂讲学条约》。②此条约被收录于他所编修的《广东通志》中，我们可以从中管窥其教学内容及特点。

在教学内容上，黄佐以四书五经为主，"每日先讲四书，次讲五经"，"吾所讲者，先以传注为主，详说明白，务尽学问工夫。次以诸儒之说与朱子有异同者，反复折衷，务尽思辨工夫"③。在讲授经典时，注重讲授诸家注疏，并以朱熹思想为主，兼顾对其他学说的点评，以宣扬理学思想。书院还要进行考试，所以黄佐要求学生平时多做笔记，"若考试即于记录之后，作稿誊真送上批改"④，以此认真指导学生课业。

除了讲解经典外，黄佐十分强调修身养性，对学生提出了"言忠信，行笃敬，惩忿窒欲，迁善改过""忠恕"⑤等道德要求。与此同时，并不一味要求学生埋首经典，而是鼓励学生多才多艺。黄佐曾言："有能歌诗稽

---

① 《先三乡贤年谱·文裕公年谱》，《黄氏家乘续篇·年谱》，《北京图书馆藏家谱丛刊·闽粤（侨乡）卷》第5册，第1056页。
② 梁艳认为，粤洲草堂和泰泉书院同由黄佐所建，因此黄佐所制定的《粤洲草堂讲学条约》在一定程度上也代表了泰泉书院的制度。参阅梁艳：《黄佐的教育活动及其教育思想研究》，暨南大学硕士论文，2015年，第20页。
③ 《（嘉靖）广东通志》卷三八《礼乐志三》，岭南美术出版社，2006年，第951页。
④ 《（嘉靖）广东通志》卷三八《礼乐志三》，岭南美术出版社，2006年，第951页。
⑤ 《（嘉靖）广东通志》卷三八《礼乐志三》，岭南美术出版社，2006年，第951—952页。

古，作制礼服，明习冠射礼仪节，通晓黄钟，含少声律及善鼓琴、吹笙黄等项，肯从我游者，敢不延接？"①对有才艺的学生十分欢迎。在讲学之余，黄佐还与学生寄情山水，游览美景，"讲学有暇，与诸朋息且游焉"②，以求做到在张弛有度之余，以自然风光陶冶性情。

毕竟黄佐此时已年近花甲，大概是因为精力不足，告别官场后黄佐逢每月三、六、九日才前去讲学，并于嘉靖二十八年罢讲。此后，黄佐不再开展大规模的集体授课，但仍然坚持教导学生。平日里，黄佐常与门人探讨学问，共同编纂书籍，对广东理学的发展与传承及广东地方历史文化的发展做出了卓越贡献。

黄佐致仕后，除了教书育人，另一项主要工作便是著书立说。嘉靖二十九年，黄佐携门人黎民表、梁孜（梁储孙）与湛若水一同游览罗浮山，颇有感悟，作诗数首。事后，其学生姚泓向黄佐提供了《罗浮山志》旧志，黎民表又在家中寻得罗浮山图记，也一并献于黄佐。黄佐遂起续修《罗浮山志》的想法，他让黎民表撰写新的《罗浮山志》，并亲自加以订正。黄佐本人则博访文献，在黎民表所提供的罗浮山图记的基础上撰《罗浮图经》，前后历经七载，于嘉靖三十五年修成《罗浮山志》十二卷。此书于"南粤异物诸志，旁罗远索，咸因类附见。而历代词赋稍驯雅者，亦必采录稿成"③，由黄佐门人姚泓、姚澜、张文钜、徐国瞻、汤相等人出资刊刻出版，对于保存明代广东地方历史文化具有重要的史料价值。

嘉靖三十一年，黄佐的门人将黄佐自嘉靖九年第一次弃官归隐，讲学粤洲，至嘉靖二十八年罢讲期间所记录的日常讲学内容，辑录成书，共十二卷。黄佐命名为《庸言》，由何价、孙学古、陆汤臣等门人命工付梓，黎民表作序。"庸"即取"平常"之意，此固有自谦的用意，但正所谓"圣人之道常道，天之道亦常道也"④。门人认为黄佐取此书名，也表明了其毕生

---

① 《（嘉靖）广东通志》卷三八《礼乐志三》，岭南美术出版社，2006年，第952页。

② 《（嘉靖）广东通志》卷三八《礼乐志三》，岭南美术出版社，2006年，第952页。

③ 《黄氏家乘》卷四《艺文》，《北京图书馆藏家谱丛刊·闽粤（侨乡）卷》第5册，第713页。

④ 《（光绪）香山县志》卷二一《艺文》，上海古籍出版社，2002年，第476页。

追求圣人之道的心迹。《庸言》也是研究黄佐思想及生平的重要著作。

嘉靖三十六年，黄佐患病，遂闭门谢客，厘正前后著述，修辑《广东通志》。恰好谈恺、徐仲楫等广东地方大员邀请他编修《广东通志》，于是黄佐不辞劳苦前往广东贡院主持修志，三子在中、在素、在宏及陈绍文、黎民表、梁绍曾等众多门人均参与了修撰工作。经过三四年左右的努力，到嘉靖四十年《广东通志》得以刊刻出版，凡七十卷。嘉靖《广东通志》旁征博引，涵盖《图经》《事纪》《职官表》《选举表》《列传》《外志》等内容，系统记录了广东历史、地理及社会人文情况，是广东历史上第一部高质量的省志①。黄佐晚年还与门人黎民表、潘光统编纂了《明音类选》《唐音类选》两部韵书，为研究和保存中国古代文化做出了贡献。

据《泰泉先生黄公行状》及相关文献，黄佐著作计有《泰泉集》六十卷、《乐典》三十六卷、《诗经通解》二十五卷、《春秋传意》十二卷、《庸言》十二卷、《泰泉乡礼》七卷、《革除遗事》十六卷、《翰林记》二十卷、《广州志》六十卷、《广东通志》七十卷、《广西通志》六十卷、《南雍志》二十四卷、《香山县志》八卷、《礼典》四十卷、《乐记解》十一卷、《明千家姓纂》十二卷、《小学古训》一卷、《姆训》一卷、《古今律吕考》一卷、《诗人名氏》一卷、《两京赋》一卷、《敷教录》一卷。黄佐青年时已撰有《九州问》《粤会赋》《漱芳集》《广州人物传》等作品。由其门人编次删定的著作还有《六艺流别》《明音类选》《唐音类选》《罗浮山志》等。此外，另有《通历》《理学文选》，惜未成书。据此，黄佐著书将近六百卷。②

嘉靖四十五年七月，黄佐病重，召林乔、陈冕、黎民表、黎襄等门人，示《十一夜偶成》诗，有"诒谋无厚业，忠孝种心田"之语，似是对其一生的自我总结。当月二十六日，仍然向门人讲授《易经·系辞》中的"自天祐之，吉无不利"句，认为当以王弼注为是。又作诗，有"气完光岳，身在云霄"之语，整襟抚带，勉励其弟子曰："弘毅之学当如是也，小子识之"③。言毕乃卒。临终之际，黄佐仍不忘向学生传授治学之道。

---

① 关汉华：《黄佐〈广东通志〉之编纂及其文献价值》，《图书馆论坛》2014年第10期。
② 陈广恩：《试论黄佐对岭南文化的贡献》，《文化杂志》2011年冬季刊。
③ 黎民表：《泰泉先生黄公行状》，《泰泉集》，凤凰出版社，2021年，第19页。

至此，黄佐结束了其传道授业的事业，时年七十七岁。明廷追封其为礼部右侍郎，谥"文裕"①。

---

① 《明史》《泰泉集》《黄氏家乘》均记载黄佐于隆庆二年获赠礼部右侍郎。《明穆宗实录》记赠礼部侍郎。2024年10月，广州白云山栖霞岭发现的黄佐墓葬，碑文上显示为"赠礼部左侍郎"。个中差异，有待学术界探究。

第二章　黄佐与官员的交游

现存材料中，对黄佐入仕前在乡读书时的交游情况记载不多，偶有人名和零星事件出现，如作于正德六年的《秋江别意诗序》云："正德辛未秋，石城邑大夫陈公宗汤承上德意将行，吾党致饯于粤江之涯，而旧德时髦暨夫游居之良咸在焉。"①序中"陈公宗汤"即陈謢，字宗汤，广州府番禺县人，正德三年任石城知县。据刘敬宜《黄佐诗文系年》考证，在黄佐入仕前与之交往的还有访客采真子、桂山先生曹琚、章拯等。②

明代以理学为官方意识形态，文官入仕以科举为正途，读书人多以儒学为修业之本，又常以功名为人生追求。黄佐历经孝宗、武宗、世宗三朝，宦海沉浮四十余年，与同时代的官僚多有交往，其中不乏蒋冕、杨一清这样的高级官员。文化世家的出身，知名学者的身份，为官多年的人生经历，使黄佐一生的交游主要在知识分子精英群体中展开。现存史料中，与黄佐关系交好，有名姓可考者，人数近百，基本以官员、理学家为主，是为黄佐交游活动的一大特点。他们之间或因政务而有往来，或因是科举同年、翰林院同僚而有私交，兹难一一详举。本章将以黄佐人生际遇为线索，结合当时的朝局来考察他与官场同僚的交游情况，并对大礼议背景下黄佐的交游策略及其境遇作一探讨。

---

① 《泰泉集》卷三十四，凤凰出版社，2021年，第787—788页。
② 刘敬宜：《黄佐诗文系年》，暨南大学硕士论文，2020年，第11—13页。

第一节　与护礼派官员的交游

嘉靖元年，黄佐初入官场。是时朝廷围绕嘉靖皇帝生父兴献王朱祐杬的尊号问题争论不休，文官群体因此而撕裂，形成"议礼"和"护礼"两派。议礼派以张璁、桂萼为核心，主张迎合嘉靖皇帝的圣意，尊朱祐杬为皇考。护礼派以内阁首辅杨廷和为首，主张尊孝宗为皇考，以朱祐杬为皇叔父。黄佐既在京城为官，则不免与朝廷重臣产生交集。

一、与梁储、杨廷和等人的交游

黄佐早年因入京参加科举而得以与护礼派中梁储、蒋冕、杨廷和等官员结识，与蒋冕、舒芬、林俊交游密切。就现有材料来看，黄佐与护礼派大臣的交集始于正德十二年赴京参加会试时。彼时，来自广州府顺德县的梁储（1451—1527）官至内阁首辅、华盖殿大学士。①黄佐与梁储同属广州府人士，在准备会试的过程中，黄佐"值疾作，不克终试。同乡大学士梁公储慰留之"②。由此可以看出，梁储颇为赏识黄佐。③但黄佐却谢绝了梁储美意，并没有留在京师，而是返回了家乡。梁储时为内阁首辅，黄佐若肯投至他的门下，即便一时科举失意，亦可为日后飞黄腾达铺平道路，但他却推辞了如此重要的政治资源。这一选择，固然有其性格孤直的因素，但也充分体现了其价值理念：儒家讲究"君子之交淡如水""君子群而不党"。黄佐不以同乡身份攀附梁储，其实正是他洁身自好、恪守君子本分的

---

① 《明史》卷一九〇《梁储传》，中华书局，1974年，第5040页。
② 黎民表：《泰泉先生黄公行状》，《泰泉集》，凤凰出版社，2021年，第10页。
③ 有明一代，同乡关系是影响科举的重要人情因素。在黄佐之前，梁储就曾在1514年第二次主持科举考试期间，选中其同乡霍韬作为状元候选人。在当时，"人为操纵举人和进士的考试排名的现象已是非常普遍"。（见《明代名人传》，北京时代华文书局，2015年，第1217页）前述黄佐科举考试名次的变动也大体反映了这一现实。

做人原则的表现。

正德十四年，黄佐在母亲劝说下，第三次赴京参加会试。但由于上一次会试失利，黄佐烧掉了路引，无法参加考试。好在当时负责考试事宜的礼部尚书毛澄网开一面，给了黄佐参加考试的机会，黄佐得以于正德十五年二月参加会试。殿试中，黄佐的殿试文章得到了内阁大学士蒋冕的赏识，"大学士蒋公冕阅公卷，又欲置第一，而大学士杨公廷和以公所言切直，乃移置于二甲十一名"①。黄佐中进士后，参加庶吉士选拔考试。彼时正值大礼议期间，其中一场考试的主题是"濮议"。北宋仁宗无子，以濮王之子赵曙为嗣，赵曙后即位为宋英宗。围绕对濮王的称谓和祭祀礼仪等问题，皇帝和朝臣、朝臣和朝臣之间发生了争议，是为"濮议"，其情形与大礼议有相似之处。②杨廷和阅卷时，见黄佐文中引《仪礼》"为人后者为之子""何如而可以为人后？支子可也"之语，便有意诘难黄佐。黄佐回答道："宋仁宗育濮安懿王支子于宫中，是为英宗，则程伊川所议，复何疑哉？"杨廷和再想责备黄佐，毛澄见状，前来解围道："《仪礼·子夏传》实有此说。"③黄佐才得以过关，进入翰林院供职。很快，黄佐的文学才能使杨廷和对他的印象大为改观，不由发出"予目近视，今日乃识君耳"④的感慨。

二、与蒋冕的交游

黄佐最终得中二甲进士，离不开蒋冕对他的赏拔之恩。蒋冕（1463—1532），字敬之，号湘皋，广西桂林府全州人。成化二十三年进士，选庶吉士，授翰林院编修。后官至内阁首辅。纵观黄佐一生，蒋冕可以说是他步入仕途的第一位贵人。黄佐中进士后，参加选拔庶吉士的考试连续五场均为第一，得以顺利进入翰林院。入职后，蒋冕以"乾清宫"为主题命新入

---

① 黎民表：《泰泉先生黄公行状》，《泰泉集》，凤凰出版社，2021年，第11页。
② 相关研究可参阅张吉寅：《"水不润下"与北宋濮议》，《北京社会科学》2019年第7期；杨锐明：《父子关系与新旧交替：再论北宋"濮议之争"》，《河南理工大学学报（社会科学版）》2022年第3期；李华瑞、武彦赟：《吕诲与濮议之争》，《西北师大学报（社会科学版）》2023年第2期。
③ 《泰泉集》卷二十一，凤凰出版社，2021年，第460—461页。
④ 黎民表：《泰泉先生黄公行状》，《泰泉集》，凤凰出版社，2021年，第11页。

选的庶吉士们作赋，黄佐率先完成，蒋冕给予其"文奇字奥……以为张平子、王文考之流也"①的高度评价。与梁储因同乡情谊关照黄佐不同的是，蒋冕对黄佐的赏识和支持是出自对后者文学才能的认可。

嘉靖二年，黄佐奉命前往永州。启程前夕，杨慎、蒋冕等京师好友前来送别。其中，蒋冕赋《黄编修才伯奉使荆湖便道省迎其母》一诗为黄佐赠行，表达了对黄佐南去千里、书音难寄的遗憾与早日返京的期盼。②其中"眼看紫诰鸾回纸"一句，化用杜甫《奉贺阳城郡王太夫人恩命加邓国太夫人》中的"紫诰鸾回纸，清朝燕贺人"③诗句，实是暗示黄佐回京后还有远大前程，这未尝不是夹杂了私人感情与政治拉拢的双重意味。通过送行举动，护礼派诸臣向黄佐释放了善意。而黄佐亦作《出京别亲友三首》酬答，"赖我金兰友，婉娈同所欢""况兹别亲宾，何由慰饥渴""辞家忽五载，良朋成密亲"等诗句体现了黄佐与同僚真挚深厚的友谊，"行矣各自励，修名良足珍"则表达了他对友人及自我的勉励。④黄佐在翰林院任职的时间不长，却结识了很多至交好友。

是年冬天，黄佐回京。此时议礼派主动向黄佐伸来了橄榄枝："至京，礼部尚书席书及诸议礼者皆始进用，欲援公（黄佐）为助，遣人通意。公谢绝之。十二月，大学士杨一清召还，首询公以典故，公引证以答。又馈文集，欲引用，公亦辞不往。"⑤礼部尚书席书及大学士杨一清在当时属于议礼派人物。面对议礼派官员的示好与拉拢，黄佐保持了审慎的态度。

嘉靖三年，蒋冕因在大礼议中失势而致仕。黄佐曾上《郊祀礼成广恩疏》，借用宋代"郊祀"大赦天下的制度，希望嘉靖帝能够赦免蒋冕等人：

尝考宋制，每举郊祀，则臣工尽驰荫典，谓之郊恩；罪犯尽

---

① 黎民表：《泰泉先生黄公行状》，《泰泉集》，凤凰出版社，2021年，第11页。
② 蒋冕著，唐振真、蒋钦挥、唐志敬点校：《湘皋集》卷三三，广西人民出版社，2001年，第363页。
③ 杜甫著，谢思炜校注：《杜甫集校注》卷十七，上海古籍出版社，2015年，第2652页。
④ 《泰泉集》卷六，凤凰出版社，2021年，第116—117页。
⑤ 《先三乡贤年谱·文裕公年谱》，《黄氏家乘续篇·年谱》，《北京图书馆藏家谱丛刊·闽粤（侨乡）卷》第5册，第1039—1040页。

肆大眚，谓之郊赦。……切见致仕大学士蒋冕、毛纪，尚书乔宇、罗钦顺、汪俊、王承裕，侍郎何孟春、郑岳、刘玉养病，通政马理、见任南京尚宝司卿吕柟之数臣者，素负经纶，练达典故，或以耆德为先朝所重，或以学行为物论所推，皆最有誉望者也。谪戍遐方者，自罪犯之首马录之外，若李璋、李珏、常泰、余宽、刘仕、黄侍显、丰熙、杨慎之数人者，偶因不识，或缘蠢愚，事涉株连，身非元恶，水土不服，疾病连绵。①

由此可知，这些因大礼议而致仕、被贬的官员或多或少都与黄佐有所交往。在嘉靖初年的大礼议事件中，无论是赏识黄佐的同乡大学士梁储、帮助过黄佐的毛澄，还是赏拔他的蒋冕，均属于护礼派的代表人物。黄佐在京师的至交好友，如林俊、舒芬、杨慎、何孟春等也加入了护礼派。因此，尽管黄佐在政治上以"愚直"示人，然而从私人关系上来说，他是亲近护礼派诸臣的。

嘉靖八年，黄佐在粤洲草堂建立家庙世祐祠。家庙落成后，黄佐请蒋冕为之写记。蒋冕欣然应允道："才伯读书中秘时，予适备员内阁，相与甚深，义不容辞。"②彼时大礼议余波犹存，护礼派已经失势。但有关"小宗"入嗣"大宗"相关礼仪的争论还萦绕在皇帝与士大夫心头。如杨慎就因带头发起"左顺门跪谏"而被明世宗记恨，被廷杖后流放云南。此后多年，明世宗时常问起杨廷和、杨慎父子情况，终嘉靖一朝有六次大赦，然皆不赦杨慎。可见明世宗终生对护礼派嫉恨之深。在此敏感时刻，黄佐请护礼派代表人物蒋冕作家庙记，从中可以看出他对护礼派的亲近态度。而蒋冕在《黄氏家庙记》中强调"祀必有庙，而礼必有宗也"的同时，也高度评价了黄佐修建家庙的行为："自宣慰至才伯，凡七世，族众日繁，欲收其涣散，敦其亲睦，非庙以尊祖，立宗子以主祀事，则何以别姓收族报本？反始以尽尊尊亲亲之道，此家庙之所由作欤。"③这也表明他与黄佐的宗法伦序观念相同。

---

① 《泰泉集》卷二十，凤凰出版社，2021年，第448页。
② 《湘皋集》卷二〇《黄氏家庙记》，广西人民出版社，2001年，第210页。
③ 《湘皋集》卷二〇《黄氏家庙记》，广西人民出版社，2001年，第211页。

嘉靖九年黄佐出广西任职时，专程拜访了蒋冕，受到蒋冕的热情接待，并受邀为其文集《湘皋集》作序。黄佐在《湘皋集序》中回忆这次拜谒道："佐不佞向待罪史馆，获受公教。兹视学广右，拜公洮阳，相与晤言道旧，喜见颜色。"①此次拜晤，蒋冕邀请黄佐等人游览附近的湘山，但因游玩途中遇雨而作罢，随后又招引陈宋卿到其书斋湘皋书屋中宴饮交谈，相交甚欢。事后，黄佐作《蒋少傅约游湘山阻雨不果招陈宋卿同燕湘皋书屋》以记其事。②

在黄佐为蒋冕文集所作的序中，黄佐在肯定蒋冕文章的同时还阐发了自己的文学思想，他在《湘皋集序》开头即云：

> 文以载道，天下之名言也。佐则曰：文者，道之用也。体具于此，用达于彼，犹股肱之翼，为耳目之明听，非有二焉者也。古之君子积于其中，赍于其躬，动为仪轨，扬为训诲，彰声教于上，刑礼俗于下，非有所缘饰，而自宣著鸿远者，皆文也。故《易》曰："观乎人文，以化成天下。"夫惟道之不试，而后文以载之。周子之言，盖颛为立言者发，非所以论文之全也。是故得志达道，文在人矣；不得志以守道，文在言矣。昔韩魏公为宰相，欧阳永叔在翰林，公自谓天下文章，莫大于是。然则诵其诗，读其书，而不夷考其德业，岂善观文者哉？③

早在刘勰《文心雕龙》中，就已经有"因文而明道"的说法；唐代古文运动兴起之时，又有"文以贯道"和"文以明道"的说法；北宋时期，理学家周敦颐首次提出"文以载道"的说法。以上都体现了士人对文学发展过程中传承道德精神的深入思考。而自宋至明，这已经成为士人普遍认同的文学观念。黄佐在序言中则进一步发挥了这一理论，认为"文者，道之用也"，二者具体关系为"体具于此，用达于彼，犹股肱之翼，为耳目之明听，非有二焉者也"，把"文"与"道"的关系阐述为"体"与"用"的关系，二者犹如人之股肱、耳目一样紧密相连。黄佐还进一步举例证明自

---

① 《泰泉集》卷三十六，凤凰出版社，2021年，第818页。
② 《泰泉集》卷七，凤凰出版社，2021年，第131页。
③ 《泰泉集》卷三十六，凤凰出版社，2021年，第817—818页。

己的观点:"古之君子积于其中,贲于其躬,动为仪轨,扬为训谟,彰声教于上,刑礼俗于下,非有所缘饰,而自宣著鸿远者,皆文也。"认为"文"对君子的外在行为、内在品质影响重大,即古君子明"道"而发为文,"文"是"道"的外在体现。只有"道之不试,而后文以载之"。黄佐认为"得志达道,文在人矣;不得志以守道,文在言矣"。蒋冕师从明代硕儒丘濬,而丘濬对明代文风有"起振"之功。蒋冕拜入其门下后,受其教诲,学问精进,文采四溢,历仕三朝,官居首辅。黄佐在《湘皋集序》中也高度评价蒋冕:"其功在社稷,排大难,断大事,决大疑,有琼台公所能为而未及者,公皆身之。"①黄佐认为蒋冕是"文道"合一的典范,其作为达到了文与道的体用合一。黄佐感叹道:"观是集者,当知公一身关系世道之大,毋徒以其文也。"②总之,黄佐借序言阐述了自己的文艺思想,并且对蒋冕的文章给出了较高的评价。

黄佐还曾亲往蒋冕居所,时见其庭前古槐,甚感奇异,遂作《庭前槐树歌为少傅蒋公赋》。文中黄佐表面是在描写庭前古槐,实则是以古槐喻指蒋冕其人。"磊落似是英雄姿""苍苍不老当年色""青牛文梓宁论直""力排摇落开鸿钧"等诗句描述古槐的青翠茂盛、高耸入云,实象征着主人蒋冕磊落正直、德高望重的品质,即使今日居于乡野,恬淡闲适,依然风采不变,长青不老。③

三、与舒芬的交游

黄佐初入翰林院时,与舒芬交往最密,二人经常讨论经籍、术数、音乐等学术问题。这段经历对黄佐的学问积累、思想形成产生了一定影响。

舒芬(1484—1527),字国裳,号梓溪,南昌进贤人。舒芬少有才名,正德十二年(1517)状元,以庶吉士的身份成为翰林院修撰。舒芬博通诸经,尤善《周》礼,名著当时,世称"梓溪先生"。著有《梓溪文钞内集》八卷、《梓溪文钞外集》十卷。舒芬为官清正不阿。正德十四年,明武宗有

---

① 《泰泉集》卷三十六,凤凰出版社,2021年,第818页。
② 《泰泉集》卷三十六,凤凰出版社,2021年,第818页。
③ 《泰泉集》卷八,凤凰出版社,2021年,第155页。

南巡之意，舒芬带头上疏激烈劝阻，触怒了皇帝。明武宗将舒芬等人拘至午门外，先是命其罚跪五日，再施以廷杖。舒芬随即又被贬往福建，直到明世宗即位才被召回翰林院。但他很快卷入大礼议之争，一度入狱，后来回乡为母亲守丧，抑郁而终。①

黄佐《梓溪文集序》陈述了在正德十一年与友人梅鹗讨论《国语》中"武王伐殷，岁在鹑火"一语时，联系到明太祖称帝与靖难之役等历史事件，感慨"岁星"与人世间王朝兴衰存在密切联系。梅鹗听罢，说舒芬也曾有此议论。舒芬精通天文历象，梅鹗的介绍引起了黄佐对他的兴趣。这也是黄佐初闻舒芬之名。②嘉靖二年黄佐前往永州册封南渭王时，舒芬与杨慎等人一同送行，作《赠黄太史才伯封南渭》诗，其中有"蚤向陵阳已谶君，未缘同馆契斯文。陵阳心事今成古，江左人才孰许群"③之语。诗中"陵阳"即梅鹗，表明在与黄佐相识之前，舒芬亦是通过梅鹗听说了黄佐之名。梅鹗也是明代著名学者，其生卒年不详。从"陵阳心事今成古"可知，早在嘉靖二年梅鹗这位沟通二人友谊的中间人物已过世。此可作为判断梅鹗卒年的侧面依据。

黄佐初见舒芬是他供职翰林院之时，此时恰逢舒芬官复原职，从福建返回翰林院。黄佐早有心与之交游，初见舒芬便握住他的手道："吾识君于百一（梅鹗）久矣！"④两人遂结为莫逆之交，平日讨论，也多涉及修身、诗学等方面。于翰林院任职期间，黄佐与舒芬交往甚密，"每察先生端居终日，读书治事之暇，未尝昼寝，夜必计过自讼，晤即相告，盖乾乾惕若，其真积深矣"⑤。二人交往，常能互相指出对方过失，彼此也能虚心接受对方劝诫。如舒芬曾赠黄佐以修身之言，曰："心术与学术相符者也，怀居与怀利相因者也。怠胜敬，欲胜义，则其心死，其学伪。吾侪格君，其豫如此。"⑥此处化用《孟子·离娄上》的"唯大人为能格君心之非"之语，提

---

① 《明史》卷一七九《舒芬传》，中华书局，1974年，第4759—4762页。
② 《泰泉集》卷四十三，凤凰出版社，2021年，第967页。
③ 舒芬：《舒梓溪先生集》卷九《赠黄太史才伯封南渭》，国家图书馆藏嘉靖三十二年刻本。
④ 黄宗羲编：《明文海》卷二三九，中华书局，1987年，第2462页下栏。
⑤ 《泰泉集》卷四十三，凤凰出版社，2021年，第967页。
⑥ 《泰泉集》卷四十三，凤凰出版社，2021年，第967页。

倡以"修身"为本，可以说是对黄佐的劝诫诤言。黄佐自此以此言为座右铭，以砥砺自身修身养德。值得注意的是，程朱理学也非常重视孟子的"格君心之非"思想，甚至将之作为治国的根本，认为君主也应以修身为本。黄佐与舒芬的"过从欢甚"，在很大程度上表明了他们都以程朱理学为宗，尤其是在道统与君权关系紧张的嘉靖初年，思想见解的一致很快拉近了两人的距离。

舒芬博学多才，对音律颇有研究，虽然年长黄佐几岁，在与黄佐交往过程中，也体现出谦逊自省之风。他曾认为南宋学者蔡元定（号西山先生）将传统的十二乐律增加六个变律的举措是音乐史上的重大创新。黄佐却直言不讳地指出"此乃京房执始变虞之属尔"①，即认为蔡元定变律属于汉代京房律中的十八律，并非首创。舒芬听后，不以自己是状元而自矜，而是回去翻阅典籍，经过两日查找，终于证实了黄佐的说法，并大方承认："吾过矣。检《汉志》，果京房律也。"②嘉靖三年，舒芬因参与左顺门事件而被下令廷杖，并被捕入诏狱。同年，其母病逝。③舒芬扶灵回乡，至此离开京师，与黄佐失去交集。

嘉靖十年，舒芬病逝。黄佐于《梓溪文集序》中高度评价了舒芬的品行、学问，如"毅皇帝豫游时，史官敢谏者，惟梓溪舒先生一人"④，"盖其为人也，其死忠勇，其孝感诚，其从善敏，其自治严，其操身洁，其处贫乐，故能合内外，贯天人，名理如程朱，诗文如韩欧，而多所自得。使若荆舒之逢，时则率典迪而娟嫉者消矣"⑤等。

除此之外，黄佐还经常在作品中提及舒芬。如其《龙说为乙卯举人送行作》追忆了他与舒芬谈道、意甚相协的往事："忆在承明，适梓溪舒先生起自闽舶，日与予谈道，甚相协也。"⑥此文作于嘉靖乙卯即三十四年次子在素北上会试之时，距黄佐与舒芬初相识已隔三十余年。

---

① 《泰泉集》卷四十三，凤凰出版社，2021年，第967页。
② 《泰泉集》卷四十三，凤凰出版社，2021年，第967页。
③ 《明史》卷一七九《舒芬传》，中华书局，1974年，第4761页。
④ 《泰泉集》卷四十三，凤凰出版社，2021年，第966页。
⑤ 《泰泉集》卷四十三，凤凰出版社，2021年，第967—968页。
⑥ 《泰泉集》卷二十八，凤凰出版社，2021年，第645页。

从现有记载来看，黄佐与舒芬的学术探讨，多涉及易学、音律等方面。大概是受其父黄畿影响，黄佐年轻时对易学、占卜、星象等玄学知识颇为属意。前文已提及，舒芬与黄佐初闻对方之名，便缘于双方对于天象的见解相同，因此黄佐在翰林院与舒芬相遇后才有相见恨晚之感，称赞其"观望星气，占则必应，佐弗能及也"①。二人的学术探讨，除了对程朱理学的见解，更多的是基于此类"杂学"的共同兴趣。这表明黄佐在京师交游时学术探讨范围之广，并不局限于理学，体现了其博学多才的一面。

舒芬在正德十四年遭贬谪后，曾问学于王阳明，拜入其门下。②因此舒芬其实是阳明心学信徒，其思想主张应当与一生笃信理学的黄佐存在一定差异。前文提及舒芬曾对黄佐有"心术与学术相符者也"之语，就表明他在平日即对黄佐阐述了一些心学观念。不过就现有记载来看，双方较少有哲学方面的论辩。这可能是因为二人保持了和而不同的交往理念，在保持个人儒学信仰的同时，并不试图完全说服对方。但他与舒芬交游既笃，可以想见，双方的学术探讨活动无疑给黄佐提供了一个深入了解心学的机会。

四、与林俊的交游

除了舒芬，黄佐在翰林院时，也与刑部尚书林俊交厚。林俊（1452—1527），字待用，号见素、云庄，福建兴化府莆田县人。成化十四年（1478）进士，历任云南按察副使、工部尚书等职。著有《见素集》二十八卷、《见素续集》十二卷等。嘉靖元年任刑部尚书。③此年十月，黄佐向皇帝进上《新政要务疏》《修举新政疏》两份奏疏，均被留中。④林俊看到了黄佐的奏疏后十分欣赏其见识，遂与之成为忘年交。

林俊是杨廷和主张的坚定拥护者，陈旭在《林俊与明代"大礼议"》

---

① 《泰泉集》卷四十三，凤凰出版社，2021年，第967页。
② 诸焕灿：《王阳明弟子杂考》，《浙江学刊》1999年第5期。
③ 《明史》卷一九四《林俊传》，中华书局，1974年，第5136—5140页。
④ 张俊业：《黄佐年谱》，广州大学硕士论文，2019年，第26页。

一文中从"情"的角度指出林俊对孝宗的怀念之情对其议礼态度的影响。①此外，从"理"的角度，嘉靖元年，林俊上《举大礼以成大孝疏》：

> 汉成帝立定陶王为皇太子，即封楚孝王孙景为定陶王，以奉共王之祀；宋英宗以濮安懿王长子继体仁宗，亦立濮安懿王次子宗懿，以主濮王之祀。陛下光起亲藩，入继大统，尊崇大礼，已举行无遗矣。惟兴献帝之后未立，主祀久虚，尤礼不可缓者。宜准先朝故事，择兴献亲弟之子伦序所当立者袭封兴王，继兴献后以主祀事，则义正心安，情礼兼备，本生之报，益曲尽无遗矣。②

以前代故事为据反对世宗，宣扬己方观点。黄佐在大礼议中的态度也极易赢得林俊的好感。

黄佐与林俊常有书信往来。其中有一封黄佐的《复林见素书》，是反映他与林俊学术交流的重要文献。彼时林俊虽然是朝廷高官，但黄佐在这封信中丝毫没有官场常见的曲意逢迎之意，而是通篇阐述自己的学术理念。从现有的文献记载来看，黄佐也并无攀结林俊以谋求高官厚禄的举措。由此可见，他与林俊的交游，主要是相对纯粹的文人间的学术交流，并不涉及政治上的利益交换。

据《复林见素书》载，他与林俊的交往，缘于"京邸辱承教爱，忘年下交，臭味至相孚也，别后无任仰止"。在京城时黄佐常受林俊教诲，别后亦常有书信往来。林俊在书信中时常问及黄佐讲学著书情况，并邀他校阅自己的文集。关于著书讲学，黄佐认为"圣经贤传，至宋儒而道益明矣。书不必广著也，要在守约；学不必重讲也，要在力行"，表达了他对宋代儒学的崇尚及"知行"观念。黄佐认为学者治学，关键在于实践自己信奉的理念，不必追求著作等身。接着提出了"修德不讲学，则不明；讲学不修德，则不诚"的观点，认为应该理论与实践相结合，这样才能教学相长，

---

① 陈旭：《林俊与明代"大礼议"》，《西南大学学报（社会科学版）》2015年第2期。
② 林俊：《见素集·奏议》卷六《举大礼以成大孝疏》，《景印文渊阁四库全书》第1257册，台湾商务印书馆，2008年，第428页。

并躬亲实践自己信奉的道理。黄佐认为"明则察理必精，诚则循理必一。理存于心，心见于事，义日以集，气自浩然"，据此阐述了"理""心""义""气"的内在关系。又化用《中庸》之语，提出"故必学之博，问之审，思之慎，辨之明，而后笃于行焉"，"夫子之教，必致知而力行"，强调"知"与"行"的先后关系。此外，黄佐还借反驳宋代吕希哲"致知致良知，而废良能"的做法，认为此举与"释氏以心之觉悟为性"相同，反映了他对当时心学的批评，最后提出了希望林俊"有瑕著辩，以斥吕氏之非，以熄邪说"。①

总的来看，黄佐与林俊之间的学术探讨，实际上涉及了理学与心学在"知""行"先后、"致知"与"致良知"方面的分歧。二者均为理学捍卫者，对心学颇为反对。②从《复林见素书》可以看出，此时心学与理学在士大夫间已产生激烈交锋，以至于黄佐希望借助林俊在朝野的影响力来驳斥心学。黄佐时年三十三岁，而这种对心学的辩驳，则贯穿了黄佐的一生。关于二人的交往，黄佐《见素先生林公祠记》中亦有记载：

> 佐时在翰林，小廉曲谨，誓弗干谒，辱先生左顾为忘年交。……先生博极群书，务求自得，闻言称韪，喜动颜色，自是往来甚密，旦夕教示诗文……先生所交皆天下骏茂，如陈白沙、谢方石、王阳明，则以道鸣者汲引后进，恐不及晚，乃不弃佐愚，进之于道。③

林俊除了是黄佐的忘年交，亦是其学问、文学上的良师。在黄佐集中，亦有二人往来诗文，如黄佐《读见素求李空同奏疏偶成二绝》《招提联句同林见素何燕泉赋（大兴隆寺双树僧舍）》等。林俊也曾应允黄佐恳求，为

---

① 《泰泉集》卷二十一《复林见素书》，凤凰出版社，2021年，第466—467页。
② 林俊与王阳明交往甚密，二人多有论学书信往来，《见素集》中收录了林俊写给王阳明的书信多封，如《复王阳明》《寄阳明》《复阳明》等。参见林俊：《见素集》卷二二、二三，《景印文渊阁四库全书》第1257册，台湾商务印书馆，2008年，第239—240、257页。
③ 《泰泉集》卷三十二，凤凰出版社，2021年，第745—747页。

黄瑜撰写墓表，是为《明长乐知县黄公廷美墓表》。①

林俊交游广泛，多"汲引后进"，他曾向黄佐介绍蒋冕，黄佐《送蒋参政序》："始予待罪侍从，大司寇见素公恒过予，称曹属之美，必曰蒋君。"②关于黄佐与蒋冕的交游情况，已如前述。或许因有林俊的推赏，黄佐"后获与君（蒋冕）往来，虽不数数，然心奇其为人。亡何，予归隐泰泉之野，君亦回翔外郡者。久之，尝以事至广州，相见与语，气益毅然振。盖君之贤，有不以威挫福诱者，真奇士哉！"③

此外，林俊还曾向黄佐推介文徵明，《将仕郎翰林院待诏衡山文公墓志》谓："时大司寇见素林公俊爱公尤深，每晤余，必速公共语。"④后来文徵明也成为黄佐重要的交游对象，具体情状将在后文体现。

黄佐对林俊的品行、学问亦不乏赞美之词，如《秋斋文集序》中有"成化末，林见素、罗圭峰蜕陈化新，骎骎庚革"⑤，《祭见素林尚书文》中有"先生之逢时而出也，为麟仪仪；其见几而作也，为凤师师"⑥等。

第二节　与议礼派官员的交游

大礼议在横向维度上涉及了嘉靖前期的各种政治势力，明代文官集团在论争中分化与对立趋势愈发显著。⑦黄佐身处庙堂，难免会被卷入官场各方势力的政治斗争中。除与护礼派官员有着密切的交往外，黄佐与议礼派官员杨一清、霍韬等也有交游。

---

① 林俊：《见素集》卷二十，《景印文渊阁四库全书》第1257册，台湾商务印书馆，2008年，第225—226页。
② 《泰泉集》卷三十六，凤凰出版社，2021年，第822页。
③ 《泰泉集》卷三十六，凤凰出版社，2021年，第822页。
④ 《泰泉集》卷五十四，凤凰出版社，2021年，第1192页。
⑤ 《泰泉集》卷四十二，凤凰出版社，2021年，第954页。
⑥ 《泰泉集》卷五十九，凤凰出版社，2021年，第1271页。
⑦ 翟爱玲：《"大礼议"事件的政治意义与嘉靖前期的政治局势》，《史学集刊》2013年第4期。

一、与杨一清的交游

杨一清是议礼派的重要成员，大礼议事件发生后，他明确支持张璁等议礼派的主张。①杨一清（1454—1530），字应宁，号邃庵，别号石淙，云南安宁人。杨一清是成化八年（1472）进士，嘉靖时已是历仕四朝的老臣。他在明武宗在位时计除大宦官刘瑾，名动天下，被比为唐代名相姚崇。正德后期，杨一清一直致仕在家。明世宗即位后，杨一清被起复，并在大礼议事件中站到了议礼派一边。彼时议礼派大臣，也以杨一清官职最大、威望最著。王世贞《嘉靖以来首辅传·杨一清传》称其"爱乐贤士大夫，与共功名，朝有所知，夕即登荐，以是桃李遍天下"②。明世宗即位之初，颇思有所作为，采取了一系列措施革除武宗弊政，史称"嘉靖新政"。杨一清作为历仕成化、弘治、正德、嘉靖四朝的重臣，声名素重，加之他在大礼议事件中支持明世宗，因而在嘉靖初年颇受皇帝重用，更于嘉靖五年五月被拜为内阁首辅，是推动"嘉靖新政"的重要人物。

杨一清在文官士大夫集团中口碑颇佳。有学者指出，在大礼议事件中，杨一清一方面"赞大礼"，主动与"议礼新贵"合作，另一方面又不遗余力地对世宗君臣的"隐含目的"加以引导和劝诫，提倡"和衷""宥过"，试图修补议礼造成的统治集团内部的裂痕。③因此黄佐与德高望重的杨一清交往，既不会因此落下骂名，也能躲避议礼派对护礼派的倾轧。

《上杨石淙书》是反映黄佐与杨一清交游情况的重要材料。黄佐在信中引杨一清为"知己"，并对时局发表了自己的看法：

> 语曰："仕伸于知己，而屈于不知己。"执事之于佐，可谓知己者已！曩承执事枉顾，命佐考究国朝君臣同游事迹，正以方今

---

① 陈宗梓：《嘉靖前期张璁与杨一清关系研究》，西北师范大学硕士论文，2012年，第16—21页。
② 王世贞：《嘉靖以来首辅传》卷一，《景印文渊阁四库全书》第452册，台湾商务印书馆，1986年，第435页上栏。
③ 赵毅、胡克诚：《杨一清与大礼议》，《东北师大学报（哲学社会科学版）》2009年第6期。

圣天子龙飞郢甸，亟求至治，尝御平台，宣召大臣，将复圣祖之成宪也。及录国史、《宝训》、《御制文集》，暨先正之书所纪言动数条，偕金美之入见，一时仓皇，散漫无序，罪当何如哉？而执事盛德包容，喜见颜色，至曰："闻所未闻，启发多矣。"引披盛情，一至于此。且又教佐曰："国家安危系宰相，天下公议付台谏，君德成败责经筵，生民休戚在守令，古今不易之定论也。此可为奏疏，其留意焉。"佐今为逐臣，疏求归养，倘得首丘林壑足矣，奚敢疏哉？金美之书来，谓执事必欲起佐，复还史馆，盖世道将泰，而执事不以佐疏愚而遐遗也。①

黄佐在信中表明了不愿参与"礼争"、不愿与人结党的心迹。后人多谓黄佐为人耿介，初入官场不谙为官之道。但观此信可知，黄佐为官不过数载，对于如何利用官场人情世故躲避政治风波其实颇有心得。他之所以以"愚直""不喜干谒"的形象示人，除了性格孤高外，实在是深谙明代高压政治之下官僚士大夫的明哲保身之道。是故黄佐一生虽然未登台阁，在政治上没有经天纬地的作为，却比嘉靖年间许多名臣的下场要好很多。

《上杨石淙书》中保存了一些双方的意见，从中可以看出二人对于君权、相权关系之见解。从这封信大抵可以看出，杨一清虽然在大礼议中支持嘉靖，但他同护礼派一样，主张维持文臣在政治上的强势地位，认为"国家安危系宰相，天下公议付台谏，君德成败责经筵，生民休戚在守令，古今不易之定论也"，强调扩大相权及文官集团的必要性，有遏制君权恶性膨胀之意。②但是黄佐深知有明一代皇帝对于相权之忌惮，任何企图制衡君主，与之形成博弈局面的政治主张在当时都有僭越之罪。所以他在《上杨石淙书》中先陈述了"君臣同游"的重要性，追溯了太祖时期君臣同游的故事：

---

① 《泰泉集》卷二十一，凤凰出版社，2021年，第461页。
② 现存《杨一清集》中并未收录杨一清致黄佐的相关书信。关于"阁臣""经筵""台谏"等政治主张，杨一清《为献愚忠以答圣眷事》一文有系统论述。参见杨一清撰，唐景绅、谢玉杰点校：《杨一清集·关中奏议》卷十八《为献愚忠以答圣眷事》，中华书局，2001年，694—701页。

> 钦惟我太祖高皇帝垂训作则，以君臣同游为第一义。其为圣子神孙之虑，而开泰运于无疆者，深且远矣。当是时也，虚心清问，听纳如流，情义相孚，苛严是略。自岩廊以及禁苑，无非延访之地；自公卿以及庶士，无非咨议之臣。①

接着黄佐对杨一清所说的"国家安危系宰相，天下公议付台谏，君德成败责经筵，生民休戚在守令"，逐条提出了自己的看法。如针对"国家安危系宰相"，黄佐认为：

> 官以相名起于秦，非制也。凡辅养君德者孰非相臣，而必以相名，则威权斯有所专矣。惟我朝不设宰相，而馆阁置公孤之臣，卿部分军国之务，是即周官燮理寅亮与分职率属之意也。祖、宗以来密勿之地，同心一德，而台衮日近乎宸旒，故大政大疑皆得以面决之。苟面决之规不复，而惟以条旨为政机，则陆贽所谓"至尊收视于穆清，上宰养威于廊庙"者，安保其不终无邪？②

在承认宰相的重要性的同时，从制度层面反对杨一清扩大相权的主张。认为国家的重要决策应该由群臣共同商议来决定。

关于杨一清"天下公议付台谏"的政治主张，黄佐在信中也予以补充：

> 官以谏名起于汉，非古也。凡献替吾政者孰非谏臣，而必以谏名，则嘉言斯有所伏矣。惟我朝不设谏官，而六科掌封驳之事，十三道任纠察之责，即周官诏王以孂与赞王政令之意也。祖、宗以来朝著之士，明目张胆，而皂囊日陈乎丹陛，故大奸大蠹皆得以面奏之。苟面奏之不复，而惟以章疏为风力，则苏轼所谓"言及乘舆则天子改容，事关廊庙则宰相待罪"者，安望其能有行邪？③

可见黄佐对杨一清的观点进行了反驳，他首先回顾了"台谏"的源头，

---

① 《泰泉集》卷二十一，凤凰出版社，2021年，第461页。
② 《泰泉集》卷二十一，凤凰出版社，2021年，第464页。
③ 《泰泉集》卷二十一，凤凰出版社，2021年，第464页。

又陈述明代虽不设谏官，但有六科掌管封驳之事，十三道有纠察监督的责任，而这些都是为了褒美君主的政令。①之后陈述了自开国以来，朝中有名之士都有言事之习。汉代群臣上奏章，若涉机密则以"皂囊"封之。虽然有大奸大蠹之臣面奏或章疏陈事，但仍能反映朝廷台谏之风气。最后又引用了苏轼对宋神宗的劝诫之事：宋神宗想要取消谏官，苏轼用"言及乘舆，则天子改容，事关廊庙，则宰相待罪"②来劝说。苏轼所说的是，言官只要评议皇帝的乘舆（或出行），皇帝就会改变脸色；如果言论之事关涉皇室宗庙社稷，那连宰相也要待罪。黄佐借此事来说明国家评议之事不仅仅是言官之事，更重要的是形成鼓励言官进言的风气。

针对杨一清"君德成败责经筵"的观点，黄佐也补充道：

> 经筵之定为仪注，礼之文也。国初经筵无常所，而燕息所接，皆讲学之臣。正统初年，讲读定于文华，始著为仪，亦学贵专一之意耳。然《会典》载讲书之后，凡遇五府军政、六部要务，俾詹事等官敷陈之悉，是则讲读之地都俞吁咈存焉。苟为不然，则稽首而退，君门已如万里。虽宿学如程、朱，亦何由而效其忠？苟复讲毕进言之规，则情不容于不孚，而君德可成。③

"经筵"即汉朝以来帝王为讲论经史而设的御前讲席，多由翰林学士或博学多识之才担任。大礼议下，经筵成为讲官规劝君主的重要途径。正如陈志婷所言："经筵历来被认为是朝臣难得的进谏良机，可以促进君臣和谐，促使朝政清明，在议礼双方僵持对抗的形势下，显然世宗皇帝已经不能虚心纳谏，因此，许多讲官采取了经筵规谏的方式来表达自己的政治诉求。"④在黄佐看来，涵养君德需要通过经筵讲读来培养，遇到五府军政、六部要务之时，需要詹事等官员的仔细陈述。"都俞吁咈"均为叹词，是

---

① 六科给事中和十三道监察御史构成了明朝的言官群体，肩负着谏君劾臣的重要职能。相关研究可参阅杨明铭：《略论明代言官规谏皇帝》，辽宁师范大学硕士论文，2012年。
② 苏轼撰，孔凡礼点校：《苏轼文集》卷三七《上神宗皇帝书》，中华书局，1986年，第740页。
③ 《泰泉集》卷二十一，凤凰出版社，2021年，第464页。
④ 陈志婷：《经筵与嘉靖大礼议》，东北师范大学硕士论文，2016年，第2页。

尧、舜、禹等上古君主在讨论政事时发言的语气，表示赞同或反对，后来用以赞美君臣论政问答，融洽雍睦。黄佐认为，经筵仪注的规范化虽体现了"学贵专一"的理想，但其实际效果取决于能否突破形式桎梏，成为君臣议政的场所。若君主仅将经筵视为礼制表演，则讲师再优秀也无法匡正君德。因此，必须通过制度性安排（如讲毕进言规则）强制君主与臣僚互动，方能实现"君德可成"。在黄佐看来，君德的养成并非依赖经筵本身或讲师水平，而是取决于君主是否接受制度的约束与臣僚的监督。

针对杨一清"生民休戚在守令"的观点，黄佐则认为：

> 守令之速于迁擢，民之病也。国初守令恒久任，而超陟所晋，即隆重之职。成化以来，迁擢不待满考，始著为令，亦治贵激厉之意耳。然《会典》载荐举之法，必待三年、六年政迹卓异，俾吏部仍察举主之廉，是则荐举之际兴事屡省存焉。苟为不然，则计日而迁，所至殆如传舍，虽善政如龚、黄、卓、鲁，亦何由而竟其施？苟复课功核实之规，则任不容于不久，而民隐可恤。①

明初，官员三年一考、六年再考，一考、再考称职、平常就官复原职，等到九年通考之时再综合评定官员是否称职，以决定升降。"实质上是在强调官员能九年任职在一个职位上，九年通考之后才能升迁。"②但明中期，官员的考满制度发生了变化。黄佐指出，成化以来，随着考核制度的改变，守令的任职时间缩短，容易造成守令在地方上不追求善政。关于这一变化，不少学者有过讨论，如郭培贵指出，明代官员按"三年一考、六年再考、九年通考以定黜陟"的制度升迁，"弘治以前，该制大体得以执行；弘治中，则已难维持"。③针对这一情况，黄佐在此提出了他对地方官员赏拔制度的反思与建议，属于具体的实务对策，倒并不像前面几条内容那样直接涉及君权与文官集团关系的讨论。

在此基础上，黄佐在信中还对杨一清予以劝谏。如谈到辅佐皇帝问题

---

① 《泰泉集》卷二十一，凤凰出版社，2021年，第465页。
② 崔全婷：《明代官员考满制度之研究》，东北师范大学硕士论文，2023年，第57页。
③ 郭培贵：《明史选举志考论》，中华书局，2006年，第314页。

时，他主张遇到难行之事，不应该强谏以犯龙颜，而应该循序渐进，逐步解决，因为"天之将寒，先以霰雪；天之未暑，先以春和。盖阴阳之运必以其渐也"。如果不这样做，只能起到相反的效果，"骤而行之则以为骇，激而言之则以为嫌"。黄佐认为，劝谏皇帝的正确方式应是循循善诱，主以引导，而不能过于激切："人君之尊犹天，然辅臣则承天而时行者也。调燮之功致主于道者，亦若地之承天而已，可遽责效于旦夕乎？"①

他又讲道："上下之交，万化之源也。上日亲其下，论道经邦，则辅臣得以行其志；下日亲其上，徇私立党，则小人得以弄其权。古者元首股肱，相待一体，臣邻冯翼，接见无时，故其治隆而世道恒泰；后世尊卑阔绝而情太疏，礼节繁苛而义斯薄，故其治污而世道多否，盖可见矣。"②认为君主和股肱大臣"相待一体"，尊卑不能相差太远，也就是君权和相权不能相差悬殊，明确反对大臣弄权。

此外，针对选人与用人的原则，黄佐也表达了自己的看法：

> 执事昔在铨衡，尝立法以官人矣；今在内阁，又行法以用人矣。胸中自有经济几权，何待佐愚者之言哉？然立法以官人，必求垂于后，而无弊诒厥孙谋之心也；行法以用人，必求监于前，而无怨绳其祖武之道也。二者必须晋接燕对，而后请谒不行，私党可绝，几权默运，贤才汇升。③

黄佐认为，官员的选用必须依制而行，选贤任能，避免请谒私进、结党营私。

综合来看，《上杨石淙书》可以说是代表了黄佐的政治主张。在文中，黄佐阐述了对选官、台谏、经筵等朝政的看法。

黄佐通过与杨一清论宰相、台谏、经筵之责及地方守令迁擢之弊，清楚地表明了自己的政治观点，对首辅杨一清也产生触动和影响。可以说，黄佐这种对于祖宗之制随时宜因革之的想法，在当时固守传统的大环境下

---

① 《泰泉集》卷二十一，凤凰出版社，2021年，第463页。
② 《泰泉集》卷二十一，凤凰出版社，2021年，第460页。
③ 《泰泉集》卷二十一，凤凰出版社，2021年，第463页。

有进步意义。①

从该文来看，黄佐虽然与杨一清交好，但对其政治主张并非盲目支持，而是有着冷峻独立的思考，二人的讨论也并未因朝廷党争而尖锐化。这与黄佐"友而不党"的交游策略密切相关。

二、与霍韬的交游

除杨一清外，黄佐与议礼派官员霍韬的交游也颇为密切。霍韬（1487—1540），字渭先，成化二十三年生于广东南海县石头乡（今属佛山市禅城区）。正德九年（1514）会试第一，后观政吏部，又曾在兵部任职。正德十六年，大礼议起。霍韬座师礼部尚书毛澄力持嘉靖称孝宗为父亲，而改称亲生父亲为叔父。霍韬私为《大礼议》驳之，终未能改变毛澄立场。十月，霍韬又上《大礼疏》，支持世宗称孝宗为皇伯考，称亲生父亲皇考。他指出："以孝宗为父，兴献王为叔，别择崇仁王子为献王后，考之古礼则不合，质之圣贤之道则不通，揆之今日之事体则不顺"，"惟继其统，则不惟孝宗之统不绝，即武宗之统亦不绝矣。然则如之何而可乎？惟陛下于兴献王得正父子之称，以不绝天性之恩。于国母之迎，得正天子之母之体。复于昭圣太后、武宗皇后处之有其道，事之尽其诚，则于尊尊亲亲两不悖矣"。霍韬主张将"继统"与"继嗣"分离，如此正统与天伦可兼顾。否则，"徒尊正统，其弊至于利天下而弃父母；徒重天伦，其弊至于小加大而卑踰尊"。②嘉靖元年，杨廷和得势，议礼派大受打击，霍韬称病归家。此后，朝廷多次征召，霍韬均辞疾不赴。至嘉靖六年还朝，迁詹事兼翰林学士，进《明伦大典》。嘉靖九年，霍韬从古礼、祖制、财费等角度反对世宗天地分祀，结果招致牢狱之灾，直至嘉靖十二年方起复。

霍韬不惜背弃座师毛澄，明确对"议礼"表示支持，并不是出自对明世宗的逢迎，而是从其自身思想观念出发做出的政治行为。储卉娟指出，"霍韬对'家'与'国'的观念在若干个层面都显现出趋同"，具体表现在

---

① 王其良：《黄佐交游研究——以名宦和大儒为考察对象》，暨南大学硕士论文，2013年，第30页。

② 《明史》卷一九七《霍韬传》，中华书局，1974年，第5207—5209页。

四个方面：一是"宗族共同体的合法性来自于开基祖"；二是"宗族的成立，基本条件在于共同血缘，因此'亲亲'和'孝道'是维持这个共同体的基础"；三是"宗族内的嫡长大小宗是要坚持的另一个核心价值，对于内部成员来说，大小尊卑不可更易"；四是"正人伦与崇正统，亲亲与尊尊，无所谓谁更优先，但考虑具体情势，可有轻重缓急"。因此，"基于这样的观念，霍韬在朝支持明世宗，与他在乡野重整宗族的行动，表现出了内在的一致"。[①]黄佐与霍韬在"继统是否应先继嗣"这一具体问题上虽持不同观点，但这仅是观念的不同，而与品性、志趣无涉。霍韬与黄佐均来自广东省广州府，年龄相近，又同朝为官，且均学博才高、服膺于程朱理学，重视地方文化教育和整顿社会风气，因而尽管二人具体政见或有不同，却仍能互相欣赏。

霍韬曾作《送黄才伯序》，寄寓了他对友人的欣赏与激励之情：

> 才伯如京师，谓韬曰："何以赠我？"韬曰："君子于天下也，几之为贵，而时出之。几也者，事之微也；时也者，几之会也。知也者，所以知也；仁也者，所以力也；勇也者，所以决也。是故云雷者奋赫，翕霍元神，其来也有将，其企也有迎，君子是以尚夫知。九鼎万钧，以背以肩，催如蹶如，不挠震如，君子是以尚仁。利刃斯斫，机舂斯舂，激矢斯发，君子是以尚夫勇。"故曰："之斯三者，君子所以于天下几也。优而游之，神而明之，行而不流，止而不凝，行之止之而莫知之，之谓至，几之神也。"[②]

霍韬认为黄佐具有君子的品质，并勉励黄佐继续以知、仁、勇三者兼具的君子之操来自我要求，而这种"君子"形象的描绘实际上也代表了霍韬本人的人生追求与价值取向，因而也是对自我的一种鞭策。

霍韬卒于嘉靖十九年，谥号"文敏"。黄佐在《祭霍尚书韬文》对其品德、政绩、学术等方面表达了充分肯定，流露出对霍韬的深厚情谊。祭文

---

① 储卉娟：《家国互构：社会史视角下的明代"大礼议"——以霍韬为切入点》，《社会学评论》2016年第4期。

② 霍韬：《渭厓文集》卷五《送黄才伯序》，广西师范大学出版社，2015年，第1055—1056页。

中写道：

> 呜呼！天地中正，衷降惟均。克济阳刚，世能几人？惟公秉德，奋迹南海。石头之乡，见此磊磊。大魁春省，家食七年。结庐樵顶，啸傲云烟。养晦俟清，圣作乃起。筮仕职方，抗言大礼。天子曰俞，继统则然。继嗣则否，嘉尔能言。国是未定，病告归隐。……乃申礼制，斥去奇衺。泽及尼媪，使有厥家。前后建明，逾四十疏。斯斯恳切，远迩传播。乃晋宫保，以辅皇储。进言留驾，天下晏如。志所献为，实不止此。天不憖遗，今也则已。
>
> 其所独见，《周官》《系辞》，斥以为伪，卓然不移。象山之学，指为禅刹。侪诸莽操，确然不拔。《诗传》《汉书》，乃芟乃裁。改纪惟方，毅然不回。心之所题，尊崇犹天。其所弗题，沦之于渊。……俭以训家，勤以诲子。①

黄佐对霍韬较为熟悉，故而能在祭文中对其生平事迹作出较为细致的梳理。二人在大礼议中虽持不同立场，但黄佐仍在祭文中充分肯定了霍韬的建言及后续为国家礼制所作的贡献，反映出黄佐"和而不同"的包容胸襟。除了赞扬霍韬的辅弼之功外，黄佐还赞扬了其学术与家族治理方面的成就，表达出对霍韬的欣赏之情及对故人的怀念。

第三节　与文徵明的交游

文徵明是明代知名学者，黄佐供职京师翰林院与之结识，此后多有交

---

① 《泰泉集》卷六十，凤凰出版社，2021年，第1283—1284页。

游。可以说，文徵明是黄佐较为重要的交游对象。故专辟本节以叙之。①

文徵明（1470—1559），名璧，字徵明，后更字徵仲，号"衡山居士"，南直隶苏州府长洲县（今属江苏苏州）人。在诗歌、书法方面的造诣颇深，是明代著名的画家、书法家、文学家，与祝允明、唐寅、徐祯卿并称"吴中四才子"。擅画山水，与沈周、唐寅、仇英合称"明四家"。著有《莆田集》三十五卷。②其子文嘉在《先君行略》中言：

> 少时，外若不慧，然敦确内敏，虽在童稚，人不敢易视。稍长，读书作文，即见端绪，尤好为古文词。时南峰杨公循吉、枝山祝公允明，俱以古文鸣，然年俱长公十余岁。③

文徵明虽然文名著于四海，但科举并不得志，其《谢李宫保书》载："自弘治乙卯抵今嘉靖壬午，凡十试有司，每试辄斥。"④弘治乙卯即弘治八年（1495），嘉靖壬午即嘉靖元年（1522），近三十年间，文徵明屡试不第。直至五十四岁，即嘉靖二年才被举为贡生，后得到林俊、李充嗣等人的赏识，授翰林待诏，入职翰林院，成为黄佐的同僚。⑤

一、同处翰林，交往甚密

黄佐在《将仕郎翰林院待诏衡山文公墓志》中陈述了他与文徵明的相识过程：

---

① 高春缎、王其良对黄佐与文徵明的交游均有所讨论，然前者较为简略；后者过于笼统，且在部分细节上亦有可进一步讨论之必要。[参见高春缎：《黄佐生平及其史学（一四九〇——五六六）》，台湾高雄文化出版社，1992年，第99—102页；王其良：《黄佐交游研究——以名宦和大儒为考察对象》，暨南大学硕士论文，2013年，第37—45页] 鉴于此，本节以时间及交游主题的变化，对黄佐与文徵明之交游重新梳理讨论，希冀能够更为全面、立体地反映二人之交游。
② 《明史》卷二八七《文苑传三·文徵明》，中华书局，1974年，第7361—7363页；《明代名人传》，北京时代华文书局，2015年，第2026—2029页。
③ 文嘉：《先君行略》，文徵明著，周道振辑校：《文徵明集》附录二，上海古籍出版社，2014年，第1723页。
④ 《文徵明集》卷二五《谢李宫保书》，上海古籍出版社，2014年，第577页。
⑤ 周道振、张月尊纂：《文徵明年谱》，中华书局，2020年，第397页。

> 嘉靖壬午冬，予初授官史馆，得公艺文于王司业同祖，因雅知公。居无何，闻巡抚李梧山充嗣以公及故元老刘文肃公忠同荐，公寻以岁贡至，会予寓舍，与之上下议论古今经籍，无一不知者，且折衷具有卓识。予出白沙墨迹，即叹讶久之，因曰："吾初入学，忽梦一老人告曰：'他日出处与陈献章同。'"已而命下，擢公翰林待诏。盖白沙亦以荐为检讨，适相类也。
>
> 时杨修撰慎、薛吏部蕙皆有文名。杨则自负博洽，菲薄宋贤；薛则颇精内典，泡影经籍。闻予谈公学行，皆未以为然。已而晤公，二人乃大诎服，遂为莫逆交。①

从中可知，黄佐最先是从文徵明的外甥、与他科举同年的王同祖那里看到文徵明的文章，知晓其文名。不久文徵明以岁贡生的身份到达京师，二人在黄佐的寓所相见，并谈论经籍文章，黄佐深为其卓越见识所震撼。然后黄佐又拿陈献章（世称"白沙先生"）的墨迹给文徵明看，文徵明想到他曾梦见一老人告诉他以后的仕途会跟陈献章一样。不久之后，文徵明就被授予翰林待诏。陈献章也是科举屡次不第，后因人推荐被授予翰林检讨，他的仕途经历的确跟文徵明非常相似。黄佐还曾经向颇富文名的杨慎、薛蕙等称赞文徵明的文采，二人后来也与文徵明成为莫逆之交。此外，林俊对文徵明也是极为赞赏。王世贞《弇州山人四部稿·文先生传》载："大司寇林公俊尤重之，间日辄为具召先生，曰：'坐何可无此君也？'"②当时翰林院聚集了很多文人名士。文嘉所撰《先君行略》陈述了文徵明与翰林诸公的交往情景："翰林以入之先后为坐次，公年既长，其中又有为公后辈者，遂以齿让公。公竟上坐，众亦不以为忤。"③时"词馆诸公，皆为倾倒。

---

① 《泰泉集》卷五十四，凤凰出版社，2021年，第1192页。
② 王世贞撰，姚大勇等校点：《弇州山人四部稿》卷八三《文先生传》，上海古籍出版社，2021年，第2155—2156页。此外，黄佐《将仕郎翰林院待诏衡山文公墓志》载："时大司寇见素林公俊爱公尤深，每晤余，必速公共语。三日不相见，辄折简邀之。"从中亦可见林俊对文徵明的看重。见《泰泉集》卷五十四，凤凰出版社，2021年，第1192页。
③ 文嘉：《先君行略》，《文徵明集》附录二，上海古籍出版社，2014年，第1725页。

比于唐之王维、宋之米芾"①。

嘉靖三年,黄佐纂修《黄氏家乘》二十卷成书,请文徵明作序。文徵明在《黄氏家乘序》中谈及了他与黄佐的交往:"南粤著姓,以黄为首……今其八世孙佐,赴召来京,与余有莫逆之交,以所修族谱征文为序……余与黄君友善,义不敢辞。故乐序其谱,俾为子孙者知先世之盛。"②文徵明还为黄佐四世祖黄温德撰写了墓志。

二人同在翰林院期间,黄佐曾多次拜访文徵明,如中秋之夜赴文徵明处与众友人宴饮。据《文徵明年谱》载,嘉靖二年八月文徵明"与卢襄、钱贵、黄佐、马汝骥、陈沂等时共酬唱"③。黄佐作五言律诗《中秋不见月文徵仲席上赋》:

> 明月隐天端,疏灯耿夜阑。浮云飞不尽,万里若为看。晕落鹏霄迥,光生凤阙寒。谁能天柱上,吾意欲骖鸾。④

诗歌描述了中秋不见月,只有漫天浮云飘过。接着又想象了月光洒落九霄,自己像仙人一样驾驭鸾鸟云游。另外,文徵明有《才伯过访》诗云:

> 落日生愁地,穷阴欲雪天。归心闻断雁,衰鬓逼残年。光景陈编里,情怀薄酒边。平生黄叔度,相见即欣然。⑤

在诗中抒发了想要归隐的意愿及与黄佐相见的欢欣。

二、徵明隐退,黄佐赠行

文徵明在翰林任职期间,曾参与修撰《武宗实录》,但因为不愿意谒见

---

① 李光祚修,顾诒禄纂:《(乾隆)长洲县志》卷二四《人物》,江苏古籍出版社,1991年,第278页上。
② 文徵明:《黄氏家乘序》:《黄氏家乘》卷六《艺文》,《北京图书馆藏家谱丛刊·闽粤(侨乡)卷》第5册,第694—695页。
③ 《文徵明年谱》,中华书局,2020年,第416页。
④ 《泰泉集》卷十,凤凰出版社,2021年,第196页。
⑤ 《文徵明集》卷六,上海古籍出版社,2014年,第113页。

当道而未获升迁。文嘉《先君行略》对此事亦有记载：

> 既而与修《实录》成，当迁官。或言宜先谒见当道，公竟不往，官亦不迁，惟赐银币而已，公亦无所怼也。先是罗峰张公为温州所拔士，公亦与交。及张将柄用，遂渐远之。公于早朝未尝一日不往，偶跌伤左臂，始注门籍月余。时议礼不合者，言多讦直；于是上怒，悉杖之于朝，往往有至死者。公幸以病不与，乃叹曰："吾束发为文，期有所树立，竟不得一第。今亦何能强颜久居此耶？况无所事事，而日食太官，吾心真不安也。"遂谢归。①

文徵明说他十五岁时就开始创作文章，想要有所建树却没有考中进士，在翰林待诏这个职位上无所事事，却空食俸禄，内心感到非常不安。由未被迁官和不愿结交豪贵之事可以看出，文徵明似乎对谋取功名并不热衷，内心萌生辞官归隐的想法。

关于文徵明入仕心态转变的原因，王其良认为有二："首先，其年老且无有科名，难以强颜面对周遭满是科甲出身之人。其次，久居闲职，以致无所事事，空食朝俸。"而"深究其原因，则是文徵明不喜束缚，习惯逍遥自在的田居生活"②。实际上，文徵明产生归志更多是源于内心追求与宦途地位的落差，邸晓平指出，"以文徵明当时的文名与声望，却只得到一个从九品的小官，这种名与实之间的反差自是巨大，而对于文徵明本人而言，可有可无的'从九品'与他'有志当世'的夙愿也相去甚远"③。不可忽视的是，时值大礼议兴起，整个朝廷都笼罩在皇权的高压之下，忤逆皇权以致被杖死的大有人在，这种政治环境让初入仕途的文徵明感叹不已，进而产生了辞官归隐的想法。此外，文徵明在翰林院供职时除与黄佐等人交好

---

① 文嘉：《先君行略》，《文徵明集》附录二，上海古籍出版社，2014年，第1725页。
② 王其良：《黄佐交游研究——以名宦和大儒为考察对象》，暨南大学硕士论文，2013年，第39页。需要补充说明的是，文徵明的诗歌中多有对隐逸和闲适的歌唱，这表明他"渴望隐逸的安宁，渴望日常生活的闲适"。相关研究可参阅邸晓平：《明中叶吴中文人集团研究》，首都师范大学博士论文，2004年，第109页。
③ 邸晓平：《明中叶吴中文人集团研究》，首都师范大学博士论文，2004年，第100页。

外，也曾受到姚明山等人的嘲笑与非议。何良俊《四友斋丛说》云："衡山先生在翰林日，大为姚明山、杨方城所窘。时昌言于众曰：'我衙门中不是画院，乃容画匠处此耶？'惟黄泰泉佐、马西玄汝骥、陈石亭沂与衡山相得甚欢，时共酬唱。乃知薰犹不同器，君子小人固各以其类也。"①与文徵明交好的林俊于嘉靖二年六月致仕归，②文徵明在翰林院的知己渐少。再加上文徵明性喜自由，共同促成了文氏的退隐。黄佐《送文待诏归姑苏序》言：文徵明"居常有归志"，曾说过："吾雅求仕，非薄芬华而逃之也，又非务玄邈以为高也。顾年未六十，而步履向衰，义不可留耳。语曰：'翡翠之羽，不巢于燕；服纻裘者不适粤。'何则？意有所适，性有所便故也。"③尽管有人以"考核过后即可升官"之言相劝，但是他依然不为所动，于是在朝廷任职三年后，文徵明于嘉靖五年九月辞官归隐了。

按翰林院惯例："本院官凡奉使给假、侍亲养疾、致事迁官、贺寿，暨之任南京，馆阁中推一人相厚者为序，余皆赋诗赠之，谓之例赠。"④文徵明将离京师时，黄佐、徐缙、马汝骥、陆粲、袁褧、姚涞、顾梦圭等多位同僚写诗作文为他送别。⑤其中，黄佐作《送文待诏归姑苏序》："嘉靖五年秋九月，翰林院待诏文君徵仲致仕，佐从史官后，大书其事以赠之"⑥。可见黄佐是公认与文徵明"相厚者"。此外，黄佐又作《文衡山致仕言归次韵》二首：

> 十月轩车出紫宸，三年京洛谢缁尘。北河冰雪偏留客，南国江山久待人。石室有书曾汗简，扁舟无日不思莼。此身直在云萝外，谁向中原惜凤麟。

> 金銮早上乞休书，疏传当时恐未如。万里青冥双倦翼，百年黄发几悬车。阊门日暖繁杨柳，震泽春深足鲤鱼。知尔登临诗不

---

① 何良俊：《四友斋丛说》卷一五，中华书局，1959年，第125页。
② 《文徵明年谱》，中华书局，2020年，第414页。
③ 《泰泉集》卷三十五，凤凰出版社，2021年，第806页。
④ 黄佐：《翰林记》卷十九《例赠》，傅璇琮、施纯德编：《翰学三书》，辽宁教育出版社，2003年，第277页。
⑤ 《文徵明年谱》，中华书局，2020年，第390页。
⑥ 《泰泉集》卷三十五，凤凰出版社，2021年，第805页。

废，停云回首渺思予。①

诗歌陈述了文徵明十月离朝，结束三年的仕途生活，在归乡之际遇到潞河（今北京市通州区以下北运河）冰冻而滞留之事，然后又叙述了文徵明上疏乞归之事，最后表达了希望他归乡后不要忘记自己。另一首《北风篇赠文衡山待诏》前半段咏物写景，用夸张的手法描写北风肆虐的情形，后半段写人抒情，描写众人饮酒送别，以至日暮而归的场景，表达了对文徵明的依依不舍。②文徵明为了答谢众人送别，作《马上口占谢诸送客十首》③。十首送别诗场景从三忠祠、东都门以至双桥（旧址在今北京市通州区）登上归舟为止，描绘了众人一路相送、诗酒叙别的画面，抒发了徵明终于达成归隐之愿，身在扁舟恍如梦中的心情。文徵明的心情在其《丙戌十月致仕出京二首》中亦有明确表现：

独骑羸马出枫宸，回首长安万斛尘。白发岂堪供世事？青山自古有闲人。荒余三径犹存菊，兴落扁舟不为莼。老得一官常卧病，可能勋业上麒麟？

白发萧疏老秘书，倦游零落病相如。三年漫索长安米，一日归乘下泽车。坐对西山朝气爽，梦回东壁夜窗虚。玉兰堂下秋风早，幽竹黄花不负余。④

文徵明官居京师三载，老病倦游，不堪世事，而今终于能辞官归乡，享受自由闲适的生活了。诗歌用"青山""三径犹荒""菊花""扁舟""莼菜"等一系列归隐意象来传达他渴望归乡的意愿，并对归乡后的生活充满了向往。

---

① 《泰泉集》卷十二，凤凰出版社，2021年，第256页。
② 《泰泉集》卷八，凤凰出版社，2021年，第158—159页。
③ 《文徵明集》卷十五，上海古籍出版社，2014年，第422页。
④ 《文徵明集》卷十二，上海古籍出版社，2014年，第324—325页。

三、阻冻潞河，联舟唱和

送别文徵明之后，黄佐获准回乡省亲，随即也动身南下。①据《将仕郎翰林院待诏衡山文公墓志》，"会予省亲南归，丙戌孟冬，与公同辞朝，出潞渚阻冻，同寓湾中。且夕过从，相与倡和，殊甚欢洽"②，可知黄佐与文徵明是同月返乡。前文提到，众人送文徵明于双桥，此桥位于潞河之上，连通南北，为明代进出京师的交通要道。因水路较陆路平稳快捷，文徵明和黄佐不约而同地选择顺潞河南下。黄佐《省亲养病疏》亦载："适因臣母念臣成疾，臣遂于嘉靖五年九月具本累奏，钦蒙俞允，即于十月起程。缘臣素有痰疾，冒犯冰雪，转成危笃，沿途缓行求医。又因阻冻日久，至次年五月始能抵家。"③由此可知，黄佐与文徵明被阻潞河很长一段时间，其间两人经常唱和，交往密切。黄佐一度馆于张家湾萧中书宅，有诗《阻冰寓萧氏楼上作》为证。④文徵明则作《阻冰潞河简同行黄才伯》：

> 长河十月朔风悲，零落貂裘不受吹。冰雪峥嵘惊岁晚，江湖寂寞滞归期。谁怜阮籍穷途泣？自笑穰侯见事迟。忽忆同行黄太史，篝灯何处拥书帷？⑤

诗歌对潞河冰冻进行了生动具体的刻画。从诗意来看，似乎二人有段时间没相见，所以文徵明写诗致书简给黄佐。

嘉靖五年腊月初八，文徵明与黄佐于舟上小酌，作七言律诗《腊日与才伯小酌追怀去腊午门赐燕》：

---

① 嘉靖五年三月至九月，黄佐先后上《给假省亲疏》《给假省亲第二疏》《给假省亲第三疏》《给假省亲第四疏》，请求回家省亲。参阅张俊业《黄佐年谱》，广州大学硕士论文，2019年，第34页。
② 《泰泉集》卷五十四，凤凰出版社，2021年，第1193页。
③ 《泰泉集》卷十九，凤凰出版社，2021年，第442页。
④ 《泰泉集》卷十二，凤凰出版社，2021年，第255—256页。黄佐《敕封孺人亡妻李氏墓志》："出潞河，阻冻。还张家湾，馆于萧中书宅，生长子在中。"见《泰泉集》卷五十三，凤凰出版社，2021年，第1177页。
⑤ 《文徵明集》卷十二，上海古籍出版社，2014年，第325页。

> 去岁嘉平燕紫宫，长筵错落午门东。一时随例沾恩泽，此日追思叹转蓬。节叙不禁双鬓改，江湖犹幸一樽同。柳条萱草何须问？且共天涯目断鸿。①

诗歌从去年腊八皇帝于京师午门赐宴群臣的场景写起，然后感叹时光飞逝、双鬓遽改。关于此宴，文徵明曾作《腊日赐燕》：

> 绮筵错落映朱旗，百辟承恩燕赤墀。荐蜡尚存周典礼，赐酺聊举汉官仪。中厨次第催传炙，列坐雍容各覆卮。潦倒不惭书猎字，殷勤还赋《伐檀》诗。②

去年午门绮筵错落，群贤覆卮。而今二人只得蜷局舟篷，如离群的断鸿一样不免孤寂。所幸有良朋为伴，亦可抚慰孤独烦闷的心情。

嘉靖五年除夕夜，两人仍在旅途中，黄佐作七言律诗《除夜赠文徵仲》③，表达对早日还归故里与亲人团聚的渴望：

> 即看芳草入新年，岂有椒花媚远天？多病独愁双鬓改，故人相对一灯悬。匆匆岁色归莺燕，冉冉春声动管弦。明日试从高阁望，阳和多在五云边。④

文徵明则作《除夕》二首⑤来记录当时的离愁别绪：

> 拨尽垆灰夜欲晨，不知飘泊潞河滨。灯花自照还家梦，道路谁怜去国人？浩荡江湖容白发，蹉跎舟楫待青春。只应免逐鸡声

---

① 《文徵明集》卷十二，上海古籍出版社，2014年，第328页。
② 《文徵明集》卷十一，上海古籍出版社，2014年，第294—295页。
③ 关于此诗，王其良认为作于"冬至之夜"（见《黄佐交游研究——以名宦和大儒为考察对象》，第43页）；张俊业《黄佐年谱》（第35页）认为此诗作于嘉靖五年十二月"冬至前夜"，诗名中的"除夜"特指冬至前一日之夜；刘敬宜《黄佐诗文系年》（第44页）认为作于"嘉靖五年除夕夜"。笔者认为，此诗当作于除夕，所谓除夜"特指冬至前一日之夜""冬至之夜"并无实据。
④ 《泰泉集》卷十二，凤凰出版社，2021年，第256页。
⑤ 周道振、张月尊认为文徵明《除夕》二首即作于嘉靖五年除夕。参阅《文徵明年谱》，中华书局，2020年，第478页。

起，无复鸣珂候紫宸。

> 黯黯离愁酒半醺，不眠闲读《送穷文》。旅窗灯火寒犹在，村巷鸡声岁又分。千里家山归有渐，百年心事老无闻。未妨去国还飘泊，已把闲身等白云。①

嘉靖六年正月初一，二人又有唱和之作。在《丁亥元日次才伯韵二首》中，文徵明套用欧阳修《戏答元珍》"春风疑不到天涯"②，表达了对春天的渴望，接着又讲到想念家乡，渴望春风早至，可与黄佐作伴回乡：

> 东风早晚到天涯，客子逢春正忆家。柏叶漫传元旦酒，江梅应发故园花。不愁逆旅无亲戚，依旧江湖有岁华。深负郑庄腾荐剡，游岩痼疾久烟霞。
>
> 朝日曈昽照水涯，春风次第到贫家。轻烟漠漠初含柳，残雪飞飞不作花。芳草开筵酬上日，紫云飞鞚忆东华。即须作伴还乡去，沧海东头看落霞。③

春节过后，黄佐作七言律诗《客楼春望徵仲见过有赠》：

> 楼外河冰春未消，旅魂吟望倦摇摇。骊黄有路开丹峤，孔翠何心恋赤霄。燕市风尘通潞渚，吴门烟月满枫桥。何时坐尔停云馆，幽竹繁花慰寂寥。④

由诗题可知，文徵明曾到黄佐处拜访。此诗想象了文徵明家乡吴地的景色，表达了希望将来能到彼处拜访文徵明。

终于春至冰消，黄佐作七言律诗《冰泮志喜赠徵仲》来记录当时的欣喜之情：

---

① 《文徵明集》卷十二，上海古籍出版社，2014年，第328—329页。
② 欧阳修著，李逸安点校：《欧阳修全集》卷十一《戏答元珍》，中华书局，2001年，第173页。
③ 《文徵明集》卷十二，上海古籍出版社，2014年，第329页。
④ 《泰泉集》卷十二，凤凰出版社，2021年，第257页。

晏岁长歌《行路难》，兰桡今喜出冰滩。霞杯绮席春初并，浴鹭飞凫晓共看。茅屋待归花未老，凤楼回望雪初残。酒酣却忆追趋地，谁在彤墀白玉兰？①

回想起与文徵明相见时总会感叹行路之难，如今冰河融解，终能如愿踏上回乡之路。然而当真正能够启程归乡时，又不禁开始怀念仍在朝廷做官的好友。

文徵明则有次韵之作《冰泮次才伯韵》：

吹面东风不作寒，断冰千片下晴滩。已看积雪经冬尽，正好垂杨隔岸看。满目江山劳应接，到家樱笋未阑残。只应今夜扁舟梦，先绕吴门斗鸭栏。②

诗歌前四句写眼前之景：温暖的东风拂面，断裂的浮冰开始奔涌，积雪已消，垂杨柳吐绿。后四句想象吴地的春景，更加使人归心似箭。

冰解之际，两人解缆顺河而下，临近东昌府临清州（今山东临清市）时，有不相识的官员向文徵明求赐翰墨，在被文徵明拒绝后，这位兵备道请黄佐代为请托。大概为了避免惹来麻烦，文徵明留下了书画给他：

将抵临清，则有官吏率数人，负韣矢跪路左以迎。或谁何之，则曰："兵备道迎候文公。"比至，则一豸服者诣舟，稽首四拜，捧缣绷请染翰，公峻拒之。其人复诣予语及，复稽首四拜，托余转请，公乃诺焉。③

许是路上向文徵明求诗文书画者甚多，文徵明疲于应酬，黄佐连赋五诗相戏，即《潞河阻冻戏赠文衡山五绝》：

研池涵月映窗虚，中有骊龙万斛珠。安得天瓢翻作雨，一时飞洒尽公书。

---

① 《泰泉集》卷十二，凤凰出版社，2021年，第257页。
② 《文徵明集》卷十二，上海古籍出版社，2014年，第330页。
③ 《泰泉集》卷五十四，凤凰出版社，2021年，第1193页。

元气淋漓接混冥，毫端山水自仙灵。桂坊走马求蓬岛，芸阁移书问洞庭。

山如文债海诗逋，追骑飞尘出帝都。归去太湖烟水上，不知能对白鸥无。

阊同城下浩烟波，日日沙头载酒过。垂杨系艇不知数，一纸《黄庭》双白鹅。

纷纷车马款柴关，焚却银鱼亦未闲。输我疏顽无一事，日骑黄犊访青山。①

黄佐在诗中称赞文徵明泼墨如雨，挥洒自如，创作的山水画自然天成；又借用王羲之写《黄庭经》换白鹅的典故来调侃文徵明；接着说文徵明经常有人拜访，不如自己整天悠闲自在。

文徵明则回以《徵明比以笔札逋缓应酬为劳，且闻有露章荐留者，才伯贻诗见戏，辄亦用韵解嘲》：

不用浮文荐《子虚》，底须沧海问遗珠？若为尚作嵇康累，懒慢难酬满案书。

绝涧深林付宥冥，三年惭负草堂灵。青山应笑东方朔，何用俳优辱汉廷！

千年处士说林逋，漫有声名达帝都。只辨梅花新句好，莫论《封禅》有书无。

春风次第水增波，千里清淮一棹过。更恐南行劳应接，隋堤新柳似新鹅。

平生艺苑说荆关，点笔虽忙意却闲。何用更骑黄犊去？右丞

---

① 《泰泉集》卷十四，凤凰出版社，2021年，第339页。

胸次有江山。①

舟行至扬州，两人分道扬镳，文徵明船发苏州，而黄佐则继续向南。黄、文二人"潞河联舟"至此告一段落。

四、扬州别离，书信交游

自扬州别后，文徵明和黄佐依旧保持书信往来。嘉靖三十五年（1556）前后，文徵明赋诗《寄黄泰泉学士》遥寄黄佐：

> 经时不得岭南书，白首无由慰索居。北阙声华应藉甚，西山爽气定何如？残编空复淹司马，当路何人荐《子虚》？三十年前潞河梦，一回相念一踟蹰。②

潞河之别三十年后，文徵明和黄佐均已垂垂老矣。然文徵明依然清晰地记着与黄佐潞河被阻、诗歌唱和之事，每次想念黄佐时都踟蹰不已。

嘉靖三十七年，黄佐"遣人持薄礼豫觞之"③，预备庆祝徵明九十大寿。不幸的是，翌年二月，文徵明去世。黄佐为文徵明撰写墓志，详述其家世及一生主要事迹，对亡友表示深切的悼念。

第四节　与同年、同馆的交游

黄佐经由科举入仕，又曾入职翰林院，与同年、同馆友人多有交游。

---

① 《文徵明集》卷十一，上海古籍出版社，2014年，第423页。
② 周道振、张月尊《文徵明年谱》将此诗写作时间系于嘉靖三十三年八月，王其良认为此诗作于"嘉靖三十七年前后"。黄佐与文徵明潞河唱和事发生于嘉靖五年，据诗中"三十年前潞河梦"一句，可知本诗当作于嘉靖三十五年前后。见《文徵明年谱》，中华书局，2020年，第779页；王其良：《黄佐交游研究——以名宦和大儒为考察对象》，暨南大学硕士论文，2013年，第44页。
③ 《泰泉集》卷五十四，凤凰出版社，2021年，第1194页。

前人对此少有关注，本节试论述如下。

一、与同年的交游

（一）交游同年概览

科举考试同科登第者互称为同年，他们"在考试之前可能从未谋面，有的人在发榜聚会后也永未相见，但是，同榜登第者有兄弟之义，历代都很为人们所重视"①。"同年者，同时而出，同途而进，实兼朋友兄弟之义而有之"②。正如李东阳在《京闱同年会诗序》中所说的那样，同年之间在科考之后往往相互帮助，并借助同年会、结社、雅集等方式来巩固这层关系，加深彼此之间的友谊。

黄佐参加的是正德十五年的科举考试，但因武宗南巡未及殿试。次年世宗即位后，"五月御西角门策之，擢杨维聪第一。而张璁即是榜进士也，六七年间，当国用事，权侔人主矣"③。查继佐《罪惟录·科举志》亦载："（正德）十五年庚辰，试贡士，得张治等三百五十人。时上方南巡，未及殿试，世庙入继大统，于辛巳之二月望，御门策士，赐杨维聪、陆釴、费懋中等及第、出身有差。"④杨维聪、陆釴、费懋中三人分别是当科状元、榜眼、探花，该年登科进士人数共计330人。⑤

从《泰泉集》收录的诗文可以看出，黄佐与同年交游频繁，他们相互唱和赠答，建立了深厚的友谊。如其《同年会以新秋同年雅集为韵六首，在会者顾金宪溱、刘金宪乔、余给谏经、梁侍御世骠、伦侍御以谅及予也》

---

① 刘海峰：《科举学导论》，华中师范大学出版社，2005年，第167页。
② 李东阳撰，钱振民编订：《李东阳全集·怀麓堂文稿》卷六《京闱同年会诗序》，复旦大学出版社，2022年，第575页。
③ 《明史》卷七〇《选举二》，中华书局，1974年，第1706页。
④ 查继佐撰，倪志云、刘天路点校：《罪惟录·志》卷十八《科举志》，浙江古籍出版社，2012年，第832页。
⑤ 刘海峰、李兵：《中国科举史（修订本）》，东方出版中心，2021年，第600页。

一诗，描写了进士及第后与五位同年雅集，共同饮酒、赏月、听琴之事。①诗题中提到的人物涉及顾溱、刘乔、余经、梁世骠、伦以谅等五人。

顾溱，字梁卿，号小泾，南直隶苏州府昆山县人。曾任南京工科给事中，嘉靖五年出任广东按察佥事。顾溱之弟顾济乃顾炎武高祖。刘乔，字子迁，号鱼洲，江西吉安府泰和县人，官至广东按察副使。黄佐《秋日登镇海楼有作呈同游东庵徐宪副、顾小泾、刘鱼洲二佥宪》②一诗亦提及与顾溱、刘乔的交游。

余经，字朝纲，号石龙，广东顺德人。曾任刑科给事中，清廉刚正，后被贬为漳浦县丞，又升至瓯宁（今属福建建瓯市）知县。

梁世骠（1495—1544），字应房，一字远之，号南皋，广东顺德人。历任河南道监察御史、浙江按察佥事、福建漳南道兵备佥事等。黄佐与梁世骠交往密切，二人之间多有唱和之作，如《次韵梁应房园居四首》《送梁佥宪应房之贵州次韵二首》《寄梁应房》《腊月立春感怀次梁南皋韵三首》《草堂夜坐有怀梁南皋用韵集杜二首》等。正如黄佐《寄梁应房》所言"异国风烟能慰我，同年交谊不如君"③，在同年中梁世骠与黄佐交情最为深厚，其子梁有誉后拜入黄佐门下。

伦以谅，字彦周，号右溪，广东南海人。授山西道御史，官至南京通政司参议。著有《右溪集》。其父伦文叙（1467—1513）是弘治十二年会元、状元，其二弟伦以训是正德十二年会元、榜眼，三弟伦以诜是嘉靖十七年进士。在广东，伦氏有"一门四进士""父子魁三元"之美誉。④伦以训（1498—1540），字彦式，号白山。历任翰林院编修、经筵讲官、右春坊右谕德、南京国子监祭酒等职。⑤伦以诜（1504—1583），字彦群，号穗石。官至南京兵部郎中。曾到西樵山从湛若水游，宗陈白沙之学。⑥黄佐与伦氏三兄弟交往密切，多有诗歌赠答，如《别伦彦周侍御》《洸口寄伦子彦式》

---

① 《泰泉集》卷七，凤凰出版社，2021年，第128页。
② 《泰泉集》卷七，凤凰出版社，2021年，第128页。
③ 《泰泉集》卷十二，凤凰出版社，2021年，第248页。
④ 《粤大记》卷二四《献征类·伦文叙》，广东人民出版社，2014年，第742—743页。
⑤ 《粤大记》卷二四《献征类·伦以训》，广东人民出版社，2014年，第745页。
⑥ 《粤大记》卷二四《献征类·伦以诜》，广东人民出版社，2014年，第746页。

《游粤台与方棠陵伦右溪王象川伦彦蕃同赋得览字》《泰泉山中赠伦王二子》《集杜句赠右溪伦子》《又赠青萝王子与伦子同行》等诗可证。黄佐时常在诗中赞美伦氏兄弟，如"伦子材卓荦，俱称华国珍"①"钟鼎山林各天性，风流儒雅亦吾师"②等。除此之外，"至日，承伦、邓二侍御召饮"③"我昔幽栖祇树林，伦郎视我犹兄弟"④等句也传达了伦氏兄弟对黄佐的深情厚谊。

与黄佐交游的同年还有周煦。周煦（1480—1544），字启和，号弓冈，吉安府吉水县（今属吉安市）人，登进士后历任监察御史、大理寺丞、都察院佥都御史、副都御史。黄佐《赠大理丞周弓冈序》有"乃者大理寺丞员缺，在廷佥以侍御安成周弓冈先生九载绩最"⑤之语，《三穷喦诗九首为周侍御同年》其六最后二句中的"旌弓方骍骍，奋志从此迈"⑥似乎也在暗用其号"弓冈"。

与黄佐交游的同年还有《白崖歌为同年刘太仆清甫》中的"刘太仆清甫"，即刘渠，字清甫，官至都察院右副都御史。《赠别黄武进同年》中的黄武进，即黄润（字以诚），曾知武进县。《济宁馆与孟太仆同年共酌》中的"孟太仆"即孟易，曾任太仆寺卿。《郊祀斋居大兴隆寺与懋贤举之绳武三太史同赋二首得旗字》中的"懋贤"，即王相（1488—1524），字懋贤，号介塘，浙江宁波府鄞县（今宁波市鄞州区）人，选庶吉士，授编修，后在大礼议之争中忤逆帝意，被廷杖致死。"举之"为陆钬的字。陆钬，号少石子，亦浙江鄞县人。曾与修《武宗实录》，历官翰林修撰、湖广按察佥事、山东按察使等职。黄佐《雨中得吕氏读诗记答李三洲四首》有"谁传吕氏《诗三百》，苦忆云间陆士龙"句，由自注"同年陆举之所刻"⑦可知，

---

① 《泰泉集》卷七，凤凰出版社，2021年，第128页。
② 《泰泉集》卷十四《又赠青萝王子与伦子同行》，凤凰出版社，2021年，第350页。
③ 《泰泉集》卷十四《东流江水篇》，凤凰出版社，2021年，第347页。
④ 《泰泉集》卷八《端午张黄门燕集分韵得细字》，凤凰出版社，2021年，第162页。按，原文漏"树"字，据影印版补。
⑤ 《泰泉集》卷三十九，凤凰出版社，2021年，第876页。
⑥ 《泰泉集》卷七，凤凰出版社，2021年，第139页。
⑦ 《泰泉集》卷十四，凤凰出版社，2021年，第335页。

黄佐看过陆釴刊刻的吕祖谦《吕氏家塾读诗记》。“绳武”为王同祖的字。王同祖（1497—1551），号前锋，南直隶苏州府昆山县人。历仕翰林编修、国子监司业等职。一生颇不得志，终困厄而死。[①]王同祖博学多才，涉猎广泛，黄佐与其时有唱和之作，如《岁暮书怀次王绳武韵》称其“喜有王维同笔砚，清诗时为涤烦襟”[②]。

《泰泉集》中还有多篇作品涉及他与同年的交往。《送陈宗道序》中提到了他与同年周祚的交往：“同年周子天保始纳交京邸，予狎而敬焉，恒窃以为罕。”[③]周祚，字天保，浙江绍兴府山阴县（今绍兴市）人。曾任安徽来安知县、兵科给事中。善作古文词，工诗，著有《定斋集》。与黄佐交游的同年，还有梁乔升（字以顺，顺德人）和曾世昌（字子裕，南海人）。黄佐《发潜》：“同年梁子顺、曾子裕采录于瓯粤，盖有外史之责者，是可以旌数公而振颓靡矣。”[④]

（二）与同年的诗文唱和

诗文酬赠是古代文人一种重要的交游方式。作为当世精英，黄佐通过交游而为同年及其亲友撰写的文章，涵括序、诗、墓表、祭文等体裁，以下略举数例，呈现黄佐与同年交游的多个面相。

史立模，字季弘，号雁峰，浙江绍兴府余姚县（今余姚市）人。先后在通州、苏州、袁州、饶州、惠州等地任官，颇有政绩。黄佐《雁峰精舍记》云：

> 予同年史公季弘雁峰精舍，即其故址也。依倚林峦，清淑攸萃，而雁池存焉。故经始某年月日，落成某年月日，凡若干楹，缭之以垣。临其池，鱼鸟飞跃迥如也；入其门，花竹芳翠菀如也；造其室，左右图书牣如也。嗟乎！岂天遗而地藏以待公乎？[⑤]

---

① 刘廷乾：《江苏明代作家研究》，东南大学出版社，2010年，第139—140页。
② 《泰泉集》卷十二，凤凰出版社，2021年，第244页。
③ 《泰泉集》卷三十九，凤凰出版社，2021年，第893页。
④ 《泰泉集》卷二十三，凤凰出版社，2021年，第528页。
⑤ 《泰泉集》卷三十一《雁峰精舍记》，凤凰出版社，2021年，第721页。

李默（1494—1556），字时言，号古冲，福建瓯宁县人。历任户部主事、兵部员外郎、浙江左布政使、吏部尚书等职。①《建安徐地李氏家谱序》云："同年宪副古冲李君尝与予言，其家世居建安徐地，至吏部公始建祠，间出其所修家谱，俾予序之。"②此外，黄佐曾为李默承诏赴京送别。其《送李古冲序》云：

> 圣天子即阼之十有五年后十二月，既鼎新九庙，徽崇两宫，乃涣号锡美，敬礼高年，敷厥鸿恩，翔洽裨海。越明年春，诏乃至粤，于是金臬大夫古冲李公以职事入贺，遂奉其太夫人过家，偕尊翁称寿，然后单车赴阙，盖体上德意也。群公暨予咸饯之江浒，于时鱼轩载止，鹢舫遄发，羽觞瑶席，缓舞清讴。③

朱龙华（1483—?），即朱佩，字鸣朝，号鹤溪。云南大理卫军籍。因年少时读书龙华山中，世称"龙华先生"。官至陕西按察使。④黄佐与朱佩结识已久，对其言行、品质均较为了解，特在后者生日时送上美好祝愿。《寿朱龙华序》云：

> 予同年龙华朱公，以少方伯守焉……予惟公交谊之日久矣，其貌庞如矼如，其质浑如坦如，与物廓廓如也、汪汪如也而有容；听其言，确确如也如不足；发气满容，煦如蔼如，人皆爱而敬之。⑤

郑骝，字德夫，号鹿溪，浙江衢州府江山县（今江山市）人。嘉靖十二年，郑骝出知韶州府，黄佐曾作《赠郑韶州序》。详见后文。

吴大本（1485—1541），字性夫，号怀古，南直隶宁国府宣城县（今安

---

① 《明史》卷二〇二《李默传》，中华书局，1974年，第5337页。
② 《泰泉集》卷三十九，凤凰出版社，2021年，第887页。
③ 《泰泉集》卷三十九，凤凰出版社，2021年，第891—892页。
④ 李元阳：《陕西按察使朱佩墓志》，《李元阳文集》，云南大学出版社，2018年，第437页。
⑤ 《泰泉集》卷三十八，凤凰出版社，2021年，第862—863页。

徽省宣城市）人。①黄佐初次入京考试时，途中遇到吴大本，两人同行同宿，相处融洽，后又同中进士。吴大本初任江西进贤县知县，执法公正。在河南道御史任上，多次上疏弹劾张璁。嘉靖十一年冬，吴大本迁广东按察使司佥事，任上审决疑案，使二十多名疑犯得以存活。黄佐有《赠吴怀古序》云：

> 泰泉子初计偕，道遇怀古子，同车偕宿，情甚洽也。迄辛巳，得为同年。后仕，相南北者久之。壬辰冬十有二月，来佥吾臬。仁厚明恕，留神民事。癸巳春，用兵于西山。怀古子纪厥功，凡馘五千七百有奇。筑鲸鲵为京观，遂奏凯振旅而还，礼也。是时，泰泉子农于贲隅之野，病不能来，迄夏乃间。客候见之……会郡县诸大夫以怀古子有劳于戎，俾有言。②

在吴大本去世后，黄佐作《中顺大夫四川按察司副使怀古吴公墓表》，墓表中称：

> 此吾同年怀古吴公墓也。公之始令进贤也，公直通乎神明，清苦励乎冰雪，勤敏彻乎夙夜，舒太史称之。其趣召用也，试河南道御史，则言事宁忤当道，而不知其有己。左迁后军都事，则供职省过，宁雄飞雌伏，而不见其怨尤。其迁南刑曹也，署郎中事，勤于其职，明达法律，民自以不冤。及出佥臬事在江西，则冰蘗有声。转广东，则风裁益著，廉而不激，和而不流。裁断狱讼，明毅有守，纪功核实，精察不欺，岭南之民至今称其仁焉。陟闽藩参议，三载政益懋修，而民怀之。往督古田银矿，化导贼徒，务尽心力，至于感疾，犹事综理。及晋副蜀臬，饬兵威茂，归展先墓，而疾不可为矣……公性温克而中实刚方，勤俭清慎，始终一致。③

---

① 《宣城事函》作"吴大本……孝廉怀古之子"，此误。详见梅鼎祚等辑，彭君华等校点：《宛雅全编·初编》卷八，黄山书社，2018年，第251页。
② 《泰泉集》卷三十八，凤凰出版社，2021年，第860—861页。
③ 《泰泉集》卷四十九，凤凰出版社，2021年，第1094页。

缪宗周，云南临安卫通海（今属玉溪市）守御千户所军籍。在户部主事任上，因大礼议之争遭廷杖，后贬谪广西郁林州（今玉林市），官至四川右布政使、浙江左布政使。据黄佐《缪惟静字说》："同年缪君宗周，始字希颐，是欲宗其学而犯其讳也。予为更曰'惟静'，而详其说如此。"①

嘉靖十九年黄佐升翰林侍读，掌南京院事。次年南归途中受到多方好友热情接待，其中就有他的同年好友查应兆、詹泮等。如《南归途中杂诗二十二首》其十四云："半醉行歌宝带桥，桥边齐驻木兰桡。掀髯笑向穹隆子，水色山光共沆瀁。"自注云："穹隆子，同年查方伯应兆也，携酒送予至宝带桥。"②查应兆，字瑞征，长洲人。历任工部主事、兵部车驾司郎中，官至广东布政使。"穹隆子"或为查应兆的号。其十七云："怀玉山高云半空，佳人遥在碧云中。草萍回首三年梦，修竹满庭摇午风。"自注云："同馆詹文化邀饮竹庭，冒雨过怀玉，午憩草萍，忆之。"③詹泮，字少华，江西广信府玉山县人。章懋弟子，以讲学为己任。官至礼科给事中。善诗文，著有《少华集》。黄佐曾为詹泮祖考写《祭同年詹文化祖考文》。

黄佐为同年及其亲友撰写的祭文、墓志还有：为安玺写《祭同年安户部玺文》，为蒋泮写《祭同年蒋工部泮文》，为钱铎（字振之）写《中宪大夫广西按察司副使南浦钱公墓志》，为叶泰（字两湖，昆明人）母写《祭叶宪副母文》，为曾世昌父母写《赠兵部职方司主事存耕曾君合葬墓志》，为徐颢（字子淳，钱塘人）母写《封太宜人江氏墓志》等。

"同年关系是由发榜那一刻开始自动生成的，是一朝建立便终生不会改变的亲密社会关系，是一种可以长期寄托希望并可能得到助益的社会资本。"④因此，科举同年们往往通过开同年会、编纂同年录等加强彼此联系，在朝廷中形成共同政治利益团体，乃至演化成为朋党，进而影响政治局势的发展。综观黄佐与同年的交游，其交游形式丰富，交游活动更多地体现的是日常社会生活中的人际往来，并不涉及过多的政治利益。

---

① 《泰泉集》卷三十三，凤凰出版社，2021年，第634页。
② 《泰泉集》卷十四，凤凰出版社，2021年，第341页。
③ 《泰泉集》卷十四，凤凰出版社，2021年，第342页。
④ 刘海峰：《科举学导论》，华中师范大学出版社，2005年，第168页。

二、与同馆的交游

明制，新科进士确定名次后，选文学优等及善书写者入翰林院庶常馆学习，称为庶吉士。三年后举行考试，成绩优良者分别授以翰林院编修、检讨等官，其余分发各部任主事等职，或以知县优先任用，称为"散馆"。

黄佐高中进士的正德十六年，除黄佐外，另有廖道南、江汝璧、詹泮、郑一鹏、伦以谅等凡二十四人为庶吉士。①同在翰林院庶常馆学习的庶吉士称为"同馆"。与同年相比，黄佐与"同馆"彼此间更为熟悉，也不乏诗歌唱酬。

《泰泉集》中有《八美诗八章，章八句美同馆八君子也，分携眷恋，聊宣别情云尔》②。顾名思义，"美同馆八君子"是对八位同馆的赞美，"分携眷恋，聊宣别情"则表明这些诗歌也是离别之作。嘉靖二年"九月甲申，传制大封宗室"，黄佐奉命往湖南永州册封南渭王，"同寅饯诸崇文门外，太史楚鄂廖子谓曰：'道当经衡，乃入永，南岳可游也。'赠以秩典而别"。③上诗应作于此时。

组诗第一首赠张侍御。张侍御即张衮（1487—1564），字补之，号水南，南直隶常州府江阴县人。张衮与黄佐同年进士，初授监察御史，终官南京光禄卿。④黄佐在诗歌中赞美张衮有鸾凤之姿，神采飞扬，诗歌粲若琼瑶，与其交往能够消除鄙吝之心。在翰林院任职期间，黄佐与其也多有唱和，如《十六夜补之席上赏月分韵得水字》《速张侍御补之同访文邦诗以代简》等。

---

① 王世贞著，吕浩校点：《弇山堂别集》卷八二《科试考二》，上海古籍出版社，2017年，第2008页。
② 《泰泉集》卷六，凤凰出版社，2021年，第117—118页。
③ 《泰泉集》卷三十一《游南岳记》，凤凰出版社，2021年，第711页。
④ 刘涛《张衮与〈张水南文集〉文献研究》一文对张衮的家世与生平做了系统梳理，并对其交游情况做了考辨，列举的张衮交游人物主要有童承叙、夏言、文徵明、严嵩四人。（见刘涛：《张衮与〈张水南文集〉文献研究》，东北师范大学硕士论文，2022年，第5—16页）因此，《泰泉集》的记载可补张衮交游人物之缺。

第二章 黄佐与官员的交游

张侍御（补之）

水南鸑鳳姿，栖心向丹霄。兰台聊大隐，尘埃视金蜩。诒我一束诗，粲粲英琼瑶。容辉在寞寞，鄙吝犹自销。

第二首赠张太史。张太史即张治（1488—1550），字文邦，号龙湖，湖广长沙府茶陵（今属湖南株洲市）人。与黄佐同年进士，选庶吉士，授翰林院编修，终官礼部尚书、文渊阁大学士、太子太保。[①]诗歌称赞张治性格豪爽，不染尘俗，傲然自得，与之交谈总能听到金玉良言。张治也非常欣赏黄佐的才华，尤其是看到黄佐所撰《乐典》后，赞叹"《箫韶》九成，可复闻也"。两人同在翰林院时交往密切，时常饮酒赏月、游览赏花，亦有颇多赠答唱和之作，如《月下赠张子文邦》《再次韵赠张子》《说医送张子文邦》《院中同龙湖少湖二学士赏红莲》等。"壮怀吾共汝"[②]，或许是志向相同，二人即使异地为官也依然有书信往来，如《与张龙湖书》等。

张太史（文邦）

龙湖蕴神奇，豪爽绝今古。性不缨垢氛，啸傲对珪组。存身贵深蛰，偕时乃施普。炳炳金膺言，铭之在衷腑。

第三首赠葛黄门。葛黄门应为嘉靖十六年进士葛鹏。葛鹏（1489—?），字子中，湖广黄州府罗田县（今属湖北黄冈）人。初授兵科给事中，官至云南按察副使。从诗歌可知，葛鹏学识渊博，品行端正，性格沉稳冷静，有匡时济世之心，文章灿若云霞，被黄佐视为知音。葛鹏曾质疑《周礼》"非周公所作，乃战国阴谋之书"[③]，并就此向黄佐请教。"在儒家群经之中，《周礼》成书最晚，始见于西汉之世……从《周礼》发现开始，对于作者及成书时代，一直争议不断。"[④]针对葛鹏的疑问，黄佐从结构和内容两

[①] 尹德元编著《大学士张治》（民主与建设出版社，2018年）一书对张治生平事迹梳理甚详，可资参阅。

[②] 《泰泉集》卷十《月下赠张子文邦》，凤凰出版社，2021年，第194页。

[③] 《泰泉集》卷二十一《与葛子中论周礼书》，凤凰出版社，2021年，第477页。

[④] 由迅：《明代湖北经学研究》，华中师范大学博士论文，2017年，第110—111页。

方面对《周礼》进行分析，认为《周礼》是周公所作，但并"非周公之全书也"①。

葛黄门（子中）

魁山冀方杰，博雅能沉几。振缨愿匡济，握镜通玄微。申章吐芳讯，焕烂云霞飞。行矣掩瑶瑟，知音良已希。

第四首赠赵黄门。赵黄门即赵廷瑞（1492—1549），字信臣，号洪洋，直隶大名府开州（今河南濮阳市）人。历任翰林院庶吉士、户科给事中、南京户部尚书等职，曾多次弹劾奸佞不法之臣，以清正廉明著称。诗歌也陈述了赵廷瑞淳朴自然，胸无尘滓，诗歌清雅绝妙。黄佐与其亦有赠答之作，如《秋夜吟赠别信臣士畴二同馆》《秋日赵信臣席上咏夏菊分得纤字十八韵》等。其中《秋夜吟赠别信臣士畴二同馆》中的"士畴"，指的是同馆童承叙（1495—1543）。童承叙，字士畴，湖广承天府沔阳（今湖北仙桃市）人，因沔南游内方山，号内方山人。张璁议礼得宠后，闭门不出，精研玄学，淡泊明志。与张治、廖道南并称"楚中三才"。黄佐与三人皆交好，曾同游李将军梅园。②

赵黄门（信臣）

洪洋秉清真，胸次无尘滓。高卧烟山春，倏为苍生起。裁诗最清绝，秋月照寒水。临岐怀好音，轸念林居子。

第五首赠杨中允。杨中允即杨维聪，字达甫，号方城，顺天府固安县（今河北固安）人。正德十六年状元，历任翰林院修撰、山西右布政使、山东左布政使等官。在大礼议之争中，曾同舒芬、杨慎等人一起劝谏皇帝，一度被贬在外任地方官。黄佐在诗歌中赞扬了杨维聪俊秀聪慧、敢于怒斥奸佞的美好品质。据黄佐《杨氏二子"字"说》的"吾友固安杨君达甫，

---

① 《泰泉集》卷二十一《与葛子中论周礼书》，凤凰出版社，2021年，第479页。
② 《泰泉集》卷六《游李将军梅园呈同游张廖童三子》，凤凰出版社，2021年，第111页。

以其兄二子冠而问字于余"①可知，黄佐曾经为杨维聪的侄子取字。

杨中允（达甫）

方城甲天下，灵气钟神州。謇谔斥奸佞，谦光遇王侯。青冥翔健翮，白日悬方猷。喟焉伤别促，采萧咏三秋。

第六首赠廖太史。廖太史即廖道南（1494—1547），字鸣吾，湖广武昌府蒲圻县（今湖北赤壁市）人。初授翰林院编修，因修《明伦大典》，升中允，后因事被贬徽州通判，旋复职。嘉靖十八年归田。②诗歌描写了廖道南在翰林院享有美名，文词气势雄壮，光芒照天，如骊珠驰目。黄佐与廖道南也多有唱和之作，如《廖子鸣吾秋日见怀次韵二首》《斋宿和廖鸣吾》《次韵答廖鸣吾见怀》等。

廖太史（鸣吾）

廖子谢白鹿，英声振金马。掞天摛雄词，星辰纮九野。凫藻竞驰目，骊珠遂盈把。嗟余蹇且拙，末由追大雅。

第七首赠郑黄门。郑黄门即郑一鹏（1496—1554），字九万，号抑斋，福建莆田人。秉性伉直，敢于劝谏，刚正不阿，官至吏科左给事中。③诗歌赞扬了郑一鹏形虽羸弱而性秉谦恭，然临大义则奋然直前；更极言其犯颜屡谏，忠愤之气直干霄汉。黄佐与郑一鹏时有书信往来，如在《与郑抑斋书》中论鬼神，谈仙佛之事。《赠胡泰序》中记郑一鹏于嘉靖十五年（丙申）向黄佐介绍浙江术士胡泰："嘉靖丙申，予同馆郑抑斋谏议书来自莆，曰：'浙有术士胡子泰者，尘外人也，且精于堪舆，而不怵势利。今往见子，幸进之于道。'"④

---

① 《泰泉集》卷二十八，凤凰出版社，2021年，第635页。
② 《明代名人传》，北京时代华文书局，2015年，第1233—1234页。
③ 《明史》卷二〇六《郑一鹏传》，中华书局，1974年，第5436—5438页。
④ 《泰泉集》卷三十八，凤凰出版社，2021年，第864页。

郑黄门（九万）

郑公不胜衣，见义奋直前。日月勤献纳，忠愤思回天。芸阁昔讲肆，器重余独先。诵《抑》师卫武，终身知寡愆。

第八首赠王太史。王太史即王用宾（1501—1579），字允兴，陕西西安府咸宁县人。初授翰林院编修，历国子监祭酒、翰林院侍读学士、礼部侍郎，后因忤逆严嵩，改南京吏部尚书。诗歌描写王用宾温润如玉，遇事后看似行为迟缓，实则潜心修身，不尚追名逐利，精深研究六经，学问渊博宏富。

王太史（允兴）

兰陂何温温，璠玙美无度。遇事类迟钝，潜心绝驰骛。六籍究万微，绩学日宏富。燕郊独送远，离情满豪素。

完成上述组诗时，黄佐在翰林院学习时间尚不长，但经过朝夕共事，对同馆的品性、学问已经相当熟悉。这八首诗对好友的赞美之词溢于言表，最后二句都以难舍难分的离别之情结尾，紧扣诗题，表达了黄佐与他们的深厚友情，情真意切。

除此之外，与黄佐交游的同馆还有江汝璧、陈讲、丁汝夔等人。江汝璧（1486—1558），字懋谷，号真斋，江西广信府贵溪县人。正德十六年进士，官至少詹事兼翰林院学士，著有《碧洋集》。黄佐在江汝璧迁北监司业时，专门作序送别。其《赠江司业北上序》云：

同馆贞斋江先生，夙抱经济，向以宫谕主试南圻，策及边事，后悉如言。无何，左转尚书兵部郎。至是，始迁北监司业。方铨衡之推择也，天子顾问辅臣，凡其积学之富，筹边之确，实雅知之。……先生尝司南雍之教矣，东南髦士翕然从之，此心此理同也。今司教于北，从之者岂异乎哉？[①]

黄佐与陈讲（字子学）、丁汝夔（字大章）的交游唱和诗作，有《冬夜

---

① 《泰泉集》卷四十，凤凰出版社，2021年，第908页。

宴陈子学宅赏菊分韵得微字》《题画猫为丁大章》等。

黄佐不仅与同年考中进士的同馆建立了深厚的友谊，与同馆前辈如张璧亦有频繁往来。

张璧（1475—1545），字崇象，号阳峰，湖广荆州府石首人。正德六年中进士后初授翰林编修，累升太常寺卿兼翰林院学士，终官礼部尚书、东阁大学士。黄佐《赠大宗伯张公北上序》云："佐侍公同馆二十余年矣，所以雅知公者，其惟心乎。"[①]二人结识已久，相知相惜，可谓交谊深厚。黄佐在《大宗伯阳峰张公侍朝真赞》中对张璧有较高评价：

> 今阳峰先生奇姿粹德，际遇应时，词赋丽而则，歌诗正而葩，名理醇而周疏，功业弘而未艾，光摛人文，以垂万世，实优为之。……然则登泰阶而尹天下，超迈前哲，光耀无穷，非先生其谁与？先生自留都入为大宗伯，奉诏将行，以侍朝真赞见属。猗嘻！世之所瞻仰者，先生之貌也；佐之所雅知者，先生之心也。[②]

黄佐在文中表达了对张璧为人、学识的熟悉，高度赞扬了张璧的学术成就和政治品格。而张璧对黄佐学问才华也十分赏识，他曾为黄佐《泰泉集》作序：

> 泰泉先生黄才伯氏起家南海，登进士第，被选入馆。诗文皆颖出流俗，盖博极群书而能反约于心，故发自由衷，质巨而力雄浑乎。班马词章，程朱名理，合而贯一，盖醇乎道者也。吾楚张龙湖、廖洞野、章内方三子者[③]，虽才气奇迈，辄皆逊服焉。予备员词林，得见所作，与序庵李公皆歆美，以为有道之言。或有嫉之者，遂外补督学。比弃官归养，台察交荐久之，始起为宫寮，寻擢殿读，南绾院章云。[④]

---

① 《泰泉集》卷四十，凤凰出版社，2021年，第909页。
② 《泰泉集》卷十八，凤凰出版社，2021年，第418页。
③ "章内方"，万历本作"童内方"。据上文考证，应为"童内方"，即童承叙，号内方山人。
④ 张璧：《泰泉集序》，《泰泉集》，凤凰出版社，2021年，第7页。

序文中提到的歆羡黄佐才华的"序庵李公",即李时(1471—1538),字宗易,号序庵,北直隶河间府任丘县(今河北任丘市)人。弘治十五年进士,选庶吉士,授编修,正德年间历官侍读、右谕德,嘉靖十年官礼部尚书兼文渊阁大学士,参与机要,成为宰辅。在大礼议之争中时常调和两派矛盾,生性平和,提倡与民休息。黄佐与张璧二人还有不少唱和之作留传,如《阳峰招饮赏梅》《祖陵祗役次阳峰大宗伯韵》《除夕次大宗伯阳峰韵》等。

综上所述,黄佐与同年、同馆的交游颇为频繁,其交游原则正如他在《送陈宗道序》所云:

> 余尝求友于天下学行硕且著者资焉,虽气高者难近,位崇者易携,然而孚者什九,涣者什一。世然而已,亦然欲弗涣焉,不可得矣;世然而已,不然欲弗孚焉,亦不可得矣。以故阃省而得一人者有之,阃郡而得一人者有之,乃若声明巨邑,或亦无焉者有之。巨邑有之,而与郡、省埒,则罕矣;萃二人于一邑,则罕之尤者也。①

可见黄佐交游非常重视知识的追求,并不因交游对象的地域、官职而区别对待。"同馆""同年"的关系,使他们之间有着更多共学的可能性,志趣的一致也成了他们友谊的基础。从《泰泉集》所收录的作品可以看出,他与同年的交游活动丰富多彩。同游胜地、雅集宴饮、唱和赠答、互寄书笺等,是表达情感的重要手段,既可看出他们交游的风雅之态,又可体现他们之间的深厚友谊,还能传达彼此间的思想倾向和价值取向。《泰泉集》中还有颇多诗文记载他与同年、同馆的交游场景,这类作品传达了他们在志趣爱好、思想见解等方面的投契一致,他们惺惺相惜、志同道合,形成了一道独特的文化景观,体现了明代精英阶层的交游面貌。

---

① 《泰泉集》卷三十九,凤凰出版社,2021年,第892—893页。

第五节　与广东地方官员的交游

如前所述，至黄佐时黄氏家族已是广东地区知名的文化世家，在广东享有很高的声誉。尤其是黄佐本人，名气更盛。因此，不管是在广东任职，还是致仕后在广东教学，黄佐与广东地方官员都有较为广泛的交游。明代广东地区包括广州府、韶州府、南雄府、惠州府、潮州府、肇庆府、高州府、廉州府、雷州府、琼州府共十府。黄佐与广东地方官员交游的广泛性，表现在他几乎与各府官员均有交游。黄佐与地方官员的交游，既是其一生交游活动的重要组成部分，也可以看作明代地方官员交游活动的重要个案。目前学界对于黄佐交游活动的论述并不少，但以黄佐在地方做官时交友圈和交游活动为专题的研究成果并不多。为了更好地呈现这一特点，本节按明代广东行政区划，将其交游状况分述如下。

一、与广州府地方官的交游

广州府是明代广东的政治、文化重心，也是黄佐的主要活动区域。黄佐与仕宦广东的曹琚、邓锐、李恺、林士元等人交游甚密。

曹琚，字仲玉，号桂山先生，湖广郴州桂阳（今湖南汝城）人。弘治九年进士。黄佐《赠桂山先生序》中称：

> 桂山先生守吾郡，民怀实惠，士跂休光，虽悃愊无华，或忤当路，然涂之人皆知其心事，如青天白日云。三载考绩，乃有梧州之命。……先生以弘材当之，直簪氾尘涂尔，然广之士民相与啧啧，露厥愿借之心而不能舍。佐被教泽素深，愿借之心则有甚焉。[1]

---

[1] 《泰泉集》卷三十四，凤凰出版社，2021年，第772页。

在序中黄佐对曹琚的品行、治家、词章都有很高评价。由黄佐《桂山先生行状》可知，曹琚于正德三年任广州知府。任上"以教化为首务。敦行乡饮，作养生徒。性刚劲，不为势利所动"①。正德六年调广西梧州知府，临行时士民争相送行。黄佐作《赠桂山先生序》来颂其在粤仁政。

邵锐（1481—1535），字思抑，号端峰，别号半溪，浙江杭州府仁和（今属杭州市）人。正德三年进士，曾任广东布政使。黄佐《赠邵端峰方伯之山东六首》中有"百粤殊气候，三伏竞炎凉。幽居慎服食，况乃道路长。门有车马客，驾言发我乡"②，描写的是邵锐广东任满，准备奔赴山东任职的场景。

李恺，字克谐，号抑斋，福建泉州府惠安县人。嘉靖十一年进士，初授番禺（属广州府）知县，后在东莞、湖广等地任职。黄佐与其交游期间，曾作《李番禺席上赋》《赠李番禺入朝序》等。

林士元，字舜卿，广东琼州府琼山县（今海南海口市琼山区）人，正德九年进士。历任南京户科给事中、湖广按察副使、广西参政。黄佐《迁建香山县儒学记》载："岁戊子，督学宪副山阴萧公鸣凤闻于抚台、按院，皆报可，乃檄县尹林君士元拓而营之，使义民高德纯董其役。"③岁戊子，即嘉靖七年（1528），其时林士元任香山县（属广州府）知县，曾参与迁建香山县儒学。黄佐与林士元还有书信往来，其《与林北泉士元书》阐述了"理"与"气"的问题，由书信开头"奉违道范二十余年矣"，可知两人相识已久。书信末尾云："新刻《庸言》一部，乃生与门人讲论者，谨奉上请教，余不敢多及。"④

二、与韶州府地方官的交游

据《泰泉集》记载，韶州府与黄佐有交游记录的官员主要有周叙、郑骝两任韶州知府。

---

① 《粤大记》卷十二《宦绩类》，广东人民出版社，2014年，第383页。
② 《泰泉集》卷七，凤凰出版社，2021年，第132页。
③ 《泰泉集》卷三十二，凤凰出版社，2021年，第742页。
④ 《泰泉集》卷二十二，凤凰出版社，2021年，第495页。

周叙，字子厚，河南汝宁府息县人。正德六年进士，正德十六年任韶州知府。在韶州任职期间有政绩，嘉靖三年升任四川按察副使。黄佐作《送周宪副之蜀序》为之送行，称其"治有成绩，冢宰上其最，圣天子嘉焉，陟副使，俾陈臬事于蜀"①。嘉靖十三年，韶人为其立碑，请黄佐作碑文。黄佐《韶州周中丞去思碑》赞其"夙夜广乃德心，式克光承休命……韶人得久于煦泽化益"②。

嘉靖十二年始知韶州府的郑骝与黄佐也有交游。郑骝，字德夫，号鹿溪，浙江江山人，与黄佐同为正德十六年进士。黄佐在《赠郑韶州序》中称：

> 鹿溪郑大夫取而润泽之，以教韶而韶化。其俊髦则彬彬尔敬以敦，其徒御则仡仡尔勤以恪，其畯畘则确确尔恭而野，其百工则瞿瞿尔质而愿，其商旅则媞媞尔安以敏。五善彰矣，由三物备而四礼行也。既乃入觐于天子，甫行，出所为录以质诸泰泉子。③

郑骝对韶州的社学教育非常重视。黄佐《韶州四隅社学便民仓记》载："鹿溪郑君侯之治韶也，敷求政教而崇起之，念惟养蒙救荒，理本攸在。乃谋别驾黄侯豫、陈侯廷华以及寿俊百执事，佥以为然。"④

三、与南雄府地方官的交游

嘉靖七年，黄佐辞江西佥事回乡，所作《患病陈情养亲疏》称此年他"经过南雄地方，触冒瘴热，得患泄痢，服药调理，至今未痊"⑤，南雄知府章接专门去拜访了因生病而滞留的黄佐。章接，浙江兰溪人，嘉靖三十五年任南雄知府。⑥黄佐与其交游，有诗《寄南雄章太守接》为证：

---

① 《泰泉集》卷三十五，凤凰出版社，2021年，第800页。
② 《泰泉集》卷四十七，凤凰出版社，2021年，第1055页。
③ 《泰泉集》卷三十八，凤凰出版社，2021年，第857—858页。
④ 《泰泉集》卷三十一，凤凰出版社，2021年，第724—725页。
⑤ 《泰泉集》卷十九，凤凰出版社，2021年，第443页。
⑥ 余保纯修，黄其勤纂：《直隶南雄州志》卷三《知府》，台湾成文出版社，1967年，第55页上栏。

枫山堂构自天开，清白传芳到岭梅。鸟外凌江涵粤浦，衙前关树赴燕台。碧云已共棠阴合，丹壑曾劳驿使来。应有凤书传帝简，双旌从此近三台。①

黄佐与南雄知府郑朝辅亦有交游。郑朝辅，浙江衢州府西安县（今衢州市衢江区）人，嘉靖五年进士，嘉靖十七年任南雄府知府。②由黄佐《游杨历岩二十韵谢郑南雄》等诗可知，他曾与郑朝辅一起游南雄杨历岩③。

四、与惠州府地方官的交游

黄佐对广东地方文化甚为关注，曾撰《孤忠祠记》④，发覆明初惠州归善籍御史王度事迹。此祠由彼时广东提学副使欧阳铎、惠州知府顾遂所建，黄佐与二人或亦有交往。

此外，黄佐与吴晋、韦邦宪等仕宦惠州的官员也有交游。吴晋，字三接，江西南昌府丰城县（今丰城市）人。嘉靖三十四年任惠州府通判。黄佐《惠州府通判吴君去思碑》称其"倅惠五载，摄郡署邑者屡矣"⑤。惠州龙川县知县韦邦宪（1475—1535），字君成，广西浔州府平南县（今贵港市平南县）人。韦邦宪去世后，其子韦应奎请黄佐作墓表，《泰泉集》中有《承事郎惠州府龙川县知县凤坡韦君墓表》⑥，二人应有交游。

五、与肇庆府地方官的交游

黄佐与仕宦肇庆的林春泽、吕天恩、刘用章、李璋等地方官员多有

---

① 《泰泉集》卷十二，凤凰出版社，2021年，第275页。
② 《直隶南雄州志》记郑朝辅为陕西西安人，误。
③ 杨历岩，也叫"杨沥岩"，原称"老鹰岩"，又称"灵岩"，位于南雄市区西北约10千米的全安镇杨沥村西侧。《直隶南雄州志》载："杨历岩，城西北二十里，以汉楼船将军杨仆经此得名。"
④ 《泰泉集》卷三十一，凤凰出版社，2021年，第713—714页。
⑤ 《泰泉集》卷四十七，凤凰出版社，2021年，第1063页。
⑥ 《泰泉集》卷五十，凤凰出版社，2021年，第1116—1117页。

交游。

林春泽，字德敷，号旗峰，福建福州府侯官人。正德九年进士。嘉靖七年任肇庆府同知，后岛寇掠高州，又摄高州知府事。黄佐《赠林参军序》载："旗峰子丞肇庆，陟参南京右军，盖显庸之渐也。"①

吕天恩，字仁甫，别号湖泉，广西灌阳人。举人出身，嘉靖二十六年至三十二年任广州府从化知县。黄佐《从化县尹吕侯去思碑》载："嘉靖癸丑冬十有一月，从化县尹灌阳吕侯天恩六载考最，适报朝命判肇庆府，陟贤明也。"②嘉靖癸丑即嘉靖三十二年。吕天恩因在从化知县任上考绩好而升任肇庆府通判，临行时士庶攀辕卧辙，黄佐作文纪之。在任期间，吕天恩纂修《从化县志》。据陈泽泓研究，吕天恩曾师从黄佐，黄佐曾为此志作序。③

刘用章，浙江秀水（今嘉兴）人。贡士。嘉靖三十七年任肇庆府通判。刘用章曾请黄佐为其父刘琛（字怀献）作墓表，即《泰泉集》中的《文林郎湖广兴山知县刘公墓表》。④

李璋，字德芳，号东渠。嘉靖年间，李璋谪戍雷州，寓高要（今肇庆市高要区），于孝肃祠旁构筑小亭，匾曰"万里洒然"。宣统《高要县志》注："亭在包孝肃祠旁，明谪宦李璋建。"⑤李璋曾邀请黄佐同游洒然亭，黄佐作《肇庆李东渠中丞邀游洒然亭次韵二首》⑥。

六、与高州府地方官的交游

据《泰泉集》记载，高州府与黄佐有交游记录的官员主要有郑绹、周白溪两人。

郑绹，字子尚，号葵山，福建莆田人。嘉靖八年进士。累官兵部右侍郎

---

① 《泰泉集》卷三十七，凤凰出版社，2021年，第849页。
② 《泰泉集》卷四十七，凤凰出版社，2021年，第1062页。
③ 陈泽泓：《岭表志谭》，广东人民出版社，2013年，第541页。
④ 《泰泉集》卷五十一，凤凰出版社，2021年，第1130页。
⑤ 马呈图纂辑：宣统《高要县志》附志上，台湾成文出版社，1967年。
⑥ 《泰泉集》卷十二，凤凰出版社，2021年，第266页。

兼金都御史，总督两广。黄佐《送郑太守考绩序》中称其嘉靖十六年"移来治之"①。黄佐还曾为其父郑阡撰写《郑公阡碑》。据刘敬宜考证，郑绸知高州在前，知广州在后。②且担任高州知府的时间不晚于嘉靖十四年。嘉靖十六年，郑绸移知广州。

周白溪，黄佐好友周金之子。周金（1473—1546），字子庚，号约庵，南直隶常州府武进（今江苏省常州市武进区）人。正德三年进士，官至南京户部尚书，卒谥襄敏。黄佐《高州太守周公生祠碑》载：

> 吾友毗陵周襄敏公，学术端而词翰著，拗谦未尝自彰。及在边防，首以边关为重。其子今高州太守白溪公，亦以任子恩自京秩出牧，学术词翰，其视襄敏真克肖者。方今圣天子懋图知人安民之政治，实克承而宣之。高为吾广僻郡，俗杂峒瑶，时有流贼，民不奠居，由是弦诵之士虽莘莘相闻，而科第颇罕于昔。公至，即布令以劝农桑，谕俗以惇伦理，开拱极书院，选俊髦数十人而馆谷之，朝夕躬为讲解，务精理学。士皆欢欣，远者毕至。日程其课，月试其艺，一如三场之制而赏罚之。于是懦者思锐，惰者益勤，文教大兴而士风振矣。然夙兴夜寐，剖决如流，公狱清而群废举，百尔储胥，皆登诸籍。稽其出入，闻于监司，绝无所私。一时政猷励精，节操坚白，监司而下，莫不以公为称首。③

七、与廉州府地方官的交游

除上述诸府官员外，黄佐与廉州知府张岳也有交游。

张岳，字维乔，号净峰，福建惠安人。自高祖至其父四代为明朝地方官员，廉洁奉公，卓有名望。张岳曾讲学泉州，《明史》称其"经术湛深，不喜王守仁学，以程朱为宗"④。嘉靖年间因选贡不用新法，被贬广东盐课

---

① 《泰泉集》卷三十八，凤凰出版社，2021年，第861页。
② 刘敬宜：《黄佐诗文系年》，暨南大学硕士论文，2020年，第73页。
③ 《泰泉集》卷四十七，凤凰出版社，2021年，第1066页。
④ 《明史》卷二〇〇《张岳传》，中华书局，1974年，第5298页。

提举，嘉靖十四年迁廉州知府。黄佐《迁建廉州府儒学记》载：

> 嘉靖乙未，惠安张公岳来知府事，惧无以称圣天子作人至意，乃程士业而砥砺之。凡裂缀之文，高虚之说，一切屏去，士亦翕然从焉。既三载，政成民裕，与同知余姚朱君同蓁、节推永嘉王君良弼佥议，以南门内玄妙观爽垲峻厚可居，令训导廖景春、朱衮达诸当路，请两易之，覆议报可。首用金易民居五十间，增廊其地，并计匠役木石之费，仅二百余两。①

《赠张廉州序》称：

> 予尝与净峰张先生论经世大略，以及田赋本兵。先生上下古今，若无难为者，且尝曰："道不行，则当效孟子著书以老。"盖谈笑以相丽泽，日亹亹焉孚以乐也，庸讵知有今日之违乎？虽然，吾以为先生喜也。廉之民敦朴乡义，至易治也。宜民之道无他，亦惟使之相亲睦焉而已矣，其要领亦至易挈也。综之以乡约，淑之以乡校，储之以社仓，萃之以里社，束之以保伍。政莫大乎教养，与祀与戎。②

此外，《纪谣》《赠京尹何价之任江宁序》《中州对》《赠尚宝卿江理川序》《惠州府通判吴君去思碑》等文章，记载了顺德知县金蕃、从化知县吕天恩、东莞知县何价、湖广左参政雷贺、广东按察司佥事江治、惠州通判吴晋等人在任时的惠政，赞扬了这些官员勤政为民的作风。由此可见，黄佐致仕居家期间，对广东省内的政事甚为关心。他为这些地方官员撰写碑文或其他文章，说明他对这些官员的事迹是有一定了解的，也不排除他与其中的部分官员有交往。

---

① 《泰泉集》卷三十二，凤凰出版社，2021年，第737—738页。
② 《泰泉集》卷三十七，凤凰出版社，2021年，第841页。

第六节　大礼议背景下黄佐的交游策略与境遇

大礼议作为有明一代重要的政治事件，对明朝中晚期的朝政、人事均有重要影响，故历来受到学界的关注，相关研究成果层出不穷。大礼议的政治影响势必会波及士人与地方官员的交游，但现有成果中基于交游视角讨论大礼议背景下士人交游的具体展开策略及其境遇的研究尚不多见。本节对黄佐在大礼议背景下与官员的交游情况做具体的讨论，希望能够为相关研究提供个案参考。

一、友而不党：黄佐的交游策略

在大礼议背景下，黄佐与文徵明、同年及同馆、广东地方官员的交游几乎与政治无涉，所讨论内容虽部分涉及时局，但多与大礼议无涉。这主要是因为与黄佐交游的文徵明、同年及同馆、广东地方官员等个人或群体几乎都未直接参与大礼议，受大礼议事件波及较小。从中亦可见黄佐在大礼议背景下交游的审慎态度。

黄佐与大礼议核心圈层的议礼派和护礼派均有较为密切的往来。王其良认为，在大礼议中，黄佐思想上倾向护礼派。

> "护礼派"的领袖诸如杨廷和、蒋冕、梁储、毛澄均对黄佐有提携之恩。尤其首辅杨廷和、少傅蒋冕为黄佐参加京师"礼闱"的恩师，蒋冕更是对黄佐有"识器"之恩。大学士梁储为黄佐同乡，且在其参加京师礼闱期间，照顾备至。而礼部尚书毛澄在黄佐丢失路引的情况下，特许其入场考试，以致才有其得中二甲进士之事，并且黄佐还颇为认同其"礼争"的观点。另外像林俊、

何孟春等均是黄佐的至交好友。①

从前文的论述来看，尽管黄佐与上述诸人交往甚密，但黄佐与他们的交游中很少直接涉及他对大礼议的政治态度。能直接证明黄佐亲近护礼派的大抵为黄佐曾支持毛澄之主张："礼官毛澄议兄终弟及，无追尊之礼，宜仿汉定陶王故事。佐主其说，署名牍尾。异议者以为党。"②《泰泉先生黄公行状》载："康陵既祔，大礼方兴。尚书毛公谓兄终弟及，无追尊之礼，惟汉有之，当仿其礼。公从其说，书《大礼议》。后有谓公为党者，公以太夫人在家，求归。"③但黄佐很快调整了他的政治立场，并未参加嘉靖三年七月的左顺门跪谏事件，即为明证。左顺门跪谏后，参与其事诸臣遭到明世宗报复，护礼派迅速失势。黄佐虽没有因参加跪谏而遭受打击，不过惮于形势，他以回乡探望母亲为辞申请致仕。面对局势的变化，黄佐主动申请致仕，目的无疑在规避陷入党争的风险。

与护礼派交好的同时，黄佐与议礼派官员，尤其是杨一清有着较为深入的交游。大礼议初，再次入阁的杨一清深受明世宗的信任。"有关阁臣、六部、翰林院、都察院等各部司及各府道大臣的选拔、考核、委派、擢升等事宜事关重大，行事机密，世宗几乎都要征询杨一清的意见。"④杨一清非常欣赏黄佐的才能，希望能让其参与"新政"，因此与黄佐就辅佐君主之事多讨论。但黄佐并未直接参与杨一清的"议礼"活动，且通过《上杨石淙书》一文来看，黄佐与杨一清对政局的看法存在较多分歧。

当然，在与杨一清交游的同时，黄佐与日趋失势的护礼派诸臣也依旧保持着较好的私人关系。在护礼派遭到皇帝打击后，黄佐竭力为之周旋。嘉靖五年冬，明世宗于京郊举行祭祀天地的仪式，是为"郊祀"。黄佐借机引用宋代"郊祀"大赦天下的典故，上《郊祀礼成广恩疏》为在大礼议中受到牵连的诸人说情。黄佐进一步指出：

---

① 王其良：《黄佐交游研究——以名宦和大儒为考察对象》，暨南大学硕士论文，2013年，第25页。
② 《黄氏家乘》卷四《香山志文裕公传》，《北京图书馆藏家谱丛刊·闽粤（侨乡）卷》第5册，第428页。
③ 黎民表：《泰泉先生黄公行状》，《泰泉集》，凤凰出版社，2021年，第11页。
④ 谭祖安、戴美政：《杨一清评传》，云南人民出版社，2007年，第159页。

> 伏望皇上体天地之仁,颙事生殖,溥汪濊之德,大慰舆情,特允臣所奏,将蒋冕等量行起用超擢。念李璋等投荒岁久,悔悟日新,量情移戍近地,或即释放为民。仿宋制播告天下,使天下皆知郊礼分祀,自今以始,与常年不同;首行旷荡之恩,野无遗贤,泽及枯骨,又与常规不同。①

虽然嘉靖皇帝并未采纳黄佐的建议,但足可证明黄佐并没有在严酷的政治斗争中叛卖蒋冕等师友。

揆情度理,黄佐与杨一清产生政治分歧,很可能是二人成长的政治环境有所不同导致的。杨一清与杨廷和、梁储、毛澄等护礼派代表人物入仕较早,经历了弘治朝文官集团政治地位上升的年代,因而对巩固、维护文官集团的政治地位拥有较强的信心与信念。反观黄佐,是正德、嘉靖之交才通过科举进入庙堂的新进官员。明武宗在位时,即刻意压制文官集团。而继位的明世宗又是阴鸷善谋之主,醉心于弄权,并且在与文官集团的政治博弈中逐渐居于上风,玩弄群臣于股掌之间。黄佐在政治上没有经历过政风宽和的弘治朝,反而一开始就置身皇权竭力压制文官的嘉靖时期。庙堂环境急剧变化之下,黄佐大抵也看清了明代君主集权日趋强化的形势不可逆转,士大夫与皇帝共治天下、共掌大政的时代一去不返。因此他才从传统的"忠君"思想出发,劝谏以杨一清为首的文官集团不要与皇权公然对抗。这是明代士大夫在长期高压政治统治下的自保之道。由此可以看出,黄佐虽然为人孤直,并非八面玲珑以追求个人权力的官场活动家,但对政治形势有着相当清醒的认识。黄佐晚年选择辞官归隐,大抵也是对明代政治环境不满又无奈,只好急流勇退。而他与杨一清在君权、相权关系认识上的分歧,也昭示了二人的归宿:杨一清虽然一度贵为首辅,但很快遭到明世宗的猜忌,遭受政治迫害,于嘉靖八年被迫致仕,次年即抑郁而终;② 黄佐却能逃过明世宗的政治清算,最终全身而退。其政治上的先见之明可见一斑,也折射出明代皇权对于文官集团的桎梏之深。

---

① 《泰泉集》卷二十,凤凰出版社,2021年,第448页。
② 《明史》卷一九八《杨一清传》,中华书局,1974年,第5231页。

二、进退维谷：黄佐的官场交游境遇

除尽量避免直接参与大礼议外，黄佐与护礼派、议礼派两方官员的交游也较少涉及政治纷争。尤其是与舒芬、蒋冕、林俊等人的交游，多为文学及学术思想方面的探讨。可以说，大礼议背景下黄佐整体保持着"友而不党"的交游策略，规避陷入两派的纷争。一方面，这与黄佐家风及个人性格相关。黄佐的祖父黄瑜生前就有耿介之风，不善阿附，以至于仕途不畅。黄佐本人亦性尚冲和，不喜干谒。另一方面，这也是黄佐考量政治局势后做出的理性抉择：在明代的高压政治环境下，文官结党为皇权所忌，容易卷入政治风波。这使得许多文士对于文官交结的行为有所顾忌。

大礼议背景下，朝廷党争之风颇为盛行。因与护礼派交游甚密，黄佐曾多次被列入护礼派一党。《上杨石淙书》对此有所反映：

> 观于武宗毅皇帝日事巡游，不亲儒臣庄士，左右奸佞，相煽为党，遂致逆藩再乱。及自将南征，梁厚斋以辅臣扈从，欲取天子行玺以随者，诚虑变生不测故也。杨石斋坚执不与者，恐为奸佞所夺，反以召变，亦其远虑焉尔。向日敝乡连有魁礼闱者，厚斋尝过誉佐，以为可复得俊。比佐对大廷，时石斋得佐卷，辄下其手曰："此厚斋党也。"及试入馆，以濮议辩，佐卷惟据《仪礼》"为人后者为之子"，"何如而可以为人后？支子可也"。宋仁宗育濮安懿王支子于宫中，是为英宗，则程伊川所议，复何疑哉？石斋又欲下其手，大宗伯三江毛公曰："《仪礼·子夏传》实有此说。"佐乃得以滥竽馆末。佐何尝党石斋哉？
>
> 今大礼既定，考选翰林，调出外任，新贵人又以佐为石斋之党，欲对品改除。赖我执事维持，得擢宪职，知佐愚直，未尝一日私造辅臣之门，非石斋党也。①

与两派官员均有密切交往，但坚守"友而不党"交游原则的黄佐曾先

---

① 《泰泉集》卷二十一，凤凰出版社，2021年，第460—461页。

后被人划入"厚斋党""石斋之党",即护礼派梁储、杨廷和一党。但不可忽视的是,梁储与杨廷和虽同为护礼派官员,但在扈从天子时是否以行玺随等具体政事中仍有一定分歧,可见朝廷虽有"护礼""议礼"之分,但各派也并非铁板一块。"护礼""议礼"内部也有派系纷争,大多时候其实是松散的政治联盟。"友而不党"的交游态度使黄佐与当时的政风格格不入,这使得黄佐的官场交游在一定程度上处于"进退维谷"的尴尬境遇。其结果是黄佐既不愿意结党,却又被视作同党。大礼议背景下在京官员的交游不可避免地受到党争的影响,在此形势下,独立于"护礼""议礼"两派的"友而不党"显然并不符合时宜。因此,黄佐给杨一清致信解释自身的立场,希望能够逃离党争漩涡。但其结果是徒劳的,没有党派支持,黄佐的上书多不受重视,其政治主张并未能够得到很好的实施,这也是黄佐在政治上贡献并不突出的重要原因。

第三章 黄佐与理学大儒的交游及思想论辩

明朝中叶心学日隆,服膺者日众。黄佐作为程朱理学的捍卫者,与心学家湛若水、王阳明多有交游和学术论辩。黄佐在翰林院时,与湛若水多有接触,二人讨论"中思"议题。他还曾两会阳明,与之辩论"知行"之旨,促进了阳明心学的修正和完善。此外,黄佐和同属程朱理学卫道者的徐问交往甚密,二人围绕阳明心学展开了系列讨论。在与理学大儒①的交游中,黄佐对一些心学观点持激烈反对态度,但并不以心学家为仇雠,对名望素重者反而虚心求教。而信奉心学的学者中,不乏与黄佐结为至交者。

第一节 与湛若水的"中思"之论

黄佐在翰林院时结识了一位忘年交,即著名心学家湛若水。湛若水(1466—1560),广州府增城县甘泉都(今属广州市增城区新塘镇)人,字元明,号甘泉,世称"甘泉先生"。弘治十八年进士,授翰林院编修,历任

---

① "理学"在概念上存在广义与狭义两种界定,"广义理学包含周、张、程、朱以及陆、王等不同派别的新儒家之说,狭义理学乃指程、朱的思想学说"。但理学与心学的划分,只有相对的意义,不可绝对化。本书所说的理学大儒,亦包括心学家。湛若水、王阳明、徐问均名列《明儒学案》,大儒地位由此可见。见姚才刚、李莉:《宋明儒学中的"心学"概念》,《湖北大学学报(哲学社会科学版)》2021年第5期;周炽成:《"心学"源流考》,《哲学研究》2012年第8期。

南京国子监祭酒，南京吏部、礼部、兵部尚书等职，谥"文简"。①著有《圣学格物通》《心性图说》《甘泉集》等。

湛若水少年时师从广东名儒陈献章，后来也成为一代名儒。在思想主张上，湛若水继承了陈献章的心学思想并加以发展，主张"随处体认天理"。②他在诸多方面对理学和心学进行了调和，既纠正了王阳明转内遗外的缺点，也避免了理学知行割裂的流弊，认为格物穷理重在体验、印证天理。③黄明同这样评价湛若水心学成就及地位：

> 岭南心学，在陈献章开创之后，其弟子们都有所继承与发扬，衣钵弟子湛若水，更是作出了杰出的贡献。他，终生尊崇老师的教诲，兢兢业业，在教学中传播先师的思想学说，在学术上，不仅恪守了白沙心学的基本理论，而且进一步加以阐述，使之更系统、更完善、更精致，构建起博大精微的岭南心学理论体系。正是在这一意义上，我们所言的狭义岭南心学，便是陈湛心学。④

这一评论较为中肯，湛若水对明代岭南心学的完善贡献卓著，是明代岭南心学的集大成者。黄佐与湛若水多有交游，⑤两人曾围绕"中思"论展开讨论，具见《赠别黄太史序》一文。⑥

---

① 《明史》卷二八三《儒林二·湛若水》，中华书局，1974年，第7266—7267页；《明代名人传》，北京时代华文书局，2015年，第57—63页。

② 马寄：《论湛若水"随处体认天理"的功夫》，《伦理学研究》2015年第6期。

③ 陈来：《宋明理学》，北京大学出版社，2020年，第325—329页；许潇：《湛若水的儒佛之辨》，《北京理工大学学报（社会科学版）》2014年第4期。

④ 黄明同：《岭南心学：从陈献章到湛若水》，上海辞书出版社，2015年，第178页。

⑤ 前人关注湛若水之交游者，多注意其与王阳明之往来，对泰泉、甘泉二人的交游涉猎甚少。如张伯宇《湛甘泉心学思想研究》一书附《甘泉师友交游考》，黄佐即不在其中。高春媛讨论黄佐交游时，对二人之间的往来有所涉及，然甚为简略。参见张伯宇：《湛甘泉心学思想研究》，台湾花木兰文化出版社，2010年，第181—191页；高春媛：《黄佐生平及其史学（一四九〇——五六六）》，台湾高雄文化出版社，1992年，第97—99页。

⑥ 已有成果对湛若水的"中思"论关注较少，《赠别黄太史序》一文是研究湛若水"中思"论的重要文献，同时也是黄佐与湛若水交游及理学论辩的重要见证。

第三章 黄佐与理学大儒的交游及思想论辩

一、与湛若水论"中思"

湛若水于弘治十八年中进士后,被授为翰林院编修,长期在翰林院任职。嘉靖初年,黄佐被选为翰林院庶吉士,二人因成为同僚而相识。嘉靖二年,黄佐奉命前往永州。临行前,众多同僚好友为他饯别,黄佐向湛若水请教事亲、求学之道。湛若水专门作序文相赠。序文以孝亲之道开头,又言及修身立德之道,继而引出心学话题,宣扬其心学主张。与其说这是送别的序文,毋宁说是一篇阐述其心学思想的说论文。其实这正是湛若水的写作特点,即作文作诗,好借事说理,抒发心学思想。正因如此,这篇序文与一般临别赠文不同,并没有阐发临别感慨,而是总结了他与黄佐平日关于认知和求学的讨论。我们也得以从中管窥出二人平日交游的概况及思想主张。

序文从省亲一事入手,开启说理:

> 甘泉子曰:"欲事亲者,其惟学乎。欲显亲者,其惟立身行道乎。"(黄佐)曰:"学何学矣?"曰:"心。故善学者,如贯珠矣。不善学者,如观珠矣。"①

湛氏对"事亲"和"显亲"的实践路径作了区别,并以"贯珠""观珠"为喻,阐明善学者应"自我得之",即强调自我内心的探索,而非一味从书本当中获取知识来达到格物致知的目的。"观珠者,观他珠也,多学而记之类也。贯珠者,我贯我珠也,自我得之也,一以贯之之类也。识前言往行,以蓄德也。"②甘泉此论,与其"以心为本的理论取向"③是一脉相承的。

---

① 湛若水撰,黄明同主编:《湛若水全集·文集》卷一《赠别黄太史序》,上海古籍出版社,2020年,第139—140页。
② 湛若水撰,黄明同主编:《湛若水全集·文集》卷一《赠别黄太史序》,上海古籍出版社,2020年,第140页。
③ 黄明同:《岭南心学:从陈献章到湛若水》,上海辞书出版社,2015年,第218页。

继而黄、湛二人围绕"圣学其思乎，思不出其位"展开了讨论。所谓"思不出其位"，出自《易经》，意为君子不考虑超过自己职责的事情。对此，"甘泉子曰：'是之谓心学矣。'……曰：'其中思矣乎！中思故不出其位，不出其位故思无邪。非位而思，即邪也，正亦邪也。其谓中思乎。'"湛若水认为"思"属于心学范畴，主张向内省求，并强调思之限度当为"中"。黄佐继续以"中思"之蕴义请教，湛若水循循善诱："毋前尔思，毋后尔思，毋左尔思，毋右尔思，故曰中。中思也者，中心也。故曰：中心无为，以守至正。至正，无邪思也。……故中则正矣。中正一以贯之，而圣学备矣。"①由此可以看出，湛若水在论学方面强调"中思"，从心体认。湛若水所推崇的"中思"之论，其实是基于其"天理体认于心"思想而得出的。所谓"中思"，即"心"的本然状态，是中正无偏的，故曰"中思"。只有坚持体悟"中思"，才能觉醒主体自我所具备的道德意识。这一主张是湛若水"心得中正"的延伸发挥。②

关于黄佐对湛若水此番论断的态度，湛氏《赠别黄太史序》中屡见"唯唯"一词，即表达首肯之意。湛若水还肯定了黄佐学习心学的积极性："黄子则既志乎心学矣，骎骎乎其进而不已矣。"③在黄佐看来，"甘泉之学于白沙也，勿忘勿助之间而已矣"④。"勿忘勿助"一语出自《孟子·公孙丑上》："必有事焉而勿正，心勿忘，勿助长也。""忘"与"助"是心之本体功夫作用自然与否的判断界限，"勿忘勿助"即顺其自然，行中正之道，防止"过"或"不及"。"勿忘勿助之间"在湛若水的文集中多次出现，其含义与"勿忘勿助"略有差异。"勿忘""勿助"是存养工夫的两个重要关节点，"在此范围内的则符合中正天理，此即'勿忘勿助之间'"⑤。可见黄佐认为以陈献章和湛若水为代表的岭南心学，思想核心正在于以中正之

---

① 《湛若水全集·文集》卷一《赠别黄太史序》，上海古籍出版社，2020年，第140页。
② 有关湛若水"心得中正"功夫的讨论，可参阅周兴：《明代广东儒学史研究》，西南大学博士论文，2019年，第109—121页。
③ 《湛若水全集·文集》卷一《赠别黄太史序》，上海古籍出版社，2020年，第140页。
④ 《泰泉集》卷四十四《书叙言卷》，凤凰出版社，2021年，第1011页。
⑤ 王文娟：《湛甘泉哲学思想研究》，巴蜀书社，2012年，第329页。

道体认天理。黄佐对此持肯定态度,他在《书叙言卷》中说:

> 义以为质,礼以行之,斟酌中节,而不粗率以遗忘;孙以出之,从容中道,而不矜夸以匆遽。惟勿忘勿助之间,而罄无不宜焉,则吾浩然之气以生,天地之塞,吾其体,而义不可胜用矣。①

对"中节""中道""勿忘勿助之间"的实践,是"浩然之气以生"的关键所在,从中亦可见黄佐思想与岭南心学交流之一斑。②

二、与湛若水罗浮同游

嘉靖十九年,黄佐"掌南京院事",举家迁往南京,而此年湛若水从南京兵部尚书任上致仕归乡,两人于此时似无交集。此后六年,黄佐亦致仕归乡。湛若水虽然年长黄佐二十多岁,但因为高寿,故二人仍得以交游多年。嘉靖二十九年二月,八十五岁的湛若水约黄佐到位于今广东省惠州市的罗浮山游玩。黄佐携门人黎民表、梁孜一同前往。③众人先登上天华峰,在四贤寺祭奠儒家先圣先师,接着又到青霞谷游览。此次同游罗浮,给黄佐留下了深刻印象,多年后黄佐回忆道:

> 曩岁与甘泉湛子为罗浮之游。春雨初霁,消屏埃壒,遵黄龙洞而北,未抵朱明,已把超然之趣。比至,则璇房瑶室,璀璨夺目,矤入而不能自已。振衣直上,则四百三十二峰皆罗列于吾下。何则?适吾性而弗能舍也。乃语二三子曰:"猗乎,君子之学以为己,而其仕则以为人也!亦闻诸先正矣乎,学而为人,则不能以

---

① 《泰泉集》卷四十四《书叙言卷》,凤凰出版社,2021年,第1011页。
② 黄佐生活的正德、嘉靖年间,理学之风正盛,岭南白沙之学崛起。黄佐对后二者多有批判扬弃、吸收融汇。陈宪猷指出:"黄佐以其深厚的孔孟儒学功力,游刃于理学与心学之间,立足于程朱理学,又补充、修正了程朱理论的不足;批判扬弃了心学,尤其是王阳明的错误;吸收、融汇了白沙'自得'之学的合理成分;在理论体系上力图另辟蹊径。"陈宪猷:《黄佐论稿》,《华南师范大学学报(社会科学版)》1998年第4期。
③ 黄佐《泰泉集》中《书游罗浮诗卷后》《罗浮山志序》等文章记载了这一史事,据此可补黎业明《湛若水年谱》、陈裕荣《湛甘泉年谱》对此事的缺载。

自善，仕而为己，则不能以兼善，皆其始进之病也。今日之游，虽泉翁道之，然穷登极探，诣高臻妙，由人乎哉，抑亦由己之性也。"于是二三子者悚然有省。①

在游罗浮途中，黄佐就"学与仕""为人与为己"的关系与同游者展开了讨论。此外，他还留下了《四贤祠释菜后雨霁作》《罗浮青霞谷赠甘泉》《罗浮朱明洞二首》《罗浮瑶台石》等诗篇。

在文学旨趣上，黄佐与湛若水亦有共同之处。湛若水师从陈献章，而陈献章喜欢在诗中阐释道理，阐发哲学观点。②湛若水深受其师影响，在诗歌创作上也有这种特点。③黄佐受韩愈"文以载道"的文学主张影响，将文学置于道学附庸的地位。二人能结为莫逆，或许也是因为拥有共同的诗学主张所致。黄佐在《宦海赠言集序》中评价正德、弘治年间的文教之盛时，首推乡贤黄衷和湛若水二人："皇明文教，当弘治、正德间翔洽裨海，遐哉蔚乎，不可尚已！是时，荐绅大夫操觚摘藻，往往上薄隆古。吾乡则铁桥黄公、甘泉湛公为称首，而关洛尤辈出腾起，若后渠诸公其选也。"④表达了对湛若水的崇敬之情。

第二节 与王阳明的"知行""良知"之辩

黄佐生活的年代心学大兴，并与理学产生激烈交锋。王阳明是明代心

---

① 《泰泉集》卷四十三《赠英德谌侯序》，凤凰出版社，2021年，第982页。
② 陈献章主张"诗以载道"，强调通过诗歌发挥教化功能。参见曲劲竹：《陈献章理学诗研究》，延边大学硕士论文，2019年，第9—10页；黄明同：《陈献章评传》，南京大学出版社，2011年，第237—238页。
③ 刘慧宽：《隐去的脉络：明代理学诗的形成》，Science and Engineering Research Center, *Proceedings of 2018 2nd International Conference on Education, Management and Applied Social Science（EMASS 2018）*，DEStech Publications，2018年6月。
④ 《泰泉集》卷三十九，凤凰出版社，2021年，第884页。

学的代表人物。嘉靖初年，黄佐与王阳明开始交游①，其后两人有两次重要会晤，其间各自秉持思想主张进行论辩，尤其是关于"知"与"行"的哲学论辩影响很大，这也是黄佐一生中比较重要的学术活动。

一、绍兴初遇与"知行""良知"之论

王阳明（1472—1529），浙江余姚人，名守仁，字伯安。因曾筑室于会稽山阳明洞天，自号阳明子，世人多称为"阳明先生"。

据《庸言》载，黄佐与王阳明初次相会是在嘉靖二年冬："癸未冬，予册封道杭，会同窗梁日孚谓：'阳明仰子。'予即往绍兴见之。"②黄佐所提及的梁焯（1482—1528），字日孚，广东南海人，正德九年进士，正德十三年从学于王阳明。王学之传播于粤，以梁焯之功为大。在此之前，黄佐已完成《漱芳录》《广州人物传》《小学训诂》《诗经通解》等众多著作，颇有文名，在哲学思想上又笃敬程朱，这些大抵引起了王阳明对他的兴趣。嘉靖元年，王阳明的父亲王华病逝，王阳明回绍兴丁忧。此后数年，王阳明一直在浙江。闻听黄佐途经杭州，王阳明让与黄佐有同窗之谊的弟子梁焯从中引荐。黄佐闻讯后，特意绕道至绍兴拜会王阳明。

然据《明史·黄佐传》及郭棐《粤大记》记载，黄佐是在嘉靖六年南下省亲途中绕道绍兴来拜会王阳明，并与之论"良知"之学的。《明史》称黄佐于"嘉靖初，授编修……寻省亲归，便道谒王守仁，与论知行合一之旨，数相辩难，守仁亦称其直谅"③。《粤大记》："春出潞河，与文公徵明联舟，唱酬甚适。至杭，访王阳明，论良知之学。"④朱鸿林注意到《明史·黄佐传》对此事记载的抵牾，同时注意到《明代名人传》因袭了《明

---

① 前人对黄佐与王阳明之交游有所关注，代表性成果有朱鸿林《黄佐与王阳明之会》、王其良《黄佐交游研究——以名宦和大儒为考察对象》、赵德波《黄佐与王阳明之会的思想史意义》等。上述著作多立足于二人交会过程的梳理，使用材料多出自《庸言》，对其他交游材料关涉较少，且细节上亦有进一步探讨之空间。再者，前人多关注黄、王二人交游对阳明的影响，较少关注此事对黄佐思想的影响。
② 黄佐：《庸言》卷九《著述》，齐鲁书社，1995年，第646页上。
③ 《明史》卷二八七《文苑传三·黄佐》，中华书局，1974年，第7365页。
④ 《粤大记》卷二四《献征类·黄佐》，广东人民出版社，2014年，第743页。

史·黄佐传》的讹误，就这一问题作了辩证。他认为"传中所见黄佐之说，显得薄弱而令人误解"。①笔者认为，这一问题还可以从史源角度进行探讨。《明史·黄佐传》及《粤大记》中相关记载的史源当是黎民表《泰泉先生黄公行状》，由黄佐子在素于隆庆元年十二月请黎民表撰写而成。②其时距黄佐与王阳明初次相会将近半个世纪，即使黄佐曾向黎民表提及他与王阳明相识之事，但因年深日久也可能使黎民表记忆产生了偏差。而《庸言》中的记载则是属于黄佐本人留下的第一手材料，就可靠性而言，《庸言》更胜一筹。此外，更有一直接证据可证黄佐拜访王阳明之事发生于嘉靖二年。黄佐曾在《赠苏绍兴序》中追忆他与王阳明的交游："昔岁癸未，予往绍兴觐阳明子焉。"③"癸未"即嘉靖二年。因此这里采纳黄佐本人的说法，即第一次与王阳明相遇是在嘉靖二年。

据《庸言》记载，他拜会王阳明后留居绍兴七日，与之探讨了阳明心学中的核心思想"知行合一"与"致良知"。二者在观点上发生了分歧：

> 癸未冬，予册封道杭，会同窗梁日孚，谓："阳明仰子。"予即往绍兴见之。公方宅忧，拓旧仓地，筑楼房五十间，而居其中。留予七日，食息与俱。始谈知行合一，予曰："知以知此，行以成此，《中庸》两言一也，信矣。"因指茶中果曰："食了乃是味，犹行了乃是知，多少紧切。"予曰："知，目也；行，足也。询知公居足以步目一时俱到，其实知先行后。"公曰："尊兄多读宋儒书。"予曰："知之非艰，行之惟艰，岂宋儒耶？"曰："《书》意在'王忱不艰'，可见行了乃是知。"予曰："知之未尝复行也。使知不在先，恐行或有不善矣。"公默然，俄谓曰："南元善昨送赋用'兮'，兮，噫叹辞也，岂可诵德？"予曰："《淇澳》诵德，亦用'兮'，似不妨。"公复默然。自是论征浰头诸贼，待以不杀，

---

① 朱鸿林：《黄佐与王阳明之会》，《儒者思想与出处》，生活·读书·新知三联书店，2015年，第306页。

② 黎民表《泰泉先生黄公行状》："子在素辈将以隆庆元年十二月二十二日奉祔于永泰乡聚龙冈之先兆，命民表撰次行状。"参见《泰泉集》，凤凰出版社，2021年，第20页。

③ 《泰泉集》卷四十一《赠苏绍兴序》，凤凰出版社，2021年，第923页。

并及逆濠事甚悉。予曰:"濠离豫章,犹曹操离许,使英雄如公梼虚,汉不三国矣。"公叹曰:"直谅多闻,吾益友也。"最后出《大学》古本,予曰:"明明德于天下,仁也;慎独,则止于至善矣。意诚志仁,无恶也;无恶,犹有过。廓然大公,无心过,心正矣;物来顺应,无身过,身修矣。家国天下,举而措之。"公喜,即书夹注中。濒行,诣予舟,谓:"主一为在此,不学无益。"托日孚携之归广。复论御狄、治河,缕缕乃别,始知公未尝不道问学也。①

黄佐认为:"知以知此,行以成此,《中庸》两言一也,信矣。"儒家所谓"知",指知识;"行"则可以理解为实践。黄佐在此引用儒家经典《中庸》中"或生而知之,或学而知之,或困而知之,及其知之,一也。或安而行之,或利而行之,或勉强而行之,及其成功,一也"②的说法,把"知""行"分开。明代儒学受宋代理学影响很大,当时的儒学家多以宋代大儒思想传承者自居。宋代有以二程、朱熹为首的"理学派"和以陆九渊为首的"心学派"。王阳明的思想继承自陆九渊又有所创获,黄佐则服膺程、朱,二者哲学思想大为不同。黄佐早年受家学影响,曾专心研读佛经,深知释教"明得心源"之说与南宋以来用释学阐释儒学的心学主张更为贴近,因此认为心学是儒学之别流,不是正统儒学,王阳明"知行合一"之说更与释家相合。

王阳明用"食荼中果"的例子来说明"知行合一"的观点:"食了乃是味,犹行了乃是知,多少紧切。"意思是说,道理就像这盘水果,吃过才知道味道如何,如同行了就是知,即实践过了就能获取到知识。对此,黄佐提出了自己的看法:"知,目也;行,足也。询知公居足以步目一时俱到,其实知先行后。"在黄佐看来,"知"好比人的眼睛,而"行"好比人的脚。知道阳明的住所才来拜访王阳明,貌似脚步和眼睛同时抵达,其实应该是"知先行后"。这番说辞并没有说动王阳明。王阳明认为黄佐的认知是"多

---

① 黄佐:《庸言》卷九《著述》,齐鲁书社,1995年,第646页。
② 郑玄注,孔颖达疏,龚抗云整理:《礼记正义》卷五二《中庸》,北京大学出版社,1999年,第1441页。

读宋儒书"之故,即深受宋代程朱理学的影响,不能跳出前人认知的桎梏。黄佐反驳道:"非知之艰,行之惟艰,岂宋儒哉。"① "知之非艰,行之惟艰",出自《尚书·说命》:"非知之艰,行之惟艰"②。黄佐的意思是,先秦典籍《尚书》就有"知"比"行"易的说法,可见"知"与"行"不同,"知先行后"应是儒家传统观点,不能说是受宋儒影响才得出的道理。王阳明随即反驳道:"《书》意在'王忱不艰',可见行了乃是知。"在《尚书》中,紧接着"非知之艰,行之惟艰"有一句"王忱不艰",意为只要有诚心、热情、信念,"知"与"行"都不难。王阳明认为既然"知"与"行"的难易取决于人的主观意志,可见"知"与"行"在根本上是一致的,均是"心"的产物。黄佐则援引《周易》"知之未尝复行也"③之语反驳,认为"使知不在先,恐行或有不善矣",即如果不先获得知识,接下来的实践很难进行。一番论辩,二人各自引经据典,机锋屡出,但最终都没有说服对方。

在黄佐与王阳明相会的几天里,王阳明曾收到弟子南元善的一篇赋,赋中用了不少"兮"字。王阳明对此颇为不满,认为"兮"为感叹词,不能用以颂德。黄佐则援引儒家《诗经·淇澳》进行反驳,指出《淇澳》是《诗经》中歌颂君子之德的诗篇,而语句中多有"兮"字,因此颂德之文用"兮"并无不妥。关于这点,王阳明没有辩驳。他认为黄佐熟悉经典,便拿出古本《大学》,与之讨论此书宗旨。

《大学》在宋代被定为儒家经典的"四书"之一。朱熹编《四书章句集注》,其中包括从理学角度解释《大学》的《大学章句》。明代尊理学为官学,科举考试中的文举以四书经义为主,对程朱的注解尤为看重,《大学章句》成为科举必考内容。④因此士子更注重朱熹《大学章句》中的阐发,而忽视古本《大学》。王阳明不赞成朱熹的观点,认为《大学章句》中观点多

---

① 黄佐:《庸言》卷九《著述》,齐鲁书社,1995年,第646页下。
② 孔安国传,孔颖达疏,廖名春、陈明整理:《尚书正义》卷十《说命中》,北京大学出版社,1999年,第252页。
③ 王弼注,孔颖达疏,卢光明、李申整理:《周易正义》卷八《系辞下》,北京大学出版社,1999年,第309页。
④ 参阅王凯旋:《明代科举制度考论》,沈阳出版社,2005年,第6—7页。

不符合《大学》本意。于是他另起炉灶，取古本《大学》作注以阐发其哲学思想。① "致知"一词即出自《大学》："致知在格物，物格而后知至"。在王阳明看来，"致知"就是"致良知"。② "不思善，不思恶，时认本来面目，即吾所谓良知。……无善无恶者理之静，有善有恶者气之动。不动于气，即无善无恶，是谓至善。"③ 王阳明认为人不需要执着于追求善恶，只要能发明本心，不为善恶所动，就能达到"至善"之境。对此，黄佐批驳道："此又畔孟子性善之说矣。既曰'无善'，安得又曰'是谓至善'？是自相矛盾也。"④ 黄佐认为，阳明所谓无善无恶、发明良知的理论，背离了孟子的性善论。且王阳明既认为不应执着于善恶，却追求至善之境界，前后矛盾，难以使人信服。由是以观，黄佐不仅不同意王阳明"致良知"理论，而且对其理论来源也产生怀疑，并以儒家传统理论进行评判。⑤

在黄佐看来，要达到至善的境界，必须做到慎独："明明德于天下，仁也；慎独，则止于至善矣。意诚志仁，无恶也；无恶，犹有过。廓然大公，无心过，心正矣；物来顺应，无身过，身修矣。家国天下，举而措之。"意为彰明品德的关键在于仁，士人能够做到"慎独"，则可以达到"至善"的境界。如果一个人意诚志仁，则心中无恶念。但无恶念也可能犯错误。所以应该去除内心的欲望，遵从天理行事，以达到"修身""正心"，进而达到"治国平天下"。黄佐"慎独"思想的发萌始于青少年时期，而后逐渐完善，自成体系。黄佐十七岁参加生员考试时，曾陈述"曾子发尧舜所未发，慎独是也"的观点，来阐述对"慎独"的认识。其后黄佐更时时以慎独来严格要求自己，作《内省轩铭》《内省论》《克己论》《慎独论》等文章系统阐述对慎独的见解。黄佐认为，"不睹而亦戒慎焉，不闻而亦恐惧焉，虽青

---

① 王阳明对古本大学加以释注，作《大学古本旁释》《大学古本旁注》，借以确立其心学体系。
② 王阳明《与陆原静》："孟子云：'是非之心，知也。''是非之心，人皆有之'，即所谓良知也。"见王守仁撰，吴光等编校：《王阳明全集》卷五《文录二·与陆原静二》，上海古籍出版社，2018年，第211页。
③ 《泰泉集》卷二十一《与徐养斋书》，凤凰出版社，2021年，第469—470页。
④ 《泰泉集》卷二十一《与徐养斋书》，凤凰出版社，2021年，第470页。
⑤ 王其良：《黄佐交游研究——以名宦和大儒为考察对象》，暨南大学硕士论文，2013年，第47页。需要指出的是，王其良将之释作徐问的观点，当属对材料的误读。

天白日之下，稠人广坐之中，其暗处细事，必自知之，及其微有迹也"①，所以有必要慎独以正心。黄佐认为做到慎独主要有两点：首先，时时"省心"，因为"人非尧舜，岂能无过哉？不辩以文之，惟慎言焉，则无口过。不饰以文之，惟慎行焉，则无身过，然犹有撙其不善者存焉。不若慎独，心无过念，则不惟不愧于人，亦且不愧于神矣"②。其次，处处"克己"，"虽知内省，而今日不克，姑待来日，声色臭味，营营妄为，昏迷侮慢，无所不至，物则之懿，天固秩之，我自失之，恶加乎身？而万善于是乎废矣"③。黄佐主张通过省心克己来实现慎独，而做到慎独即可达到自我修养的最高境界，即至善。

黄佐此次与王阳明辩难，用慎独的观点阐述《大学》的宗旨，既进一步完善了慎独理论，同时也得到王阳明的肯定，促进其思想的转变。王阳明听到黄佐的见解非常高兴，"即书夹注中"，可见对黄佐"慎独止于至善"的观点颇为欣赏，甚至将之放进他对《大学》的注释里。这也反映了王阳明在学术上能够容纳不同见解。七日之后，黄佐登船北上，临行之际王阳明还叮嘱黄佐"主一在此，不学无益"，勉励黄佐勤学不止，精进学问，表达了对黄佐的殷殷期望。两人除了探讨"知行""修身"，还讨论了御敌、治河之法，"乃别，始知公未尝不道问学也"。在黄佐看来，王阳明也是会"道问学"的。王阳明认为《中庸》的"道问学"就是所谓的"尊德性"④，而黄佐认为两者是分开的，御敌、治河即属于"道问学"的范畴。

关于黄佐与王阳明的第一次交会，王其良认为梁焯"介绍黄佐前去拜访，即有劝其拜王守仁为师，专习其'心学'之意"。⑤黄佐一会王阳明，显然是出于王阳明的"示好"，这种"示好"更多是对黄佐学识的认可，而

---

① 《泰泉集》卷二十六《慎独论》，凤凰出版社，2021年，第597页。
② 《泰泉集》卷二十六《省心论》，凤凰出版社，2021年，第580页。
③ 《泰泉集》卷二十六《克己论》，凤凰出版社，2021年，第594页。
④ 《中庸》："故君子尊德性而道问学，致广大而尽精微，极高明而道中庸，温故而知新，敦厚以崇礼。"王阳明《传习录》卷下："先生（王阳明）曰：'道问学'即所以'尊德性'也。"参见《礼记正义》卷五三《中庸》，北京大学出版社，1999年，第1455页；《王阳明全集》卷三《语录三·传习录下》，上海古籍出版社，2018年，第138页。
⑤ 王其良：《黄佐交游研究——以名宦和大儒为考察对象》，暨南大学硕士论文，2013年，第31页。

非梁焯介绍并劝其拜师。朱鸿林认为:"黄佐此次之来,即或原本有师从阳明之意。"①但从《庸言》的记载来看,黄佐并没有明确地传达出这种意向。此次与王阳明相会,多是学者之间的学术探讨。黄佐并没有因为王阳明年龄、身份、学问都比自己高出许多而产生畏惧。对于二人学术思想上的分歧,他引经据典,据理力争,毫无保留地表达自己的意见,因此也得到了王阳明"直谅多闻,吾益友也"的称赞。王阳明也并未自恃身份,他在为学态度上的博大宽容,也赢得了黄佐的尊重。此后黄佐与王阳明一直保持书信往来,维持了良好的私人关系,诚可谓君子之交。

二、广州之会与"知行""良知"的再次讨论

嘉靖七年八月,王阳明在平定广西大藤峡和八寨壮瑶民起事后,自南宁启程回广州待命。九月七日抵达广州后,当地许多官师士民前往问学。②此时黄佐赋闲于乡,讲学于粤秀山泰泉书院。王阳明委托祝叙送书简邀黄佐做客论学。黄佐在写给王阳明的回信《答王阳明书》中详细阐述了二人讨论的诸多话题:

> 佐久违函丈,忧病相仍,无由觌德,只觉悔尤日积,乃知所谓人生不幸无师友者,非虚语也。……又承示新刻《传习录》……
>
> 佐向与执事细论孔子自谦,一则曰"我无能焉",二则曰"未能一焉"。虽德性之知,本无不能,第言明德,则良能亦在其中矣,但仁义之理,必先知而后能尔。公叙言执事俯纳佐愚者之一得,手书对联于敷文书院,曰:"欲求明峻德,惟在致良知。"佐何幸而得此哉?亦惟观书而悟。③

书简中的"函丈"一词,出自《礼记·曲礼》。古代讲学者与听讲者,

---

① 朱鸿林:《黄佐与王阳明之会》,《儒者思想与出处》,生活·读书·新知三联书店,2015年,第312页。
② 束景南:《王阳明年谱长编》,上海古籍出版社,2017年,第2019—2026页。
③ 《泰泉集》卷二十一,凤凰出版社,2021年,第468页。

坐席之间相距约一丈，后用以称讲席，书函中常用作对前辈长者或老师的敬称。从"久违函丈"可看出，黄佐对王阳明的思想主张或有不认同的地方，但对王阳明仍是钦佩有加，视其为师长。诚如朱鸿林所言，"从这封信可见，黄佐之再往会晤阳明，主要是因为阳明欣赏他的见解以及两人渴望再度讲论知行问题所致，而不是因为他必须服从这位提督广东、广西、江西、湖广军务和巡抚两广的都御史的诏令而至"①。

随同书简送到的还有王阳明的《传习录》，这就为两人第二次讨论奠定了基础。从信中可以看出，二人就前次所论，特别是"致良知""知行合一"等问题继续展开了讨论。黄佐首先对王阳明《传习录》卷首"圣人教人，皆因病立方"的观点，表达了看法。此观点见于王阳明弟子徐爱《传习录序》：

> 门人有私录阳明先生之言者。先生闻之，谓之曰："圣贤教人如医用药，皆因病立方，酌其虚实、温凉、阴阳、内外而时时加减之，要在去病，初无定说。若拘执一方，鲜不杀人矣。今某与诸君不过各就偏蔽箴切砥砺，但能改化，即吾言已为赘疣。若遂守为成训，他日误己误人，某之罪过可复追赎乎？"②

王阳明针对门人私录其讲学内容发表了自己的看法，他把"圣贤教人"比作"医用药"：医生看病时，都是根据疾病来开药方，因为病人的"虚实、温凉、阴阳、内外"等情况不一，需要时时调整，也就没有固定的药方。如果拘泥一个药方，很容易害死人。由此可以推见，王阳明发展心学理论体系的一个重要原因，就是明代理学已发展成为束缚士人思想的教条。但心学发展起来后，他又担心自己的学说被后学守为成训，当作教条，所以在听说日常讲学被弟子私录后，就提醒学生说他的观点是根据每个学生的问题、不足进行的劝诫，如果学生能有所改化，那么他的药方就没什么作用了。这也表明了王阳明希望他的学生能够懂得变通，不固守教条。黄

---

① 见朱鸿林：《黄佐与王阳明之会》，《儒者思想与出处》，生活·读书·新知三联书店，2015年，第318页。
② 徐爱：《传习录序》，《王阳明全集》卷四一，上海古籍出版社，2018年，第1737页。

佐对此深以为然，认为是"古今不易之通论也"。

接着黄佐谈到之前与王阳明论述"孔子自谦"之事。孔子说"我无能焉""未能一焉"之事，分别见于《论语·宪问》与《中庸》：

> 子曰："君子道者三，我无能焉：仁者不忧，知者不惑，勇者不惧。"子贡曰："夫子自道也。"①

> 君子之道四，丘未能一焉。所求乎子以事父，未能也。所求乎臣以事君，未能也。所求乎弟以事兄，未能也。所求乎朋友先施之，未能也。②

王阳明认为"德性之知，本无不能"，"明德，则良能亦在其中矣"，即有德性之知是每个人的本能，每个人都能够凭借自身来明德，明德包含不用学就能这种能力。但黄佐却认为"仁义之理，必先知而后能"，即须先知仁义之理，然后才能行仁义。

平定壮瑶民起事后，王阳明把兴办学校教育作为安土治民的头等大事。在书院教育方面，王阳明在南宁城东北修建了敷文书院，延请深得良知之学的弟子季本为师，同诸生大讲心学。敷文书院建成后，王阳明手书对联："欲求明峻德，惟在致良知。"③书简中提到，祝叙说王阳明吸收了黄佐的一些心得。"良知""良能"均属儒家的哲学范畴，《孟子·尽心上》："人之所不学而能者，其良能也。所不虑而知者，其良知也。"④即良能、良知是先天就有的。"欲求明峻德，惟在致良知"，与王阳明《示诸生三首》其一"尔身各各自天真，不用求人更问人。但致良知成德业，谩从故纸费精神"⑤所表达的意思大抵一致。在王阳明看来，想要明峻德，只有通过致良知这种途径，或者说求明德的根本就是致良知，而致良知是不需要通过从

---

① 何晏注，邢昺疏，朱汉民整理：《论语注疏》卷十四《宪问》，北京大学出版社，1999年，第197页。

② 《礼记正义》卷五二《中庸》，北京大学出版社，1999年，第1431页。

③ 黄宗羲著，沈芝盈点校：《明儒学案（修订本）》卷五一《文裕黄泰泉先生佐》，中华书局，2008年，第1209页。

④ 赵岐注，孙奭疏，廖名春、刘佑平整理：《孟子注疏》卷十三《尽心上》，北京大学出版社，1999年，第359页。

⑤ 《王阳明全集》卷二〇《示诸生三首》，上海古籍出版社，2018年，第870页。

故纸堆里学习获得的，是本身就具有的。由此可以看出，王阳明过分强调"良知"，忽视学习的观点，与黄佐的"先知后能"即强调学习的重要性的观点有很大差异。很明显，关于"良知""良能"的论断，黄佐与王阳明产生了很大的分歧。而黄佐的心得主要得益于"观书而悟"。

接着黄佐具体阐述了他的观点来源。首先引用《周易》之"乾以易知，坤以简能"①、陆九渊"知此理即乾，行此理即坤。知之在先，故曰乾知大始；行之在后，故曰坤作成物"②的说法，认为在陆九渊那里并没有"以行为知"。陆九渊还认为《论语》中有很多无头无尾的言语，像"知及之，仁不能守之""学而时习之"都不知道所及、所守、时习具体指的是什么事。"发明本心"是陆九渊心学思想的核心，其所谓"本"其实指的是"本心"，"知本"也就是"知心"。"学苟知本"指的是如果能够知道自己本心中存有理，那么六经都是自己本心的注脚，所以学习是用来印证"此心之良，人所固有"的。

黄佐认为陆九渊"知本"说的就是"明善复初"。当有人问陆九渊学习从什么地方入手时，他的回答是"不过切己自反，改过迁善"。这是说要从内心开始，自我反省，改掉不善，其实就是发明心中固有之善。而在黄佐看来：

> 顿悟为宗，不由渐造，则是容易之易，非乾之易知矣；脱略礼法，不知本领，则是苟简之简，非坤之简能矣。于此且学且思，不至于罔且殆焉，则朱子何至晚年而后有定论哉？惟象山自谓尊德性，朱子自谓道问学，于是业举之士，惟知训诂文词而已，此后世之通病。执事之致良知者，就偏箴切，真所谓良药也。佐亦颇有所知，惟恐知而不行，有负明训，但病不能躬诣台下请教耳。③

黄佐认为陆九渊的"注我"，其实就是"修本之论"，也就是"修心之论"，缺点是过于"高虚"。接着用禅宗中"顿悟"的观点来说明陆九渊说

---

① 《周易正义》卷七《系辞上》，北京大学出版社，1999年，第259页。
② 《泰泉集》卷二十一《答王阳明书》，凤凰出版社，2021年，第468页。
③ 《泰泉集》卷二十一《答王阳明书》，凤凰出版社，2021年，第469页。

的"易"是"容易之易",并不是《周易》中"乾之易知";脱略礼法也不是"坤之简能"。

黄佐强调了"学"与"思"相结合的重要性,但在方法论上,陆九渊和朱熹的看法不同:陆九渊更强调"尊德性",认为尊德性是认识真理的根本,道问学是细枝末节;朱熹则强调"道问学",认为道问学才是认识真理的根本。然而在传统的儒家思想中,"尊德性"与"道问学"是同样重要的。自从陆、朱二人阐发后,业举之士把二人的主张固守为教条,只知"训诂文词"。因而黄佐在肯定王阳明"致良知""就偏箴切"是良药的同时,也说明了他的担忧:"佐亦颇有所知,惟恐知而不行,有负明训"。认为"良知""良能"之间存在先后顺序,担心自己有知而不能行,所以强调"必先知,而后能"。黄佐主张刻苦研读,"博学于文",认为只有"博学于文"才能洞彻儒家经典,去伪存真。然而在明代,佛学尤其是主顿悟说的禅宗的盛行深刻影响了儒学发展。在这种背景下,黄佐认为"顿悟"的为学方法不能实现博学于文,所以他主张学习,强调践行。黄佐服膺于朱子之学,"教人以读经来存心,由圣人之教而进复天理所赋之性的方法的执守,也是他对阳明之学在根本上无法接受的原因"①。而王阳明创立的阳明学,乃始于"龙场悟道",也是由"顿悟"而成,这显然不符合黄佐博学于文的观点。因此黄佐有暗批王阳明学问不甚踏实的意味。②另外,王阳明心学的思想来源,受佛教影响颇多。黄佐曾与友人崔铣论及阳明学与佛教渊源:"惟王阳明祖述吕希哲氏,专言致良知则静慧皆在其中,此阳儒阴释者所以乐从之说也。"③黄佐向有捍卫儒道之心,不喜佛教,所以无论对佛教还是阳明心学都多有批判。④

在广州期间,王阳明除与黄佐会面交谈,一项重要的安排是前往增城

---

① 黄鹤:《经学向理学转变中的〈诗经〉——以黄佐〈诗〉学为例》,《鹅湖月刊》2019年第10期。

② 王其良:《黄佐交游研究——以名宦和大儒为考察对象》,暨南大学硕士论文,2013年,第36页。

③ 《泰泉集》卷二十一《与崔洹野书》,凤凰出版社,2021年,第472页。

④ 王其良:《黄佐交游研究——以名宦和大儒为考察对象》,暨南大学硕士论文,2013年,第36页;陈广恩、梁艳:《黄佐历史观刍议》,载刘正刚主编:《历史文献与传统文化(第十九辑)》,暨南大学出版社,2014年,第135—139页。

祭祀六世祖王纲之庙。王纲，字性常，长期隐逸山林。洪武四年（1371）由诚意伯刘基举荐，已七十高龄的王纲被召至京师。时潮州地方不靖，朝廷委王纲为广东省参议，命其督管军粮。就在将要抵达增城的时候，王纲父子为贼所执，贼以利诱，纲"骂不绝声，遂遇害"。①在黄佐的回信中，提到了将王纲录入府志之事："郡志已成，据家传已收令祖入名宦矣。"②所谓"郡志"，即黄佐主持编纂的《广州志》。《广州志序录》中对此事亦有记载："会总制新建伯阳明王公守仁至，手书其先世参议纲死增城事，俾录入焉。"③在黄王二人的交游过程中，王阳明为黄佐修志提供过有关祖上事迹的资料。

关于二人嘉靖七年的这次交游，《庸言》中亦有记载：

> （王阳明）比平八寨驻广，予已金臬江右。时开讲，官师士民毕集。先有简，托祝公叙招予。予往见，大喜曰："昔论良知，尊兄谓'圣人于达道达德皆责己'，未能当。言明德，则良能可兼。已作敷文书院对联矣，曰：'欲求明峻德，惟在致良知。'"予致谢而已。且曰："天下今皆悦吾言矣。"予曰："颜渊无所不悦，冉有则勉强。谓非不悦尔，恐人各自有夫子。"公笑曰："是也，非尊兄不闻此言。"予见其面色黧悴，时咽姜蜜以下痰。劝之行，公以为然。季、薛二子拉予往受业，予荒遁山中。公行，复简予曰："明德只是良知，所谓灯是火耳，吾兄必自明矣。"予始终与公友，其从善若此，岂自是者哉？公逾岭卒。④

此次交游，王阳明仍继续就之前的"良知"话题与黄佐展开辩论。他认为黄佐之前所说的"圣人于达道达德皆责己"的观点有不当之处，接着提出"明德，则良能可兼"，认为人本身可以达到明德。"明德只是良知"的观点，强调人的主观意识。在论辩中，王阳明似乎非常想让黄佐认同自己的观点，但黄佐一直坚守他的理学主张，并未对阳明心学有所动摇。时

---

① 《明史》卷二八九《忠义传一·王彦达》，中华书局，1974年，第7414页。
② 《泰泉集》卷二十一《答王阳明书》，凤凰出版社，2021年，第469页。
③ 《泰泉集》卷十六《广州志序录》，凤凰出版社，2021年，第384页。
④ 黄佐：《庸言》卷九《著述》，齐鲁书社，1995年，第646页下。

隔五年，二人再论"致良知"。王阳明认为"天下今皆悦吾言矣"，自豪之情溢于言表。黄佐则言道："颜渊无所不悦，冉有则勉强。谓非不悦尔，恐人各自有夫子。"黄佐认为，对于孔子之教，颜渊无所不纳，而冉有则勉强接受。这并不是因为冉有对孔子之教不信服，只是心中认同有差异而已。黄佐这样讲，是想提醒王阳明切不可因为信徒众多而沾沾自喜，其中也有持异论者，包括黄佐本人。王阳明笑曰："是也，非尊兄不闻此言。"可见王阳明面对黄佐在学术上的固执，始终能保持宽容与谅解的态度。

王阳明长期患有肺疾，赴广西平定瑶民起事前后，朝中对其不满者多加责难，这让他感到身心俱疲。黄佐见王阳明"面色黧悴，时咽姜蜜以下痰"，劝其早日归乡。季本、薛侃二子劝黄佐拜入王门，黄佐没有答应，而是"荒遁山中"。归乡前，王阳明再度在书简中提到"致良知"，其言曰："明德只是良知，所谓灯是火耳，吾兄必自明矣。"王阳明以灯与火的关系比喻明德、良知之间的关系。黄佐依然坚执己见，未作妥协，但这并未影响二人私谊。在广州相会后不久，王阳明与世长辞，他们的交游至此而终。总的来说，黄佐对王阳明的学识人品极为敬佩，但在学术主张上始终坚持自己的观点。

黄佐与王阳明的两次交会及"知行""良知"之论，"意味着明代中期理学内部的关系也是非常复杂的，理学派别之间存在重大分歧，阳明心学并不能代表明代中后期思想界的全部"[1]。有学者认为："从黄佐对经典的阐释看，他对于阳明的知行合一观念，与其说在挑战，毋宁说在使之趋于完整。"[2] "《庸言》所载的记述，正是阳明先生一生致力于说理和讲道的进一步证据，也是他所建构和阐述其关键学说的复杂性的进一步证据。"[3] 但王阳明对黄佐的影响也是不可忽视的，黄佐在给友人的序文中曾多次提及与阳明论学之事。如《赠郑韶州序》中说："昔者阳明子与予论学，曰致

---

[1] 赵德波：《黄佐与王阳明之会的思想史意义》，《广州大典研究》2018年第2辑。
[2] 朱鸿林：《黄佐与王阳明之会》，《儒者思想与出处》，生活·读书·新知三联书店，2015年，第320页。
[3] 朱鸿林：《黄佐与王阳明之会》，《儒者思想与出处》，生活·读书·新知三联书店，2015年，第322页。

良知。"①《书辩学论后》也记载道:"予尝与阳明言'德性之知,本无不能',惟言'明德,则良能在其中'矣。"②在《横州陆氏家谱序》中,黄佐进一步指出:"是故天人本一也,而有上下之交焉,故曰'达于上下';知行本一也,而有先后之序焉,故曰'知之未尝复行也'。惟其本一,是以合一。昔者尝以此质诸阳明而孚信矣。"③从中可见黄佐本人对与阳明论学一事的自珍和重视。明代以降,黄佐逐渐从思想谱系中淡出,④更多呈现出文学家、教育家形象。黄佐与王阳明的交游,不仅是王阳明心学思想发展的历史见证,也是黄佐理学思想的见证。黄佐在辩驳阳明之学、为阳明心学纠偏补缺的同时,也阐释宣扬了自己的理学观点,为明代理学提供了新的景象。

第三节 与徐问的交游及阳明心学、中和观之论

徐问(1480—1550),字用中,号养斋,南直隶常州府武进县人。弘治十五年进士,历任广平推官、刑部主事、登州知府、广东左布政使、贵州巡抚、兵部右侍郎、南京礼部侍郎、户部尚书等职,谥"庄裕"。徐问为官清正廉洁,在地方上捕海盗,修坏堤,讨蒙钺,政绩斐然,《明史》称其"居官四十年,敝庐萧然,田不满百亩。好学不倦,粹然深造,为士类所宗"⑤。著有《读书札记》八卷、《山堂萃稿》十六卷、《山堂续稿》四卷等,是一代理学名臣。⑥其中《读书札记》成书,正是由黄佐促成的。徐问在《答罗整庵先生》中言:"而《读书札记》第二策前,实辟其说,盖以广

---

① 《泰泉集》卷三十八,凤凰出版社,2021年,第858页。
② 《泰泉集》卷四十四,凤凰出版社,2021年,第1011—1012页。
③ 《泰泉集》卷四十一,凤凰出版社,2021年,第931页。
④ 赵德波:《黄佐与王阳明之会的思想史意义》,《广州大典研究》2018年第2辑。
⑤ 《明史》卷二〇一《徐问传》,中华书局,1974年,第5316页。
⑥ 前人对徐问的研究较少,对其与黄佐交游的研究更是罕见。高春缎、王其良虽有所涉及,然前者叙述简略,后者对黄佐及徐问二人的观点多有混误,实有重新梳理分析之必要。

中侍读黄才伯促成之。其人持守端悫，盖士林不易得者也。"①对黄佐的人品、才学颇为赞赏。不只如此，"徐问撰《山堂萃稿》时，黄佐并为之批评"②。徐问在文集中也称黄佐为益友："泰泉，余益友也，久以德义相勖。余老拙疏慵，甚得其助，而不堕落。"③由于志同道合，相互欣赏，二人交往甚密。

一、定交桂林，相谈甚欢

关于黄佐、徐问二人定交，黄佛颐《先三乡贤年谱·文裕公年谱》将此事系于嘉靖七年："岁暮，抵桂林。"④张俊业《黄佐年谱》也采用此说。⑤误也。《明世宗实录》记载：嘉靖八年五月甲寅，"改贵州按察司佥事陈琛于江西、江西佥事黄佐于广西，各提调学校"⑥。可知黄佐任广西提学佥事一事发生于嘉靖八年五月。黄佐《祭徐养斋尚书文》亦谓"自岁己丑之左迁，始定交于桂林"⑦，己丑即嘉靖八年。同月乙巳，"升福建布政使司左参政徐问为广西右布政使"。⑧

明制，右布政使为从二品，按察使司佥事为正五品。就官职而言，徐问高过黄佐许多，但这并未影响二人的交往。在《祭徐养斋尚书文》中，黄佐简述了二人相交的过程："方董学而谈道，每晤语而惬心。谓知先而行后，譬明目而举足。"可见两人在广西桂林谈道论学，相谈甚欢而成为至交好友。

---

① 黄宗羲著，沈芝盈点校：《明儒学案（修订本）》卷五十二《庄裕徐养斋先生问》，中华书局，2008年，第1253页。

② 高春缎：《黄佐生平及其史学（一四九〇——一五六六）》，台湾高雄文化出版社，1992年，第102—104页。

③ 徐问：《送黄泰泉春坊谕德北行二十韵》，《山堂续稿》卷一，《四库全书存目丛书·集部第五四册》，齐鲁书社，1997年，第332页下。

④ 《黄氏家乘续篇·年谱》，《北京图书馆藏家谱丛刊·闽粤（侨乡）卷》第5册，第1043页。

⑤ 张俊业：《黄佐年谱》，广州大学硕士论文，2019年，第38页。

⑥ 《明世宗实录》卷一〇一，台湾"中研院"历史语言研究所校勘，1962年，第2390页。

⑦ 《泰泉集》卷六十，凤凰出版社，2021年，第1288页。

⑧ 《明世宗实录》卷一〇一，台湾"中研院"历史语言研究所校勘，1962年，第2390页。

在两人交往过程中多有诗歌唱酬，如黄佐《寄怀徐养斋方伯》：

> 多病朋簪盍，他乡意绪孤。梧江通百粤，桂岭隔三吴。归鸟择云木，游鱼依渚蒲。何时同孺子，高枕著潜夫。①

"方伯"是对布政使的别称。孺子，指东汉隐士徐稚（字孺子），因不满宦官专权，官府征聘皆不就，为士人所推重，有"南州高士"之誉。此处表面在说徐稚，其实以徐稚指代同姓的徐问。"潜夫"典出《后汉书·王符传》。王符为人耿介，以此不得升迁，遂隐居在家著书三十余篇，讽刺时政得失，为免自己的名姓被人家知道，取书名为《潜夫论》。后遂以"潜夫"指隐者。综上可知，《寄怀徐养斋方伯》一诗除表达了与徐问宦游他乡的孤独意绪，也委婉地传达了希望与之一同归隐之意。

二、离桂途中的唱和

嘉靖九年，黄佐得知母亲陈氏病重，未及上报就解任而去。②由水路返粤的途中，黄佐作《桂江秋怀借养斋方伯韵俸寄》：

> 桂江水高三尺强，秋来鸿雁相回翔。鸣桡掞柂亦何意，枫叶芦花俱可伤。苍梧望断粤云白，《沧浪》歌罢湘烟长。会须万里去廖廓，嗟尔罻罗空自张。③

诗歌前六句通过桂江、鸿雁、鸣桡、掞柂、枫叶、芦花、粤云、湘烟等一系列事物来传达离别之情。尾句中"罻罗"即捕鸟之网，似在暗示政治高压下士大夫的生存状态，如今终于能够挣脱这张无形的网，自然要发出如陶渊明"久在樊笼里，复得返自然"一样的感慨。

黄佐归乡途中，徐问写信告知黄佐自己启用新号"方茂山人"。芳茂山是徐问故乡武进一座名山，黄佐作《奉谂养斋再用前韵》，诗引云：

---

① 《泰泉集》卷十，凤凰出版社，2021年，第205页。
② 张俊业：《黄佐年谱》，广州大学硕士论文，2019年，第41页。
③ 《泰泉集》卷十二，凤凰出版社，2021年，第265—266页。

> 昨承高作，但讶方茂山人新号，似有归兴。岭南方有攸赖，奈何褰裳去之？紫微东阁，燕坐凝神，尚以赋诗易抗疏，幸甚幸甚！小诗奉诒，兼致问候，用前韵也。

诗曰：

> 江湖同病羡君强，霄汉何由并尔翔。方茂云深归梦杳，粤台花近客心伤。青春已共蛙声老，白日潜随燕羽长。东阁卷帘诗景里，挥毫应续《艾如张》。①

由诗引可以看出，由"方茂山人"及"似有归兴"可知徐问此时似有辞官归隐之意，黄佐推荐他寄身岭南。

诗中"粤台花近客心伤"表明黄佐已离故乡不远，似有"近乡情更怯"之感。而诗尾句《艾如张》为汉乐府曲名，郭茂倩《乐府诗集》中载有此曲古词，有"艾而张罗，行成之。四时和，山出黄雀亦有罗，雀以高飞奈雀何"②之语，描写铲除杂草、网罗捕雀之事。唐代诗人李贺曾以《艾如张》为题作寓言诗，借铲除杂草、捕捉鸟雀来讽刺统治者设圈套网罗陷害人。③

弃官归乡在梧州停留时，徐问作诗《怀黄提学才伯按节梧州将弃官归》来表达对黄佐的想念：

> 叔度风流远，漓江复见君。频年少知己，长日念离群。碧月潭前水，苍梧岭上云。何时还促驾，深酌细论文。④

诗歌首联描写东汉著名隐士黄宪（字叔度）的风流气度，其实是称赞与之同姓的黄佐。颔联写连年少知己，过着孤寂离群的生活。自从与黄佐相识，二人常以诗歌唱酬，然而现在黄佐弃官归乡，自己又回到远离知己

---

① 《泰泉集》卷十二，凤凰出版社，2021年，第267页。
② 郭茂倩编：《乐府诗集》卷一六《艾如张》，中华书局，2017年，第327页。
③ 李贺著，吴企明笺注：《李长吉歌诗编年笺注》卷三《艾如张》，中华书局，2016年，第409—412页。
④ 徐问：《山堂萃稿》卷四，《四库全书存目丛书·集部第五四册》，齐鲁书社，1997年，第201页下。

的境地。尾联重话离别之情，表达不知何时才能再次相会、谈诗论文的怅惘。

三、秣陵再会同游与致仕后的书信往来

嘉靖十八年二月，黄佐获授翰林院编修兼左春坊左司谏，赴京师时途经南京，与徐问"秣陵再会，凡四阅月"①。"秣陵"即南京，此时徐问仍未被起用，应是从家乡常州奔赴南京与黄佐相见。黄佐与徐问此次在南京的相会历时四月。黄佐北行赴任时，徐问赋诗《送黄泰泉春坊谕德北行二十一韵》为其送行，诗曰：

> 我本山中人，适来南省客。山人礼乐疏，中和少充积。爱有金闺彦，词华众推伯。接罾听高言，飞腾夜光壁。汪洋楚云梦，吞吐浸百泽。坦怀生春风，抗志裂金石。论友思昔贤，微辞互求析。不图衰晚余，获此观丽益。皇春久凝注，春坊实精核。阿阁临凤池，经帏表重席。九苞钧韶鸣，朝阳固其宅。论道说命篇，逢时治安策。淳风起三代，王猷率蛮貊。顾惟吾党孤，长天断鸿只。忆从交州游，再领东广役。出处心则同，云山十年隔。相看已疑梦，忽别又如昔。鼎鼎百岁中，倏尔驹过隙。君行有老亲，我病头更白。倾倒良未谐，欷歔动肝鬲。崇德复加餐，名为吾道惜。②

徐问在诗中表达了对黄佐文学才华的推崇，也抒发了对黄佐被再次起用的欣慰。这是二人自桂林离别后的一次相聚，③徐问在字里行间流露出与黄佐别后再聚的惺惺相惜之情。

嘉靖十九年，黄佐升为南京翰林院侍读，掌南京院事，便道返粤省亲。

---

① 徐问：《山堂续稿》卷一，《四库全书存目丛书·集部第五四册》，齐鲁书社，1997年，第332页下。
② 徐问：《山堂续稿》卷一，第332页下。
③ 王其良：《黄佐交游研究——以名宦和大儒为考察对象》，暨南大学硕士论文，2013年，第49页。

嘉靖二十一年春，黄佐携母赴南京任。①徐问也于此年起复，"召为南京礼部侍郎。久之，就迁户部尚书"②。据《泰泉先生黄公行状》载，黄佐曾在南京为其母祝寿，徐问、张邦奇、马理等同僚来拜访问候："公便道归省，奉太夫人行，税于留院玉亭，赋诗为寿，太夫人欢甚。大僚如张公邦奇、徐公问、马公理日来省问，遗以甘旨，且作诗纪其事。"③

任职南京期间，黄佐与徐问遍游当地名胜，包括牛首山、燕子矶等。黄佐《与养斋宗伯同年登牛首山》云：

> 风籁萧萧惬远游，青山当夏却疑秋。即看天阙参差近，已觉星槎汗漫浮。室里静观孤塔影，阶前清挹大江流。咏归亦是城南路，不道张衡有四愁。④

牛首山，又称天阙山，位于今南京江宁区，因山顶南北双峰似牛角而得名。牛首山是佛教名山，牛头禅的发祥地，山上佛寺众多，山周景色清幽，格调雅致。首联即交代了黄佐与徐问登山的时节，虽然正值酷暑，然山中凉意十足。颔联写登临山顶看到峰峦参差，似乎在汗漫星河中遨游。颈联描写静观山中高耸的孤塔，挹取阶前清澈的江流。尾联由写景转向抒情。杜甫《洗兵马》有"淇上健儿归莫懒，城南思妇愁多梦"⑤句，而"四愁"即东汉张衡所作《四愁诗》⑥，主要描写从东西南北四个方位寻找美人而不得的惆怅之情。黄佐由眼前清幽静谧的景色，借用杜甫和张衡诗，来传达他想要归隐的心思和仕途中的惆怅郁闷。徐问则作有《与泰泉同游牛首花岩》：

> 胜地招吾汗漫游，清和天气麦初秋。山形高下蛟龙舞，江色微茫日月浮。禅坐静分云塔影，岩花深落石溪流。泉斋太史高情

---

① 张俊业：《黄佐年谱》，广州大学硕士论文，2019年，第48页。
② 《明史》卷二〇一《徐问传》，中华书局，1974年，第5316页。
③ 黎民表：《泰泉先生黄公行状》，《泰泉集》，凤凰出版社，2021年，第14页。
④ 《泰泉集》卷十三，凤凰出版社，2021年，第301页。
⑤ 杜甫撰，仇兆鳌注：《杜诗详注》，中华书局，2015年，第624页。
⑥ 张衡著，张震泽校注：《张衡诗文集校注》，上海古籍出版社，2009年，第1页。

甚，同寄风雩坐散愁。①

此诗前三联大抵与黄佐之诗所传达的意思一致，尾联传达他陪同黄佐游览美景佳境而遣散闲愁之意。

黄佐还曾与徐问到燕子矶游览，并作七律《游燕子矶次养斋韵》：

> 北去南来未拂衣，徒闻燕子有渔矶。沧江白鸟随潮回，野寺黄花对酒稀。清夜自悬徐孺榻，尘襟思浴鲁城沂。天峰只是松声在，谁伴先生弄月归。②

燕子矶有"万里长江第一矶"的美称，因山石直立江上，三面临空，形似燕子展翅欲飞而得名。诗歌首联陈述自己南来北往，为宦途多地奔波，但早听说南京有燕子矶可供垂钓。"徐孺榻"用的是《后汉书·徐稚传》中陈蕃与徐稚的典故：豫章太守陈蕃志操高洁，在郡不接宾客，唯徐稚来时，特设一榻，去则悬之。③"鲁城沂"典出《论语·先进》："莫春者，春服既成，冠者五六人，童子六七人，浴乎沂，风乎舞雩，咏而归。"④尾联以景结束全诗，表达深夜而归、游兴未尽之感。

此后，徐问还常常回忆与黄佐谈道、论诗、同游之事，作《与泰泉会于翰林公署，余曰安得同君登山临流高谈仁义为千古之一快耶，雨中□呈一首》：

> 平生气味忆君同，建业今看恍梦中。万事参差原造物，一官羁绊又南宫。笑谈仁义形骸外，吞吐江山日月中。勘破浮云是人世，沧洲吾道正无穷。⑤

此诗开头即叙二人在志趣、思想等方面相合，接着把再见于南都恍如梦中的感觉细致描绘下来。后徐问自觉此诗未能充分传达自己的情感，再

---

① 徐问：《山堂续稿》卷一，第338页下。
② 《泰泉集》卷一三，凤凰出版社，2021年，第308页。
③ 范晔撰，李贤等注：《后汉书》卷五三《徐稚传》，中华书局，1965年，第1746页。
④ 《论语注疏》卷十一《先进》，北京大学出版社，1999年，154页。
⑤ 徐问：《山堂续稿》卷一，第338—339页。

作《前千古一快诗，词不逮意。于公行，益有不释然者。再赋拙语，聊写鄙怀》：

> 南省衣冠未断因，十年烟水梦中身。家山有约还邀我，世事无端不快人。白日独明千古眼，上方高绝九衢尘。松关好著黄夫子，一笑东都旧雨邻。①

由诗题可知，徐问非常珍视与黄佐一起谈道、同游的时光。诗歌从与黄佐同在南方做官的相识写起，然后陈述二人十年后又奇妙地再次同地为官，希望黄佐归隐时再邀请他。接着写他对黄佐才华的赏识和对未来隐居生活的向往。

徐问还邀请黄佐与他同游徐达后裔所建园林。此次游览，二人都曾作诗纪念，其中黄佐《徐氏园次养斋韵二首》云：

> 公子爱客开岩扉，琼帘绣户烟霜微。鸾杯卜昼紫霞密，羯鼓过秋红叶稀。峰回石磴岳莲出，水满银塘江雁飞。为爱天南异天北，拼饮莫教心赏迟。

> 采采黄花绿水浔，百年多病歉登临。黄花不为秋光老，绿水能如酒兴深。南园况多龙虎气，西园真有凤凰林。登台一望青天外，拼饮何时得共寻。②

所游徐氏园，当为徐达后裔所建。王世贞《古今名园墅编序》称："金陵士大夫无不称徐氏东西园者，东园以廊庙胜，西园以山林胜。"③除了这两首诗外，黄佐曾作《金陵徐氏西园记》："去台一里而近，曰西园者，勋卫徐君天赐之别墅也。"④可见诗中的"公子"应是徐天赐。二诗生动描绘了三人在园林中饮酒宴游的场景。

---

① 徐问：《山堂续稿》卷一，第339页上。
② 《泰泉集》卷十三，凤凰出版社，2021年，第307—308页。
③ 王世贞：《弇州续稿》卷四六《古今名园墅编序》，《四库全书》本。
④ 《泰泉集》卷三十二，凤凰出版社，2021年，第734页。

四、黄佐与徐问论阳明心学、中和观

徐问的理学思想及成就多为人所忽略。事实上,徐氏有着鲜明的理学立场,他在学术上"受过罗钦顺思想的影响","为崇尚程朱理学而拒斥阳明心学"①。黄佐晚年在坚决捍卫程朱理学正统地位的同时,对心学也持续关注。他在与徐问交游时,就有关于阳明心学"良知"等思想的讨论,文见《与徐养斋书》②。

王阳明曾说:"未发在已发之中,而已发之中未尝别有未发者在;已发在未发之中,而未发之中未尝别有已发者存。"③《中庸》载:"喜怒哀乐之未发谓之中,发而皆中节谓之和。"④意即个体不因喜怒哀乐而影响对事物的观点和看法。王阳明认为未发与已发是浑然一体的,二者你中有我,我中有你,"未发是体,已发是用,体不离用,用不离体"⑤。而徐问则认为:"民受天地之中以生,其性无有不善。若无未发之中,则人皆可为尧舜,岂谬语哉?"⑥即普通人都能达到"中和"的境界是一种谬论,凡人不可能成为尧舜式的圣贤。可见,徐问与王阳明持论相异。徐问学术受罗钦顺思想

---

① 胡发贵:《试论罗钦顺思想的影响》,《船山学刊》2003年第3期。
② 王其良认为,黄佐《与徐养斋书》一文,写于嘉靖九年四月。其依据是徐问《答才伯》载"四月奉候梧州书"。刘敬宜《黄佐诗文系年》沿袭了王其良之结论,将《与徐养斋书》系于嘉靖九年。笔者认为,徐问《答才伯》一文并非是对黄佐《与徐养斋书》的回信。徐问此文主要与泰泉论"静",与黄佐《与徐养斋书》讨论主题不合。因此,以《答才伯》一文反证《与徐养斋书》的写作时间,恐有不妥。见王其良:《黄佐交游研究——以名宦和大儒为考察对象》,暨南大学硕士论文,2013年,第46页;刘敬宜:《黄佐诗文系年》,暨南大学硕士论文,2020年,第57页;徐问:《答才伯》,《山堂萃稿》卷八,第247页上。
③ 《王阳明全集》卷二《传习录中·答陆原静书》,上海古籍出版社,2018年,第72页。
④ 《礼记正义》卷五二《中庸》,北京大学出版社,1999年,第1422页。
⑤ 翟奎凤:《致良知与致中和——王阳明中和论思想发微》,《安徽大学学报(哲学社会科学版)》2008年第4期。
⑥ 《泰泉集》卷二十一《与徐养斋书》,凤凰出版社,2021年,第469页。

影响颇深，也和罗钦顺一样对阳明心学持批判态度。①

黄佐则直接指出"阳明之学，本于心之知觉，实由佛氏"。他认为王阳明"只是一念良知，彻首彻尾，无始无终，即是前念不灭，后念不生"的观点，实"乃《金刚经》不生不灭，入涅槃觉，安知所谓中和也？"②在黄佐看来，阳明心学核心之论——"致良知"学说源于佛家，其弊端在于"前念不灭，后念不生"。这实际上是对《金刚经》不生不灭的"涅槃论"的继承和延伸，与儒家所强调之"中和"毫不相干。黄佐这一论断，"明确指出王守仁的'阳明学'是'援佛释儒'，有'阳儒阴释'之嫌"③。早在宋代，朱熹等人就曾批判陆九渊的心学是"阳儒阴释"。④到了明代，徐问、崔铣、罗钦顺等一大批当世宿儒对阳明心学也有类似的看法。徐问就曾说：

> 程、朱论议本诸六经、四书绪余，未敢谓其尽得先圣贤心术精微，如出一口，而路径步骤，亦自不差。学者能会通于博约之中，循途以进，终无所失。新学谓其凡近未足以动人也，立为高阔汗漫之谈，以震眩人耳目，天下聪明之士，靡然听之，师友相承，自谓前无古人矣。不知内少忠信之基，中亏践履之实，则所谓下梢头无著落者也。向与黄司成泰泉，近得罗整庵先生书……天下士习有不翕然丕变者乎？⑤

徐问认为程朱理学本于六经、四书，学者循此路径治学，方能有所得。而阳明心学，多起奇谈妙论吸引徒众，实则缺乏根底，空洞无实。徐氏指

---

① 徐问对心学的态度从本节的讨论可以略窥一二。关于罗钦顺对心学的看法，胡发贵指出："罗钦顺以其坚定的宋学立场和气本论而享誉当时的学术界。"可见罗钦顺本人是服膺于程朱理学的，对阳明心学多有批驳。参阅胡发贵：《试论罗钦顺思想的影响》，《船山学刊》2003年第3期；胡发贵：《江右大儒 宋学中坚——试论罗钦顺的学术思想》，《南昌大学学报（人文社会科学版）》2002年第2期。
② 《泰泉集》卷二十一《与徐养斋书》，凤凰出版社，2021年，第469页。
③ 王其良：《黄佐交游研究——以名宦和大儒为考察对象》，暨南大学硕士论文，2013年，第47页。需要指出的是，王其良将之释作徐问的观点，当属对材料的误读。
④ 参见李承贵：《儒士视域中的佛教——宋代儒士佛教观研究》，宗教文化出版社，2007年，第293—298页。
⑤ 《明儒学案（修订本）》卷五十二《庄裕徐养斋先生问·论学书》，中华书局，2008年，第1253页。

出，黄佐及罗钦顺等人也有相同观点。在《与徐养斋书》中，黄佐表达了相近的观点："执事（徐问——引注）谓其'与佛老汩殁俱化，未尝悔悟，但借良知以文饰之尔'。诚然！诚然！"①可见，黄佐比较赞同徐问"阳明近佛、缺乏根柢"的观点。

在《与徐养斋书》中，黄佐还向徐问阐述了自己对"中和"的理解和认识，他首先言明"中和"论的来历及意义：

> 夫尧舜始言中，孔子始言中庸之为德。中不啻足矣而言庸，何也？盖虑人以中难知难行，而不知人皆可以为尧舜，故又以庸言之。盖谓无过不及之中，乃平常应用之理，降衷秉彝，人人所同也。故子思述孔子之意，以为"此篇凡言及品节限制，而操存于内者，皆以坊人心之危也，言及天地民物，皆以廓道心之微也"。②

"'中和'一词最早出现于《中庸》，但'中和'观念却由来已久。"③黄佐认为"中和"之说肇始于尧舜时期，对后世影响深远。黄佐对达成"中和"之道的路径作了探讨：

> 道心之发，恒与人心相参，则察之不容以不精，守之不容以不一，必精而至一，则中可用于民，推之天下国家，而天地位、万物育矣，其用功以致中和也。④

黄佐认为必须在天道与人性维度实现"人心"和"道心"的精而至一，方能达到中和境界。具体来说：

> 默识天性之中，庶乎情发而皆中节。由此推极，则中和致矣。……若对客应酬亦然，一有偏处，即静以待之，则喜怒哀乐之发，

---

① 《泰泉集》卷二十一《与徐养斋书》，凤凰出版社，2021年，第470页。
② 《泰泉集》卷二十一《与徐养斋书》，凤凰出版社，2021年，第470页。
③ 刘金平：《儒家"中和"思想对人与自然和谐发展的意义及局限性》，《湖北大学学报（哲学社会科学版）》2011年第6期。
④ 《泰泉集》卷二十一《与徐养斋书》，凤凰出版社，2021年，第470页。

无不中节，而和自中出矣。涵养日久，便是默而成之，笃恭而天下平，不独成已而已。若哓哓讲学，各执一端，则自相乖戾，去中和远矣。①

诚如王冬所论："'中'是一种自在未发的不偏状态，是天地万物的本原；'和'是一种因时而发的合宜状态，人性发为感情而合于礼节法度。由于内在能维持不偏不倚的'中'，外在又能事事合于'和'，最终可以达到'中和'之境界。"②黄佐之观点与此相近，即主张内中外和，将其体认至极，则可实现"中和"。

嘉靖二十二年，黄佐因丁母忧归乡，遂与徐问分别。次年，徐问亦致仕返乡。嘉靖二十六年，黄佐再次起复，而此时徐问已在芳茂山隐居，即《祭徐养斋尚书文》所谓"倏旋南而公归，乃独敩于辟雍。罹内艰而起复，已隐居于方茂"③。嘉靖二十九年，徐问辞世，黄佐悲痛万分，作祭文纪念二人将近二十年的友谊。

---

① 《泰泉集》卷二十一《与徐养斋书》，凤凰出版社，2021年，第471页。
② 王冬：《古代"中和"观及其现实意义》，《天津师大学报（社会科学版）》2000年第2期。
③ 《泰泉集》卷六十，凤凰出版社，2021年，第1289页。

第四章 黄佐在岭南的交游及其对岭南文化的影响

除短暂的中央任职外,黄佐长期居住和活动于岭南地区,与岭南地区的文人士绅交往密切。对于岭南地区而言,黄佐"无论是在哲学思想方面,还是在文学创作、教书育人、文献著述等方面,均有很大影响"①。而交游是黄佐对岭南文化产生影响的重要途径,也是探究黄佐对岭南文化影响的重要视角。通过与地方士绅群体的交游,黄佐的教化主张得以顺利推行;通过与"南园后五先生"的交游,黄佐的诗歌理论和诗风文风得以在岭南传播开来。

第一节 与岭南士绅的交游及地方教化的推行

唐宋以来,随着科举制的确立和发展,士绅逐渐取代贵族成为统治阶级的主要构成力量,明清时的士绅阶层拥有特殊的社会身份,在地方社会充当着重要的角色,对地方的建设、教育等起着重要的作用。②黄佐在介绍《泰泉乡礼》的纲领时说:"凡乡礼纲领,在士大夫,表率宗族乡人,申明

---

① 陈广恩:《试论黄佐对岭南文化的贡献》,《文化杂志》2011年冬季刊。
② 王聪明:《双城记:明清清淮地区城市地理研究》,社会科学文献出版社,2020年,第116页。

四礼而力行之，以赞成有司教化。"①这里的乡士大夫就是指像黄佐这样的官僚或士绅，他们在地方享有少缴赋税、减免徭役等特权，参与地方教化、维护社会秩序，帮助甚至是监督官府治理地方社会，但也受到中央权力的制约。有司在士绅推行教化时也会为他们提供基本的生活保障和事务上的支持。黄佐明确地说："既行四礼，有司乃酌五事，以综各乡之政化教养，及祀与戎，而遥制之……凡行乡约、立社仓、祭乡社、编保甲，有司俱毋得差人点查稽考，以致纷扰……各乡教读，待约正、约副率乡人行四礼、举五事各有成绩，乃举其尤最者往在城四隅社学，随地方报姓名以闻于有司。"②在明代，地方上已经形成了一个官僚与士绅共同治理的体系。与士绅群体的交游，有力地促进了黄佐教化主张的彰显和传播，从而进一步实现其在地方的推行。

一、《广东通志》编纂中的交游与教化

黄佐一生参与了多部地方志的编纂，包括嘉靖年间的《广州志》《广西通志》《香山县志》《罗浮山志》《广东通志》，与地方修志士绅关系密切。地方志所涉内容博杂，且具有浓厚的地方色彩，编纂地方志主要是为统治者提供了解地方历史文化、风土人情的历史资料，有助于教化地方。地方志的编纂需要花费大量的人力和财力，故其成书离不开官府的支持，而且对编纂者的要求极高，须邀请学问深厚之人，且须多人通力合作。

戴思哲在《中华帝国方志的书写、出版与阅读：1100—1700年》一书中指出，方志的修纂是现任官员与本地精英合作并达成最终共识的成果，在其中负责收集、整理、撰写和编辑工作的往往是地方士人，而不是有政治身份的官员。③对编纂者来说，地方志的编纂需要花费大量的时间和精

---

① 黄佐：《泰泉乡礼》卷一《乡礼纲领》，《景印文渊阁四库全书》第142册，台湾商务印书馆，1986年，第594页下栏。
② 黄佐：《泰泉乡礼》卷一《乡礼纲领》，《景印文渊阁四库全书》第142册，台湾商务印书馆，1986年，第601—602页。
③ ［美］戴思哲著，向静译：《中华帝国方志的书写、出版与阅读：1100—1700年》，上海人民出版社，2022年，第130—135页。

力。据黄佐《广东通志序》载：

> 嘉靖乙未，侍御四明戴公璟乃纂通志，成于仓猝，命曰《初稿》，意将有待云。丁巳，少司马督府毘陵谈公恺览而少之，檄我藩司聘予，俾重加搜辑。予病，谢不能也。代以奉化王公钫，礼请益敦。会侍御姑苏徐公仲楫至，枉顾衡门，稽首再拜以请。……前期有司咨耆旧，索经籍，至是告备，而所征乡贡进士陈绍文、黎民表、梁绍曾，及予中子在素皆集。……郡檄复征庠生，多辞不至。越明春，至者惟曾元鲁、黄万春、陈冕、欧大任、林乔、黎民怀、梁有兆，而予长子在中与焉。人各分汇，裒不踰三，凡四阅月而竣事。……凡三历寒暑而后成，盖事事不敢苟故也。①

地方官在选择编纂者时是非常慎重的，虽然说地方志的编纂受政治、经济等因素制约，但"主纂者及其纂修班底所具备的文化素养及修志经验，对志书质量之高下起着决定性作用"②。由上序可知，先后有谈恺、王钫、徐仲楫等官员多次邀请黄佐来主持编纂《广东通志》，这反映了黄佐的学术影响。《广东通志》的编纂包括选定编纂者，制定编纂原则，拜访耆旧，搜集所需资料，考索经籍，监督、总括、审阅、修饰润色、校对等，前前后后历时三载。参与者中有名字记载的，包括广东地方官员、举人进士、黄佐的同僚好友、门生弟子等近40人。

嘉靖《广东通志》的修纂自嘉靖三十六年始，历时四年方成。"嘉靖《广东通志》可以说是黄佐志学的集大成之作，也是最能体现黄佐方志学思想和成就的杰作。"③地方志的编纂往往能反映出地方士人的人际关系，即以主持者为中心辐射开来，其他编纂者主要由主持者选择决定。据林子雄统计，参编《广东通志》的官员多达32人。其中，既有多次邀请黄佐出面主持编纂事宜的谈恺、王钫、徐仲楫，还有与黄佐在编纂《广西通志》时

---

① 《泰泉集》卷四十一《广东通志序》，凤凰出版社，2021年，第934—935页。
② 关汉华：《黄佐〈广东通志〉之编纂及其文献价值》，《图书馆论坛》2014年第10期。
③ 林璎：《略论明代黄佐的方志学成就》，《历史教学（下半月刊）》2013年第3期。

已有合作的顾起经等人。而负责具体工作的编纂者共17人，其中有3人是黄佐的儿子（即在素、在中、在宏），4人是黄佐的学生（陈绍文、黎民表、欧大任、黎民怀），还有4人是本地生员。① 参与编纂的人员中，与黄佐交游甚密的子弟门生几近半数。其他人员中，梁绍曾是梁储的曾孙，而梁储与黄佐交往甚密，已见前文所述（见第二章）。由此可见，黄佐在嘉靖《广东通志》的修纂中居于重要地位，上有地方官员支持，下有弟子门生协助。究其根源，黄佐在岭南享有盛名，尤其在文坛上俨然处于宗主地位，所以多人推荐他承担编纂地方志的工作。同时他通过编纂地方志，也把岭南一批优秀的文人聚集起来。这些编纂者在编纂过程中，各司其职，充分发挥所长。为了高效且高质量完成编纂，编纂者在各个环节必须互相配合，衔接恰当。可以说，编纂地方志让这些人凝聚在一起，形成了一个特殊的文人群体。

基于良好的交游关系及黄佐在方志编纂中的核心地位，黄佐的方志教化思想得以付诸实施。他在《广东通志序》一文中交代了该志体例及篇目设置的意图：

> 首《图经》，训方氏掌道政事，与其上下之志，传而诵之，乃为编年。自周讫于正德，由今视昔，鉴戒炯矣，其犹资治之史乎！故次之以《事纪》，太宰施典于邦国，以治官府。……我朝揆文教，奋武卫，设方伯连帅，监夏殷而损益之，犹夫周也，书其姓名、邑里，作《职官表》。大司徒以三物宾兴，必先德行。今也艺焉而已，然犹貤恩以劝孝焉，作《选举表》。国有仁贤，则职方之图，土地、人民、政事赖之矣。由是庠序之教始于释奠，乡射蒇于大宗伯，五礼皆可举也。……故凡书掌于外史者，达于四方，摘之罔极，而琬琰昭焉，作五《志》。乃若考德行，察道艺，乡大夫以兴贤能者，内史因之修诸家，毋有坏于廷者，其驭叙一而已矣。故名宦有声兹土，人物冈岵厥躬者，与夫流寓之进退，列女之贞烈，皆核实，作《列传》。……猗乎！搜之弗精，辑之弗详，

---

① 林子雄：《明嘉靖〈广东通志〉考略》，载氏著《古版新语：广东古籍文献研究文集》，广州出版社，2018年，第107—111页。

是谓粗备，实予之罪也夫！①

黄佐在序文中详细地交代了不同篇目的功用。概而言之，黄佐认为方志最重要的功用有二：一是资政，《图经》《事纪》主要是为了"掌道政事""施典于邦国以治官府"，为地方官员提供治政鉴戒。二是教化，《职官表》《选举表》的设置是为了彰显选贤任能的重要性，《列传》的设置是为了彰显地方贤能孝行，树立德孝模范，其最终目的均在于实现地方教化。《广东通志》是黄佐方志教化思想完全成形的标志，②体现了黄佐对方志浸润教化功能的重视。

二、与学官、书院儒师的交游及教化的推行

明代地方官学包括府学、州学、县学等。地方官学配备低级别的学官，府学设教授和训导，县学设教谕和训导，他们主要讲授四书五经，教授诸生以应对科举。③教授、教谕、训导也参与地方志书的修纂，黄佐与府县学官的交游也多借助方志修纂展开。

嘉靖三年，黄佐归乡省亲，广州官员邀请黄佐主持编纂《广州志》。④黄佐召集门人与当地教谕、训导共同纂修，参与编纂的有番禺教谕吴胃、训导张善、南海教谕袁吉、从化教谕彭时济、东莞训导黄晏等门人。⑤《广州志》也是黄佐所修的第一部地方志。

方志纂修之外，黄佐与学官在日常中也有交往。如上文提及的彭时济，字道亨，江西庐陵（今吉安市）人。黄佐《送彭道亨序》云："嘉靖丁亥冬，余修郡乘，从化掌教庐陵彭君道亨实来左右余，德性温柔，而学识卓荦，余耸然敬之。"⑥陈试，字惟功，广州府新会县人。嘉靖二十八年，陈

---

① 《泰泉集》卷四十一，凤凰出版社，2021年，第936页。
② 吴泽文：《黄佐与明代广东地方教化研究》，暨南大学硕士论文，2018年，第23页。
③ 张建仁：《明代教育管理制度研究》，文津出版社，1993年，第35—46页。
④ 张俊业：《黄佐年谱》，广州大学硕士论文，2019年，第36页。
⑤ 《泰泉集》卷十六《广州志序录》，凤凰出版社，2021年，第384页。
⑥ 《泰泉集》卷三十八，凤凰出版社，2021年，第854页。

试以麟经魁于乡，授临桂教谕，黄佐作诗赠别，即《送陈惟功掌教临桂》。①教谕、训导等对地方教育、祭祀、建设等方面起着重要的作用。黄佐与之保持密切的联系和交往，体现了他对地方教化的关注和重视。

官学之外，黄佐还非常关注广东书院、私塾的发展。明初的政治高压下，书院趋于沉寂，直至明朝中叶，社会控制有所弱化，私人讲学再度兴起。王阳明、湛若水等更积极倡设书院，广收门生弟子，其他地方争相效仿，书院教育变得兴盛。②黄佐在泰泉书院讲学时，便有很多弟子或好友从游，欧大任、黎民表、处士林栋之弟林乔都曾跟随其讲学。③泰泉书院之外，黄佐也很关注其他书院的情况，与其他书院的山长、学者有广泛交往。《泰泉集》中即收录了《泰泉书院兴作记》《仁山书院记》《可洲书舍记》《矩洲书院记》等多篇书院记文。从上述多篇书院记文中，我们可以看到明代中叶后广东儒学之发达和黄佐对地方教育发展的热忱。④其中，位于广州城西的矩洲书院，由黄佐同宗、弘治年间任兵部右侍郎的黄衷创办，黄佐《避暑矩洲书院与欧阳宪副汪少参黎伦二道长王主政同赋得矩字》表明他曾到矩洲书院避暑。⑤另外，其《佥宪笔山侯先生诔》云：

> 乃忆丁酉之秋，先生访予山馆，见予卧榻书，曰："中夜醒时，常自内省旦昼之事。"因剧谈夜气之说，援先哲格言，谓与阳复同一机也，学颜子之所学，其在兹乎！……先生益喜，谈道辨难，坐至夜分乃别。越己亥，予起废备宫察之末。逾岭过南安，则先生方为少府，开道源书院，坐光霁亭者数月矣。出所为《复说》，则所得于《易》与图、书者孚契益深，其造理益精而词益以

---

① 《泰泉集》卷十二，凤凰出版社，2021年，第272页。
② 邓洪波：《中国书院史（增订版）》，武汉大学出版社，2013年，第285—301页。
③ 《泰泉集》卷五十一《处士林君惟吉墓表》，凤凰出版社，2021年，第1138—1139页。
④ 有关明代广东教育及书院发展情况的研究，可参阅孔祥龙：《明代广东书院研究》，云南大学硕士论文，2014年；王建军：《广东教育史（上卷）》，广东高等教育出版社，2021年，第193—230页。
⑤ 《泰泉集》卷七，凤凰出版社，2021年，第127页。

> 达也。遂以书院集授简，俾予序焉。①

黄佐在诔文中，介绍了侯先生访问黄佐泰泉书院之事。两人援引先哲格言，剧谈夜气之说。侯先生又将他在道源书院所著《复说》赠给黄佐，并请他为此书作序。黄佐《道源书院集序》亦载："南安贰守侯笔山氏既修复道源书院，乃集其可征者为书以传。适予趋召过之，俾为序。"②

书院之间的互相学习和交流，在一定程度上促进了思想的碰撞和教育的发展，而黄佐的学术思想和教育主张也通过这一途径得到传播和推行。

第二节　与"南园后五先生"的交游及对岭南诗歌的贡献

作为明代著名的教育家、学者，黄佐一生的主要精力集中在著书立说、教书育人上。"黄佐致仕后，修葺白云山景泰寺为泰泉书院，聚徒授业，门人甚多，为明代岭南文化之兴盛，培养了一批杰出的人才，由此也体现了他在教育方面做出的贡献。"③因此，研究黄佐与弟子辈的交游对于了解黄佐的教育思想及其教育贡献具有重要意义。④通过与弟子的交游，黄佐的学术主张进一步彰显，思想学说的影响力也因此扩大。尤其是在诗歌方面，黄佐及其弟子对岭南诗歌的发展做出了重要贡献。黄佐一生创作的诗歌甚多，据陈广恩统计，仅"收入《泰泉集》的就有六百二十六首"，"其诗歌题材多样，境界闳阔，任气而行，雄直恣肆，吐属冲和，不失雅韵，在岭南诗坛上占有重要地位，因此被誉为'粤之昌黎'"。⑤

---

① 《泰泉集》卷五十五，凤凰出版社，2021年，第1206页。
② 《泰泉集》卷三十九，凤凰出版社，2021年，第879页。
③ 陈广恩：《试论黄佐对岭南文化的贡献》，《文化杂志》2011年冬季刊。
④ 有关黄佐教育活动及教育思想的研究，可参阅梁艳：《黄佐的教育活动及其教育思想研究》，暨南大学硕士论文，2015年。
⑤ 陈广恩：《试论黄佐对岭南文化的贡献》，《文化杂志》2011年冬季刊。

一、与"南园后五先生"的交游

黄佐弟子中,最知名者当属"南园后五先生"。所谓"南园后五先生",指梁有誉、黎民表、欧大任、吴旦、李时行五位岭南诗人。钱谦益曾这样评价黄佐及其弟子:"岭南人在词垣者,琼台、香山,后先相望,而梁公实、黎惟敬皆出才伯门下,于是南越之文学彬彬然比于中土矣。"①钱氏认为,岭南诗歌的发展,黄佐及其门徒做出了重要贡献。

岭南诗歌相对中原诗歌来说,起源较晚。在明代中叶,由于岭南经济的发展,其诗歌创作也出现了繁荣景象。元末明初时,岭南诗人孙蕡、王佐、赵介、李德、黄哲在广州南园结成诗社,时称"南园五先生""南园五子"。这五人对岭南诗歌的发展做出了巨大贡献。屈大均对此评价说:"五先生以胜国遗佚,与吴四杰、闽十才子并起,皆南音。风雅之功,于今为烈。"②然而诗社存续时间并不长,随着广州战乱的发生,诗社被迫解散。此后对岭南诗坛产生重大影响的就是黄佐与"南园后五先生"。

"南园后五先生"之首的梁有誉(1519—1554),字公实,号兰汀,广东顺德人。梁有誉生于官宦之家,其父梁世骠中过进士,与黄佐交游甚笃。梁有誉自幼喜好诗词歌赋,与欧大任一同投黄佐门下求学,在蜚声文坛的同时,于嘉靖二十九年中进士,是黄佐最得意的门生之一。欧大任记载梁有誉的学习经历时说:

> 公实……弱冠补博士弟子员,厌训诂括帖语。与余及陈绍文、吴旦、黎民表、陈冕、黎民衷、梁孜、黎民襄、梁柱臣,讲业于黄先生所,以古诗文共相劙切,尤砥砺行谊。③

在黄佐诸弟子中,梁有誉"从游最久"④。嘉靖十年,黄佐在粤洲草堂

---

① 钱谦益辑:《列朝诗集小传》,上海古籍出版社,1983年,第383页。
② 屈大均:《广东新语》卷十二《诗语·诗社》,中华书局,1985年,第355页。
③ 欧大任:《梁比部传》,载梁有誉:《兰汀存稿》附录,台湾伟文图书出版社有限公司,1976年,第279—280页。
④ 钱谦益辑:《列朝诗集小传》,上海古籍出版社,1983年,第432页。

讲学之际辑录《六艺流别》。该书于嘉靖四十二年刊印，凡二十卷，梁有誉、黎民表等参与了汇编工作。①五年后，黄佐在辑《列女传》等书时，编写《姆训》一卷。梁有誉也撰文附和。黄佐特将梁有誉的文章附录于《姆训》之末，也足见黄佐对他的欣赏。②嘉靖二十年，黄佐前往南京任职，也是由梁有誉代表诸生送行，并撰写序文赠师。诗歌是梁有誉向黄佐学习的重要内容，《静志居诗话》谓："兰汀学诗于泰泉，……五七律亦无叫嚣之状。四溟以下，庶几此人。度越徐、吴，何啻十倍。"③嘉靖三十三年，梁有誉先于黄佐去世，年仅三十六岁。④

黎民表、欧大任也是黄佐学术活动的重要参与者。黎民表（1515—1581），字惟敬，号罗浮山樵、瑶石山人，广东从化人，与父黎贯、兄黎民怀、弟黎民衷均有诗名。著有《瑶石山人稿》十六卷。前文已述，他曾与梁有誉参与校勘《六艺流别》。师生二人还一同编纂过《罗浮山志》《明音类选》等著作。《罗浮山志》是嘉靖二十九年黎民表在与黄佐、湛若水同游罗浮山后所作。⑤游览罗浮山时，师生诗文唱和，相得益彰。黄佐晚年编纂《广东通志》时，本意是征调广州当地庠序生一同编纂，无奈应者不多。后由黎民表、欧大任、梁有誉、陈冕等学生及黄佐长子黄在中一同编写完成。黄佐生前曾编纂《泰泉集》十卷，由李时行作序并出资刊刻出版。黄佐死后，黎民表收全黄佐诗文，汇编成六十卷本《泰泉集》。⑥可以说，黎民表是黄佐晚年最重要的学术助手。黄佐临终前，向几个学生托付后事，黎民表即其一。黄佐死后，其行状也是由黎民表撰写，可见他与黄佐关系之亲近，近乎孔门之曾参。

欧大任（1516—1596），字桢伯，号仑山，顺德人。嘉靖四十二年以岁贡生选授江都训导，官至南京工部郎中。⑦诗文受王世贞影响极大，后者赞

---

① 张俊业：《黄佐年谱》，广州大学硕士论文，2019年，第42页。
② 张俊业：《黄佐年谱》，广州大学硕士论文，2019年，第45页。
③ 《静志居诗话》卷十一，人民文学出版社，1990年，第388页。
④ 陈圣争：《梁有誉籍贯家世生平考》，《中国文学研究》2014年第2期。
⑤ 《泰泉集》卷四十《罗浮山志序》，凤凰出版社，2021年，第910页。
⑥ 陈广恩：《〈泰泉集〉版本初探》，《暨南学报（哲学社会科学版）》2014年第2期。
⑦ 《粤大记》卷二四《欧大任传》，广东人民出版社，2014年，第750—754页。

誉为"广五子"①之一。欧大任曾跟随黄佐讲学,黄佐《仑山樵父辞有序》载:"仑山欧子大任从予讲学,自言山在旗峰之阳,其麓蒙茏萧槮,局然小也。"②黄佐与欧大任亦有诗歌唱和,如《寿诗次欧彦桢韵》等。③《六艺流别》成书过程中,欧大任精心校勘。欧大任在为《泰泉集》六十卷本所作后序中表达了对黄佐学问的礼赞:

> 今自先生集观之,其于阴阳律历之变,山川舆地之广,性命道德之原,帝王经纶之业,备于论著,逊志好古,日新富有。圣以为的,道在人伦,故耻于标立门户;心以为师,学弘天则,故究于参赞玑衡。④

李时行(1514—1569),字少偕,号青霞子,广东番禺人。嘉靖二十年进士。初任浙江嘉兴知县,有政绩,升南京兵部车驾司主事。后辞官游历,归隐广州西郊,筑浮丘草堂闭门读书。著有《青霞集》等。⑤曾师事文徵明、湛若水等,博采众长。李时行曾为黄佐文集作《泰泉先生诗集后叙》。⑥嘉靖二十一年,李时行于嘉兴刊版《泰泉集》。

吴旦,生卒年不详,字而待,号兰皋,广东南海人。嘉靖十六年举人。初任湖广归州(今湖北秭归县)知州,后升山西按察司佥事。

二、黄佐与"南园后五先生"对岭南诗歌的影响

黄佐与"南园后五先生"的交游,在岭南文化史尤其是诗歌史上具有重要意义。《静志居诗话》谓:

---

① 钱谦益辑:《列朝诗集小传》,上海古籍出版社,1983年,第442页。王世贞所谓"广五子",指昆山俞允文、魏郡卢柟、濮州李先芳、孝丰吴维岳、顺德欧大任。
② 《泰泉集》卷四,凤凰出版社,2021年,第73页。
③ 《泰泉集》卷十二,凤凰出版社,2021年,第275页。
④ 欧大任:《泰泉集后序》,《泰泉集》,凤凰出版社,2021年,第1295页。
⑤ 《粤大记》卷二四《李时行传》,广东人民出版社,2014年,第748页。
⑥ 李时行:《泰泉先生诗集后叙》,《泰泉集》附录三,凤凰出版社,2021年,第1323—1324页。

> 文裕撰体颇正，而取材太陈，故格虽笋高，而气少奔逸。然岭表自"南园五先生"后，风雅中坠，文裕力为起衰，如黎维敬、梁公实辈，皆其弟子。嘉靖中，"南园后五先生"，二子与焉。盖岭南诗派，文裕实为领袖，不可泯也。①

《四库全书总目》卷一七二《泰泉集提要》也曾评价道："岭南自南园五子以后，风雅中坠，至佐始力为提倡。如梁有誉、黎民表等，皆其弟子。广中文学复盛，论者谓佐有功焉。"②岭南诗派在历经明初的辉煌后，在明中叶日渐沉寂。黄佐及其弟子对于岭南诗学的再次勃兴功不可没，作为师者的黄佐更有启沃之功。"黄佐的诗歌创作影响了一批年轻的岭南学子，为沉寂已久的岭南诗坛注入活力，他的诗风带动了明代中期以后的岭南诗坛风气，为岭南诗坛培养了许多杰出诗人，促进了岭南诗坛的振兴。"③钱谦益指出，"梁与欧、黎，皆出黄才伯之门，读书缵言，并有原本，虽驰骛五子之列，而词气温厚，颇脱蹶张叫嚣之习，识者犹有取焉"④。黄佐对岭南五子诗歌创作的影响是深层且深远的。张敏《南园后五先生诗歌研究》认为："黄佐特立独行……不仅在诗歌技巧上影响了梁有誉、黎民表、欧大任和李时行等人，更重要的是在精神人格方面影响了他们。梁有誉等人既在精神和思想的深层次上受到黄佐的影响，诗为心声，他们的诗歌作为内在思想的外部表现，也必定可以看到黄佐的影子。"⑤在黄佐的教育与启发下，南园后五子追慕南园五先生遗风，以振兴岭南文化为己任，在当初南园五先生结成诗社的南园抗风轩重新结社，续前人风雅，重振岭南诗派。

除了南园诗社之外，五人在岭南发起了多个文学社团。如梁有誉辞官归乡后，"修复粤山旧社，招邀故人"⑥，与"欧桢伯、黎瑶石、吴而待诸

---

① 《静志居诗话》卷十一，人民文学出版社，1990年，第297页。
② 永瑢：《四库全书总目》卷一七二《别集类·泰泉集》，中华书局，1965年，第1503页下。
③ 杨戴君：《黄佐及其诗歌研究》，广州大学硕士论文，2019年，第51页。
④ 钱谦益辑：《列朝诗集小传》，上海古籍出版社，1983年，第442页。
⑤ 张敏：《南园后五先生诗歌研究》，暨南大学硕士论文，2007年，第34页。
⑥ 欧大任：《梁比部传》，载梁有誉：《兰汀存稿》附录，台湾伟文图书出版社有限公司，1976年，第282页。

人结诗社"①。梁绍曾归乡后，常与欧大任等结社唱和②。顺德人梁柱臣与欧大任、梁有誉、黎民表"结社山中"③，黎民表"居清泉山中开社，日与弟民衷、民怀，友人吴旦、梁有誉、欧大任、梁孜，倡和其间"④等。这些结社诗人主要以"南园后五先生"为中心，"他们重振岭南诗派昔日辉煌的大旗，虽同为本时期'南园诗社'的成员，他们的诗歌创作并不单一，在秉受岭南山川之气和转益多师的双重影响下他们或复古或自然，最终形成自己的独特风格，给当时的诗坛带来不小的影响"⑤。

第三节　交游视域下黄佐著作的生成、传播与影响：以《庸言》为例

一、《庸言》：与弟子交游讲学的成果

《庸言》于嘉靖三十一年版行⑥，是黄佐晚年的思想著作。黎民表《泰泉先生庸言序》载："嘉靖庚寅，先生弃官归养，讲学粤洲之麓。门弟子执业日录所闻，迄己酉罢讲，裒为十有二卷。先生名之曰《庸言》。"⑦由此可知，《庸言》主要收录了黄佐嘉靖九年（即庚寅）至二十八年（即己酉）的讲学内容，由黄佐弟子记录、汇编而成。书院讲学是黄佐交游的重要方式，某种程度上，《庸言》的生成正是黄佐及其弟子交游讲学的结果。

《庸言》一书的顺利付梓，同样离不开黄佐门人的努力。《泰泉先生黄

---

① 陈田辑：《明诗纪事》，上海古籍出版社，1993年，第1801页。
② 温汝能纂辑，吕永光等整理：《粤东诗海》卷三四《梁绍震》，中山大学出版社，1999年，第647页。
③ 朱孟震：《玉笥诗谈》卷下《欧桢伯博士》，中华书局，1985年，第33页。
④ 李福泰修，史澄纂，邓光礼、贾永康点注：《（同治）番禺县志》卷三十三《列传二》，广东人民出版社，1998年，第588页。
⑤ 董莉莉：《明代广州府作家研究》，上海师范大学硕士论文，2016年，第115页。
⑥ 张俊业：《黄佐年谱》，广州大学硕士论文，2019年，第57页。
⑦ 黎民表：《泰泉先生庸言序》，《庸言》，齐鲁书社，1995年，第518页下。

公行状》记："（《庸言》）书成，门人何价、孙学古、陆汤臣辈为刻以传。"①何价，字君藩，湖广衡阳人。嘉靖二十九年任东莞知县，多有治政。《双节旌门诗》载："于是东莞令何价诣予告曰：'价也受业先生之门，尝读《列女传》，叹夫名世之贤，茞英腾茂，虽由父师之训，亦必有母教焉。'"②孙学古，字汝邃，浙江绍兴府萧山县人，嘉靖二十三年进士，嘉靖二十五年任东莞知县，曾从黄佐"游而问政"③。学古组织修造东莞县儒学先师庙，黄佐为之撰文记事。④陆汤臣，广西横州人，以举人任临高知县，黄佐曾为其撰《横州陆氏家谱序》⑤。

二、交游中《庸言》的传播与影响

《庸言》刊刻出版后，黄佐在交游活动中多次将其赠与友人。如《与林北泉士元书》载："新刻《庸言》一部，乃生与门人讲论者，谨奉上请教，余不敢多及。"⑥《与王分源任用书》云："新刻《庸言》奉览，少见鄙志也。或有疵颣，万惟指摘见示，幸甚！"⑦王任用，字汝钦，"为文好渊深隽永之思，修经术"。王任用于嘉靖十年中举，"累上春官不第。学愈弘博，积二十有三年。丁未举礼部试第二人，为同榜士所推服"。⑧王任用中进士的嘉靖二十六年，黄佐被起为少詹事兼翰林院侍读学士，二人或在此时相交于京师。⑨嘉靖三十一年，黄佐女婿黎民衷北上参加会试，黄佐托其为王任用带去《庸言》一部。黎民衷也是《庸言》的学习者和贯彻者，黄佐在

---

① 黎民表：《泰泉先生黄公行状》，《泰泉集》，凤凰出版社，2021年，第17页。
② 《泰泉集》卷五《双节旌门诗》，凤凰出版社，2021年，第97页。
③ 《泰泉集》卷四十二《东莞县志序》，凤凰出版社，2021年，第962页。
④ 《泰泉集》卷三十二《东莞县儒学先师庙修造记》，凤凰出版社，2021年，第744页。
⑤ 《泰泉集》卷四十一，凤凰出版社，2021年，第930—931页。
⑥ 《泰泉集》卷二十二，凤凰出版社，2021年，第495页。
⑦ 《泰泉集》卷二十二，凤凰出版社，2021年，第496页。
⑧ 张大：《皇明昆山人物传》卷八《王任用》，江庆柏主编：《江苏人物传记丛刊》，广陵书社，2011年，第497页。
⑨ 刘敬宜：《黄佐诗文系年》，暨南大学硕士论文，2020年，第99页。

民衷的祭文中写道:"敦我《庸言》,夙夜敬恪;发为文章,约统其博。"①又《与张蒙溪书》谓:"拙见《庸言》一部,未有愚得。呈上,乞赐教音。"②张蒙溪即张鏊,字济甫,嘉靖五年进士。嘉靖三十四年,张鏊升南京兵部尚书,黄佐传书祝贺之余,附赠《庸言》一书,请其赐教。③

黄佐还曾将《庸言》赠与好友柯维骐。柯维骐(1497—1574),字奇纯,号希斋,福建莆田人,嘉靖二年进士。授南京户部主事,不就,归而居山中讲学。著有《史记考要》十卷、《宋史新编》二百卷等。黄佐与柯维骐素有交游,在《史记考要》序言中,黄佐介绍柯维骐道:

> 柯子名维骐,字奇纯,莆田人。癸未进士,甫除南曹主事,即谢病归隐。家学世以《春秋》鸣,通微探颐,益工于诗文。其志行高洁,为人所钦,累腾荐墨,当究用于时云。④

在《宋史新编序》中,黄佐对柯维骐称赞有加:

> 今吾友莆田柯子维骐,以癸未进士,筮仕户曹,辄谢病归,盖未始一日居乎其位也。养高林壑,覃思博考,乃能会通三史,以宋为正,删其繁猥,厘其错乱,复参诸家纪载可传信者,补其阙遗,历二十寒暑,始克成书,合二百卷,而三百二十年行事粲然悉备。⑤

他在《与柯生维骐书》写道:

> 《庸言》乃讲书愚得,意欲学者见大心泰,必先谦虚眼前,鲜见其人,惟吾希斋允蹈之矣。寅具一部,奉上裁正。门士林旸谷掌教仙游,凡百望指教之,幸甚!⑥

---

① 《泰泉集》卷六十《祭婿黎参政民衷文》,凤凰出版社,2021年,第1294页。
② 《泰泉集》卷二十二《与张蒙溪书》,凤凰出版社,2021年,第497页。
③ 刘敬宜:《黄佐诗文系年》,暨南大学硕士论文,2020年,第103页。
④ 《泰泉集》卷四十一《史记考要序》,凤凰出版社,2021年,第917—918页。
⑤ 《泰泉集》卷四十三《宋史新编序》,凤凰出版社,2021年,第974页。
⑥ 《泰泉集》卷二十二《与柯生维骐书》,凤凰出版社,2021年,第500页。

黄佐书信中提到的林旸谷，即林挺春，字少和，一字符育，顺德人，嘉靖三十一年以举人任仙游县教谕。仙游和莆田同属福建兴化府，黄佐托其将《庸言》献给柯维骐裁正。

　　通过上述四个案例可以发现，黄佐《庸言》的赠送对象主要是官员和好友，这使得黄佐的教化思想和学术主张能够传播开来。地方官员在施政和社会治理中，多运用黄佐的思想作为指导，而这种理论指导的来源不局限于《庸言》一书。《庸言》主要是"黄佐尊孔孟思想的反映"[①]，与社会治理的具体实践指导尚有距离。具体而言，黄佐著作对社会治理影响最大者当数《泰泉乡礼》一书，与黄佐交游者不乏将书中理念付诸实践之人。"嘉靖戊申，大方伯蒙溪张公行予乡约，旌赏孝行二人，以风厉之，而士氓知劝，然亦弛有间矣。"[②]"泰泉子辑《乡礼》，养疴丘樊，未之能行也。鹿溪郑大夫取而润泽之，以教韶而韶化"[③]。鹿溪郑大夫即郑骝。黄佐门人刘稳，也曾在韶州地区推行"《乡礼》保伍法"[④]。借助交游的开展和著作的传播，黄佐的教化思想在岭南地区逐渐为人所重视，其教化理论在一定程度上得到了实践。

---

① 梁艳：《黄佐的教育活动及其教育思想研究》，暨南大学硕士论文，2015年，第28页。
② 《泰泉集》卷三十六《赠尚宝卿江理川序》，凤凰出版社，2021年，第826页。
③ 《泰泉集》卷三十八《赠郑韶州序》，凤凰出版社，2021年，第857页。
④ 《泰泉集》卷五《梦中朔风诗》，凤凰出版社，2021年，第100页。

第五章　黄佐与佛道中人的交游及其对二教的态度

明代皇帝、士大夫多有佞佛、道者。以往学者阐释这一现象的成因时，多从君主基于巩固政权需要大力提倡佛、道的角度介入。①其实思想史的发展固然受时代背景制约，却也有其相对独立的发展规律与轨迹。自南朝以来，儒、释、道并称"三教"，随后经过长期发展，三教渐有合流之势。如此融合之势，南北朝时期就已现端倪，到宋代基本成形。明清时期，"三教合一"的形势进一步发展，到达登峰造极的地步。②尽管三教渐趋混融，但不同群体或个人对三教的态度仍言人人殊。在此背景下，经由考察黄佐与佛道二教人物的交游情况来深入探讨其对佛道的态度及思想成因，不失为明代理学家佛道观研究的典型个案。

---

① 如陶明选认为："明政府对佛教、道教和伊斯兰教等宗教的政策具有宽容性的特点。在大部分时期里，明代统治者对这几种宗教采取尊崇、扶植和利用为主的政策。""明朝统治者对'正统'教派所持宽容政策的原因在于其政治笼络目的，在于为稳定其统治的政治目的服务。"见陶明选：《论明代宗教政策的宽容特色》，《兰州学刊》2007年第11期。

② 李四龙：《论儒释道"三教合流"的类型》，《北京大学学报（哲学社会科学版）》2011年第2期。

第一节　游而不交：黄佐与佛道的渊源及交游

受家学影响，黄佐本人与佛道二教渊源颇深，对释老之学有着较为深刻的理解。黄佐曾多次游历佛教宝刹、道教名胜，但《泰泉集》中有关黄佐与佛道人士交往具体案例的记载却并不多。个中因由，值得玩味和探索。

一、黄佐的佛道渊源

黄佐与佛道二教的渊源与其父黄畿密切相关。黄畿喜研易学术数，对释老学说也多有涉猎。成化二十一年，黄畿放弃科举，"沿养亲例以隐，乃弃举子业，肆力九流百家"①。所谓"九流百家"，按黄佐《郡志自叙先世行状》的说法，包括所谓"星气象数之书，轩岐释老之学"，即《老子》《庄子》乃至佛学、易经术数等被当时理学家视为杂学的学问。②黄畿精研了邵雍《皇极经世书》，并撰《皇极管窥》十三篇。此外，黄畿对道家的养生修仙之术很感兴趣，著有《删正黄庭经》。此书是关于道家《黄庭经》的研究著作。由此可以看出黄佐的家学渊源中有浓厚的佛道因子。虽然黄畿的著作大多已经散佚，但黄佐在《自序先世家传》中援引过一段黄畿所著术数著作《三五玄书》的原文，从中可管窥其思想。引文大意是说《易》所论术数，体现了宇宙真理。黄畿还特别强调了"（易学）盖全则为圣、为贤，驳则为谶纬、为释老，惟人神明之耳"③。在他看来，儒学、佛学、道学乃至于民间鬼神之说，其实都是易理的体现，只不过能够反映出的易理程度不同。由此可以看出黄畿具有浓厚的三教合一、以儒为尊的哲学思想。黄佐自幼深受父亲教诲，黄畿的思想自然对他产生了深远影响。因此，

---

① 高韶：《粤洲先生黄公家传》，《黄氏家乘》卷四，《北京图书馆藏家谱丛刊·闽粤（侨乡）卷》第5册，第420页。
② 《泰泉集》卷五十八，凤凰出版社，2021年，第1263页。
③ 《泰泉集》卷五十八，凤凰出版社，2021年，第1264页。

黄佐青年时期对佛道二教也深感兴趣。

二、佛寺游历及与佛僧的交游

黄佐曾深入阅读过《华严经》《圆觉经》《坛经》等佛教经典，对佛教思想的主要蕴义及其与儒家思想的异同有深刻的理解。其《内省轩铭》序文中对其阅读佛典事有所涉及：

> 嗟乎！佛氏之书多至五十卷，曷尝无文字语言哉？致良知者谓与吾儒同，而不害其为异，每喜观焉。
>
> 予尝考之，佛于阿兰若菩提场中说《华严》顿教，其经八十一卷，至今犹在，如善财童子之涌七宝藏，悉达太子之纳妙德女，其于色、货若是，果与吾儒同与否与？《圆觉经》则言三种渐次增进矣，其单修、斋修有二十五轮焉，无乃支离与，抑亦渐教与！惟六祖《坛经》曰："识自本心，见自本性"，则弥近理焉。又曰："不须沉空守寂，还须广学多闻"，则与吾儒同者也。俗方轻吾夫子，如博学于文，约之以礼，下学上达，先难后获，则名之为渐教钝根，此所以斥读书为支离也。予惟恒内省以验操存，是急又乌乎辩？因铭以自警。①

黄佐认为佛学与儒学一样也需要"广学多闻"，需要多学经典，更需要时刻内省自我检验，可谓以释喻儒的典型案例，反映出他早年深受佛学影响，有儒释合一的思想倾向。由此可以看出，黄佐有意把儒学和佛学联系起来，并对二者有求同存异的思维方式。但从总体上讲，还是以儒学为基础，他的内省方式还是指向儒家思想的。

黄佐曾多次与友人游历佛教禅寺。正德十一年，二十七岁的黄佐与广东按察副使章拯同游佛教宝刹南华禅寺。南华寺，原名宝林寺，相传是禅宗六祖慧能弘法之地。黄佐《游南华同章朴庵提学作》一诗纪行云：

---

① 《泰泉集》卷十八《内省轩铭》，凤凰出版社，2021年，第424—425页。

> 维舟访宝林,策蹇登翠微。晴坡无鸟声,云霞随客衣。寒威起层碧,枫叶随意飞。山僧见行尘,竹房开半扉。南能本无物,金碧何荣辉?风幡忽高下,泠然启尘机。云春杂疏磬,岚影青四围。眷兹川原幽,冥心澹忘归。逃禅非我事,且与丘樊违。振缨一鸣缪,皓月生苔矶。①

诗歌描绘了南华寺的清幽环境,其中的"南能"即佛教禅宗六祖慧能。此时的黄佐还未进入仕途,正在积极地准备科举,准备大展宏图,"逃禅非我事,且与丘樊违"之语,体现了黄佐积极进取的人生态度。

此外,从《泰泉集》的记载来看,黄佐游历过的禅寺还有峡山寺、海珠寺、甘露寺、虎丘寺、净慈寺等。相关情况可举隅如下。

表1 《泰泉集》收录有关佛教禅寺的诗文举隅②

诗文名称	游历寺庙	地点	文献出处
《初宿大兴隆寺禅幌偶作》	大兴隆寺	北京	卷六,第106页
《大兴隆寺小集赠别卢侍御尧文分韵得冕字》	大兴隆寺	北京	卷六,第116页
《中宿篇游清远峡山寺作》	峡山寺	广东清远	卷八,第161—162页
《游海珠寺二首》	海珠寺	广东广州	卷十,第191页
《秋日游迎祥寺至玉泉与张杨赵陆四子同分韵得松知二字》	迎祥寺	广东惠州	卷十,第195—196页
《迎祥寺后游次韵四首》	迎祥寺	广东惠州	卷十,第197—198页
《郊祀斋居大兴隆寺与懋贤举之绳武三太史同赋二首得旗字》	大兴隆寺	北京	卷十二,第241页
《秋夜大兴隆寺玩月》	大兴隆寺	北京	卷十二,第247页
《游甘露寺同刘士奇作》	甘露寺	广东潮州	卷十二,第251—252页
《放船》	虎丘寺		卷十二,第262页
《春日登峡山寺》	峡山寺	广东清远	卷十二,第282页

---

① 《泰泉集》卷六《游南华同章朴庵提学作》,凤凰出版社,2021年,第104页。
② 为免繁赘,列表文献出处仅注卷次、页码,版本信息从略。所引《泰泉集》版本均为黄佐著、陈广恩点校《泰泉集》(凤凰出版社,2021年)。

续表

诗文名称	游历寺庙	地点	文献出处
《飞来寺右林莽中寻达磨石小憩戏作一转语》	飞来寺	广东清远	卷十三，第296页
《雨花台次顾东桥司空韵》	高座寺	江苏南京	卷十三，第304页
《金山寺与同游沈都督希仪陈太守天然》	金山寺	江苏镇江	卷十三，第308页
《南归途中杂诗二十二首（十五）》	净慈寺	浙江杭州	卷十四，第341页
《招提联句同林见素何燕泉赋（大兴隆寺双树僧舍）》	大兴隆寺	北京	卷十四，第344页
《广州先贤传》	大沩山寺	湖南宁乡	卷五六，第1227页

黄佐游历的佛寺主要集中于北京和广东两地，这也是黄佐主要活动的区域。诸多佛寺中，大兴隆寺对黄佐而言较特殊。大兴隆寺，前身为建于金大定二年（1162）的庆寿寺，正统十三年重修后，改称大兴隆寺。正德十四年秋，黄佐第三次赴京参加会试，终于高中。但由于明武宗彼时正在南巡，迟迟不肯回京，殿试被一再推迟，至正德十六年方才举行。其间，黄佐寓居大兴隆寺，研读佛经。据《泰泉先生黄公行状》：

（正德十五年）武宗皇帝南巡车驾始还京，不及廷试。公需于庆寿寺，得观佛书，所谓明得心源，虽愚昧小人立跻圣地，及一超千悟之说，知宋人张、陆之学，盖出于此。①

通过广泛阅读佛经，黄佐对佛学、心学有了更为深入的认知，认为宋代张载、陆九渊的心学源自佛学。此外，黄佐在入仕前后曾多次寓居大兴隆寺，并留下颇多诗歌，具见表1。

值得玩味的是，黄佐虽曾多次游历乃至寓居僧寺，但《泰泉集》中关于黄佐与僧人交游的具体例证却寥寥无几。尽管黄佐在诗歌中未明确记载与哪名僧人有过密的交游，但诗中"禅僧"的人物意象却时有出现。"嘿嘿

---

① 黎民表：《泰泉先生黄公行状》，《泰泉集》，凤凰出版社，2021年，第10页。

对祇树，疏钟坐来闻"①"龙骑肃分千陛戟，鹤群寒并一禅枝"②"鸣磬诵《涅槃》，传灯恣谈谑"③等诗句都颇富禅意，可见佛学思想已渗透到黄佐的文学创作中。基于黄佐多次游历和寓居佛寺的经历可知，黄佐与大兴隆寺等禅寺宝刹的僧众定有不少往来。

三、罗浮之游及与道士的交往

罗浮山是岭南道教的发源地，与岭南文化关系密切。黄佐曾多次游历岭南道教名胜罗浮山，④《泰泉集》收录有不少和罗浮山相关的作品，其中不乏黄佐游山期间与友人诗文唱和的诗歌。兹就相关诗文举隅列表如下。

表2 《泰泉集》收录有关罗浮山诗文举隅

诗文名称	文献出处
《仙人掌赋(有序)》	卷二，第44页
《罗浮朱明洞缓声歌三首》	卷六，第122页
《罗浮钓鳌石有怀罗豫章先生》	卷八，第147—148页
《陆五湖寿我以罗浮歌次韵答之》	卷九，第170—171页
《怀罗浮啥赠别何工部》	卷九，第175页
《罗浮酥醪观》	卷九，第185—186页
《罗浮瑶台石》	卷十，第190页
《罗浮道中》	卷十一，第218—219页
《梦游罗浮作》	卷十二，第272页
《罗浮青霞谷赠甘泉》	卷十二，第276页
《梦游罗浮赋夜半见日》	卷十二，第279页
《怀罗浮四首别王用仪》	卷十四，第328页

---

① 《泰泉集》卷六《初宿大兴隆寺禅幌偶作》，凤凰出版社，2021年，第106页。
② 《泰泉集》卷十二《郊祀斋居大兴隆寺与懋贤举之绳武三太史同赋二首得旗字》，凤凰出版社，2021年，第241页。
③ 《泰泉集》卷十四《招提联句同林见素何燕泉赋（大兴隆寺双树僧舍）》，凤凰出版社，2021年，第344页。
④ 相关研究可参阅黄敏：《罗浮山与岭南文化》，《社会科学家》2003年第5期。

续表

诗文名称	文献出处
《罗浮朱明洞二首》	卷十四，第336页
《罗浮山志序》	卷四十，第910—911页

  其中不少作品的主旨颇合道家意趣。如在写给湛若水的《罗浮青霞谷赠甘泉》一诗中有"谁其栖者甘泉仙""云边放鹤啄瑶草"①之语，用"鹤""瑶草"等富于道家色彩的意象，将湛若水比作仙人；《罗浮朱明洞二首》中"卜筑朱明五百年，芒鞋重踏旧云烟"②一句，更有仙风道骨意味；《罗浮钓鳌石有怀罗豫章先生》中"冥栖不复见，悠悠东逝川"③等句，则有道家超然物外、超越尘俗、悠游宇宙的思想，颇有庄子《逍遥游》的神韵。此外，《罗浮朱明洞缓声歌三首》等诗也大量使用道教术语，体现出黄佐对道教有深入的了解。④如此种种，表明道家、道教思想已经渗入黄佐深层的思维结构，且对他的诗文语言、诗歌意境产生了深刻影响。

  嘉靖十五年，黄佐经同馆友人郑一鹏介绍，结识了精于堪舆之术的浙江道士胡泰。胡泰素闻黄佐文名，两人相谈甚欢，一度结伴相游，谈诗论道。在这次交游中，胡泰用一系列的自然现象、社会现象来说明"夫子之诗""夫子之文""夫子之道"。黄佐在肯定他的看法时，也提出了这些现象"滞于声""囿于形""局于名"，认为夫子的诗、文、道并非所见到的表面现象那样简单，而是有着丰富的内涵：

  夫诗以綦兴，兴生乎情，情乃谓之声，声乎无声，然后声声；文以綦明，明生乎诚，诚乃谓之形，形乎无形，然后形形；道以綦精，精生乎贞，贞乃谓之名，名乎无名，然后名名。是故无声之诗，"春日迟迟"；无形之文，"不可度思"；无名之道，"日监在兹"。无声之诗，闻于四海；无形之文，光越万载；无名之道，周

---

① 《泰泉集》卷十二，凤凰出版社，2021年，第276页。
② 《泰泉集》卷十四，凤凰出版社，2021年，第336页。
③ 《泰泉集》卷八，凤凰出版社，2021年，第148页。
④ 《泰泉集》卷六，凤凰出版社，2021年，第122页。

及宇外。无声之诗，訇訇琅琅；无形之文，栩栩跄跄；无名之道，巍巍堂堂。何者？声满天下，孰声其声；形满天下，孰形其形；名满天下，孰名其名，心为之也。心之官则思，而子以思严自名，盍反求之乎？

于是致虚于一，从听则两，正明目而视之，星埏若运于掌。超然无语，澹然容与，肃然而拜，翩然而举，浩然歌而后去。歌曰："搴芳条兮琼蕊，飁长镵兮石髓，步遥遥兮云壑，碧空浩兮如水。"①

黄佐在这里并没有批判道教思想，而是从《诗经》的角度与胡泰进行多方面的探讨。黄佐通过对"无声之诗""无形之文""无名之道"的论述，借机阐述了不拘于具体的声、形、名，方可以达到超然物外的道家哲思。其中的"名满天下，孰名其名，心为之也"的论述，则带有浓厚的佛学思想。接着阐述了如果能"正明目而视之，星埏若运于掌"的言论，表达了个体在面对虚无学说时的能动性。虽然此时黄佐对释老学说多有非议，但从他与胡泰的交往情形来看，他肯定了道家致虚于一、不滞于物等思想，对与其交游的道士个体人格保持了尊重，显示出了对多种学说的包容和肯定。

除此之外，《泰泉集》关于黄佐与道士交游的具体例证记载较少，这和黄佐与佛教的关系颇为相似。概而言之，黄佐与佛道二教多保持着"游而不交"的关系，虽多次游历佛寺宝刹、道教名胜，但与禅师、道士等群体的交往并不密切。

---

① 《泰泉集》卷三十八，凤凰出版社，2021年，第865页。

第二节 黄佐对佛道二教的批判态度及其思想成因

明末清初思想家顾炎武曾谓:"南方士大夫,晚年多好学佛;北方士大夫,晚年多好学仙。夫一生仕宦,投老得闲,正宜进德修业,以补从前之阙,而知不能及,流于异端,其与求田问舍之辈行事虽殊,而孳孳为利之心,则一而已矣。"①意在指出士人晚年回顾平生所缺,无以为补,多转而信奉佛道。以此观之,黄佐对佛道的态度颇为特殊。如前所述,黄佐对佛道二教保持着一种"游而不交"的态度,这与黄佐对佛道二教的认知有关。

一、黄佐对佛道二教的批判

从《泰泉集》收录的黄佐诗文和黄佐交游过程中与友人的言谈来看,黄佐本人并非两教信徒,甚至对佛道多持批判态度,这是他与佛道二教人士交游较少的原因。如黄佐《与徐养斋书》道:"佛老之说,只觉其高虚而无实,避去不暇,又何汩没之有哉?"②认为佛老之学空虚无实。在《原心》中,黄佐视佛道二教为"异端",对"阳儒阴释"的危害进行了批判:"佛氏圆觉,觉性体之圆而不知方之以义,遗外者也;老氏致虚,致心体之虚而不知实之以理,废用者也。今之阳儒阴释,取孟氏一语以立门户者,不思理义,其流也殉欲射利,丧其良心。"③又如《拟策会试举人文七首》载:"问:今之学者崇正道以辟佛老,莫不奋臂称首,其所自期待,必曰志伊尹之所志,学颜子之所学。"④表明了排斥佛老的态度。

---

① 顾炎武:《日知录》卷十三《士大夫晚年之学》,上海古籍出版社,2012年,第558页。
② 《泰泉集》卷二十一,凤凰出版社,2021年,第470页。
③ 《泰泉集》卷二十九,凤凰出版社,2021年,第656—657页。
④ 《泰泉集》卷二十四,凤凰出版社,2021年,第530页。

（一）黄佐对佛教的批判

黄佐早年阅读了大量佛教典籍，一度写出了以佛释儒的文字，此后黄佐对佛教的态度却出现了明显变化。他在给友人郑一鹏的书信中说自己"素不喜佛书"①。"而最能代表黄佐对佛教态度的，是他所撰写的《原佛》一文。"②《原佛》写作年代不详，张俊业认为作于正德十五年黄佐在京候考期间。③但考虑到黄佐此时主动寄居于大兴隆寺，又有广泛阅读佛经之举，对佛学应当十分推崇。故该文不应作于此时，而应在更晚，大抵是黄佐中年以后的作品。

《原佛》一文洋洋洒洒两千四百余字，对佛教进行了言辞激烈的系统批驳。在是文中，黄佐开宗明义指出"异端之害莫如佛，佛之植祸中国也，将千五百年于兹矣"，批判佛教荼毒中国由来已久。在佛教的影响下，儒士庶民纷纷转尊孔为崇佛，"世之英君硕辅、名士大夫犹崇信之，而况庶氓乎？宗其禅以为学者，反谓其大于孔子，骈首叠迹，而未已也"。④黄佐此论在某种程度上正是这一时期佛教势力日益膨胀的具体反映。明初，寺庙、僧人享有免除赋役等许多特权，度牒也免费发放，试经度僧考试频繁且宽松，以致出家人数剧增。明中后期，明廷开始推行鬻牒度僧制度，但"僧团冗滥，僧人队伍庞大"的情况并未改变。⑤接着，黄佐援引韩愈、欧阳修对佛教的看法，认为"佛之入中国也，妖气召之也；佛之倡为异说也，妖言启之也"⑥，认为佛教在礼崩乐坏的局面下进入中国，其兴起造成了传统礼教的衰弛。在《广东通志序》中，黄佐也表达了类似的看法：

独慨夫屯门放洋，葱岭倭奴之间，猥行天竺之教，断发偏袒，

---

① 《泰泉集》卷二十二《与郑抑斋书》，凤凰出版社，2021年，第491页。
② 陈广恩、梁艳：《黄佐历史观刍议》，载刘正刚主编：《历史文献与传统文化》第十九辑，暨南大学出版社，2014年，第136页。
③ 张俊业：《黄佐年谱》，广州大学硕士论文，2019年，第23页。
④ 《泰泉集》卷二十九《原佛》，凤凰出版社，2021年，第663页。
⑤ 何孝荣：《论明代中后期的鬻牒度僧》，《南开学报（哲学社会科学版）》2005年第5期。
⑥ 《泰泉集》卷二十九《原佛》，凤凰出版社，2021年，第664页。

不过裸国之雄尔。中华道污，妖气召之，于是达磨驻广，以《楞伽》印心；卢能居韶，以《坛经》传法，非无言语文字也。宋人王安石、苏辙辈靡然归之，喜其顿悟超脱，自见本性，出乎六籍之外，吾人染焉，自是尧舜周孔之道驳而不纯矣。其流至于束书不观，浮谈无根，政治弗强，祸且逮国。厓山之败，盖可睹也。元品南人，置儒于娼丐之间，而尊西僧为帝师，演蝶慆淫，典礼尽灭。①

黄佐再次强调了佛教传入中国对儒家正统的危害，并指出宋朝亡国也与此有关。黄佐在《原佛》中接着论述了佛教在中国的流传经过，对《大部般若》《心经》《金刚经》《法华经》《楞严经》《华严经》《泥洹经》《维摩诘》《圆觉经》《楞伽经》等著名佛经的翻译状况与部分佛理进行了阐述，认为由于英君硕辅、名士大夫、凡夫庶氓的崇信，佛教才得以在中国盛行。在此过程中，士人对佛学的扭曲加剧了佛教植祸中国，所谓"华人与其徒代佛为神妙广大之说，使人崇信，则其根也"，"华人剽窃艺文，以助其高，前后差疏，妄相改窜"，"恣其杜撰，务为张大，以惑世诬民"，将佛教经典杜撰改窜，假借相欺。②黄佐还引用了老子、列子、庄子、贾谊、宋玉、邹衍等人的学说，认为佛教中的很多学说都可以在这些中国本土学说中找出源头，指出"佛之倡为异说也，妖言启之也。此其假借相欺者尔"③。这也从侧面反映了佛教某些学说和中国本土学说的内在机理有共同之处，所以能够很快被人接受。因此，黄佐主张要对佛教正本清源，"颁《四十二章经》于天下，使人人灼知佛氏本源，而末流妄作，皆鄙而恶之"④，从而回归于先王之道。

此外，黄佐对李少藩受禅宗影响所作《辩学论》进行了批判，具见《书〈辩学论〉后》一文。⑤这表明，"在对佛教持激烈批判态度的同时，黄佐亦很关注当时读书人对佛教的态度，对禅宗对士人思想产生的影响，他

---

① 《泰泉集》卷四十一，凤凰出版社，2021年，第937页。
② 《泰泉集》卷二十九《原佛》，凤凰出版社，2021年，第664、666页。
③ 《泰泉集》卷二十九《原佛》，凤凰出版社，2021年，第666页。
④ 《泰泉集》卷二十九《原佛》，凤凰出版社，2021年，第667页。
⑤ 《泰泉集》卷四十四，凤凰出版社，2021年，第1011—1013页。

也进行积极的批判,以保持儒家正统不受佛教的侵入。"①

(二)黄佐对道教的批判

黄佐谙于道教思想,但对道教也多持否定态度。黄佐在《书〈删正黄庭经〉后》道:

> 神仙家书奚止万卷,惟《黄庭经》其文高古。写自王羲之者独得其宗,惟以伏气、固精、存神为主。道流浮谈养生,皆未尝及,比舍根蒂而言枝叶,不亦惑哉!②

黄佐批评当时的道教只知道浅薄地空谈养生,却不曾谈及《黄庭经》这部道教养生修仙的专著,实在是舍本逐末。

黄佐在诗文中往往将道家与道教视为一体,因此他对道教的评判以评论老庄之学为主。如黄佐在《书〈管子〉后》中认为道家学说虽有一定合理性,但不合时宜:"虚无之说也,盖亦有所自得,与训词典章异,然而非时中之道矣。"③在《六子论》一文中,黄佐对道家的老子、庄子、列子等人均提出了批评:"老子弃绝圣智仁义,汉人崇之,以并易,僭矣哉","庄周……乱名实坏理教,洸洋自恣","列御寇言多剽窃,事多乖错,张湛补缀,晚出于晋,其伪者与"。④可见黄佐将道家学说作为破坏纲常礼教的罪魁之一。他在《原学》中批判了明代中叶所存在的崇黄老而轻六经的学风,全面否定了老子、庄子的治国理念和思想学说,认为它们是"畔道异端"。⑤在写给郑一鹏的书信中,黄佐谈及老子时说:"老聃得长生久视之道,百有余岁。朱子谓庄周明言老聃死,则人鬼尔。道家列为三清,位于昊天上帝之上"⑥。这里的"道家",指的就是道教。道家创始人老子被黄佐视为修得长生之道的修行者,死后为"人鬼","道家列为三清",也很显

---

① 陈广恩、梁艳:《黄佐历史观刍议》,载刘正刚主编:《历史文献与传统文化》第十九辑,暨南大学出版社,2014年,第136页。
② 《泰泉集》卷四十四,凤凰出版社,2021年,第1018页。
③ 《泰泉集》卷四十四,凤凰出版社,2021年,第1014页。
④ 《泰泉集》卷二十五,凤凰出版社,2021年,第573—574页。
⑤ 《泰泉集》卷二十九,凤凰出版社,2021年,第661—663页。
⑥ 《泰泉集》卷二十二《与郑抑斋书》,凤凰出版社,2021年,第491页。

然是参考了道教的宣传语，将道教的三清视作老子死后魂魄所化。在此基础上，黄佐批判了道教的鬼神观。黄佐经郑一鹏介绍，与道士胡泰交游，相谈甚欢，已见前述。在私下，黄佐对于道士群体则依然持否定态度。比如黄佐与郑一鹏曾谈及当时的著名道士卓晚春。世传卓小仙有神通，黄佐虽然不否认其神通的相关传闻，但认为卓小仙不过鬼魅所化：

> 所示卓小仙事，乃生所欲闻者。大抵人者，鬼神之会也。人道盛则鬼道衰，亦理也。辩论之详，可以正人心、息邪说矣。向者项瓯东来言，曾会小仙，述其形貌之详，与其作诗，报人祸福。窃疑其为物魅耳，暂时为人，忽又化去，如贵郡九鲤湖何仙，亦其比也。……如九鲤湖祈梦所得吉凶，多不可明者，但人臆度，或有偶合者。……小仙殆亦百物之精，使贵邑人或祠之，则与何仙类矣。①

由此可见，关于卓小仙之事，不仅郑一鹏向黄佐提过，友人项瓯东也曾来信提及过。在黄佐看来，卓小仙与九鲤湖的何仙相似，其能报人祸福大多是信众的臆度猜测。

黄佐虽对佛道二教均持批判态度，但批判力度是不一样的。"与佛教相比，黄佐对道教的批评要温和许多"，这是因为"在黄佐看来，佛教是舶来的异端，而道教则是'破合吾儒'的本土思想学说，二者有很大的不同"。②黄佐在强调儒与佛道思想不可兼容的同时，也注意到佛、道思想各自具有独立性。比如在与友人谈及鬼神时，即指出佛教的神话谱系"又与道家异矣"③。明代思想的多元性由此可见一斑。

二、黄佐批判佛道二教的思想成因

黄佐为何早年对佛道较为感兴趣，而在中年以后走上了批判佛道的道

---

① 《泰泉集》卷二十二《与郑抑斋书》，凤凰出版社，2021年，第489—491页。
② 陈广恩、梁艳：《黄佐历史观刍议》，载刘正刚主编：《历史文献与传统文化》第十九辑，暨南大学出版社，2014年，第139页。
③ 《泰泉集》卷二十二《与郑抑斋书》，凤凰出版社，2021年，第491页。

路呢？黄佐本人留下的诗文对这一思想转变的原因并无具体记载。不过我们仍可结合当时的时代背景及黄佐的人生经历做一番分析。

首先，士大夫阶层对佛道的批判在明朝中叶并非孤立个案。成化以来，皇帝崇道、佞佛，引起僧、道数量急剧增加，佛寺大量兴建。成化二十一年，礼部尚书周洪谟上疏说："成化十七年以前，京城内外敕赐寺观至六百三十九所，后复增建，以至西山等处相望不绝。自古佛寺之多，未有过于此时者。"①佛道势力大肆扩张，大量人员成为僧道，带来了严重的社会问题。一方面，寺院势力膨胀，导致百姓多以投充寺院作为逃避赋税徭役的方式，直接影响赋役征发。大批佛寺的建造也耗费了巨额的社会财富。另一方面，大量的闲散甚至犯罪人员进入寺庙道观，也使得僧道群体变得更加鱼龙混杂。《水浒传》、"三言"、"二拍"等明代小说中，僧道常以反面形象出现，即代表了当时百姓对僧道群体的反感。不仅如此，有明一代，以宗教为形式的造反活动此起彼伏。早在永乐十八年，就爆发了自称"佛母"的唐赛儿领导的白莲教起义。嘉靖年间，以佛教为外衣的红莲教与白莲教对明廷与地方统治秩序构成了严重威胁。这也成为明世宗推行抑佛政策的重要原因。②

明代中叶，士大夫阶层在朝廷扶植下，开始肩负起教化地方、维持乡村基层统治秩序的重任。这些乡绅多有儒学背景，便以儒学为纲领，推行乡里教化，但乡村的佛、道却与儒家反对"怪力乱神"的理念有悖。明朝中叶社会矛盾尖锐，动乱不断，宗教结社往往容易被发动成为反政府组织，对明廷统治构成潜在威胁。因而佛、道、淫祀成为地方士大夫阶层重点打击的对象。许多地方官，包括与黄佐有良好交游关系的儒学名臣湛若水，都有在任上打击佛、道的举措。这种举措一时在全国上下形成风潮。

黄佐曾担任广西提学，本就有教化地方的责任。两广地区远离中原，开化相对较晚，且多民族杂居，巫鬼文化盛行，不利于儒家教化推行。因之，自宋代以来，广西地方官就一直致力于打击当地淫祀与各类非官府所能控制的宗教活动。据万历《广西通志》卷三十六《艺文》载，黄佐到任

---

① 《明宪宗实录》卷二六〇"成化二十一年正月上"。
② 有关明世宗禁佛的讨论，可参阅何孝荣：《论明世宗禁佛》，《明史研究》第7辑，黄山书社，2001年。

后，将民间泛滥的寺庙道观作为重点打击对象。根据广西当地淫祀盛行的情形，黄佐发布《仙释辨》称：

> 大道隐而人心惑，圣学不明而无稽之言行。其为患兹大者二氏是也。广西之民贫矣，然浮屠老子之宫随在而有。稽诸郡乘所载仙释，大都无可称者，而俗崇信。惟辟而驱之，则巧为隐护。①

很可能正是在广西任上，黄佐意识到了佛、道信仰泛滥对于地方统治秩序的冲击，因而走向了二教的对立面。黄佐上任广西时年四十岁。这也符合他在中晚年对佛、道转为大力批判的事实。

再者，黄佐本人也是佛教势力膨胀的受害者。据吴泽文考察，黄佐泰泉书院的修建即与当地僧众的恣肆有关：

> 其一，黄瑜、黄畿等先祖坟茔修建于聚龙冈一带。然而原景泰寺僧徒德存等人时常举办赛会，扰先人之清静，黄佐早已感到不满。其二，德存就擒之后，正德年间景泰寺又有其他僧人决水放灯，扰民尤甚，巡按御史毛凤下令整治后僧人逃脱隐匿，并未伏法。魏校"毁淫祠"时，白云山一带佛寺遍布，佞佛风气亦引起黄佐担忧。黄佐与官府相互合作，决定"驱群髡、划厥居、使陟降"，驱赶僧人，以求山宁。②

深受佛教扰害的亲身经历，增进了黄佐对佛道二教势力膨胀危害的认识。加之明代中叶政治、宗教环境的变化，黄佐对佛道二教的态度也渐趋批判。

---

① 苏濬纂修：《（万历）广西通志》卷三六《艺文·仙释辨》，《明代方志选》第7册，台湾学生书局，1986年，第752页上栏。
② 吴泽文：《黄佐与明代广东地方教化研究》，暨南大学硕士论文，2018年，第66页。

第六章　黄佐交游的主要话题及其传播方式

黄佐与他人交游的基本情况，已如前文所述。黄佐交游的话题与传播方式无疑会受到所处时代的影响，带有鲜明的明中叶印记。研究黄佐交游的话题及传播方式，既是对其思想进行考察的重要切入点，也是研究明朝正德、嘉靖年间士大夫思想生活与精神世界的重要案例。

第一节　黄佐交游圈的主要话题

黄佐一生著述颇丰，仅《泰泉集》便收录了约1200篇作品，其中有相当一部分内容是黄佐在与友人交游时留下的唱和之作或书信，这些材料是我们研究黄佐交游话题的重要史料。黄佐友人的文集及其他相关史料中，也保留下来较为丰富的黄佐交游的文献资料。通过爬梳、整理这些文献资料，我们发现，黄佐的交游话题主要可分为以下五类：程朱理学与阳明心学、治国理念与为官之道、"礼"的观念、谈禅论道、文学创作与求学问道。

一、程朱理学与阳明心学

黄佐少时就尊奉理学，有弘扬程朱学说的志向。他十六岁时所作《正己赋》，其序曰：

> 弘治乙丑，偶读《离骚》，见其引物连类，跌宕可喜而雅志爱君，缱绻恻怛之至意存焉。佐生道学大明之后，每诵先哲绪言，有慨乎其心。夫不得于君，则热中程朱，守孔孟家法，曷尝形诸忾叹哉？悼屈子之不闻乎，是而忠愤过亢，或不合乎中正也。次其韵以成篇，始曰《正骚》。已乃窃取大人之义，正己而物正，更曰《正己赋》云。①

黄佐在序中一开始就表达了他对屈原忠君爱国的仰慕，之后又表明他服膺程朱、恪守孔孟之道的学术志趣，但他不赞同屈原以身殉国、"忠愤过亢"的行为，认为屈子之死不符合儒家的中正、中庸思想，所以写了《正骚》，然后又引用《孟子·尽心上》中"有大人者，正己而物正者也"②的说法，将此文更名为《正己赋》。此后他"立足于程朱理学，又补充、修正了程朱理论的不足"③，终成一代理学名家。因此，对程朱理学的讨论与完善、对阳明心学的批评与吸收，是黄佐交游的重要话题。

黄佐早年主要以继承和发扬程朱之学为目标。他二十二岁时，有感于"子朱子《小学》凡数十万言，教人之道备矣，后学所当尊信，终身诵之者也。然书既浩繁，理涉宏奥，世俗训蒙，乃或置之，而以他书为先，予窃惧焉"④，遂自编《小学古训》。《小学》是朱熹与弟子刘子澄所编的用以"教人以洒扫、应对、进退之节，爱亲、敬长、隆师、亲友之道"⑤的童蒙教材，是明代初期民间小学的首选课本。但到了明中叶，因"其间多先秦之文，其词古，其义深且奥，学者读之，至不能句"⑥，《小学》一书在民间逐渐失去影响力。作为恪守程朱理学的学者，黄佐对此感到恐慌，于是

---

① 《泰泉集》卷一《正己赋》，凤凰出版社，2021年，第29—30页。
② 《孟子注疏》卷十三《尽心上》，北京大学出版社，1999年，第361页。
③ 陈宪猷：《黄佐论稿》，《华南师范大学学报（社会科学版）》1998年第4期。
④ 《泰泉集》卷四十《小学古训序》，凤凰出版社，2021年，第896页。
⑤ 朱熹：《小学·序》，陈选注：《小学集注》，中华书局，1936年。
⑥ 王鏊著，吴建华点校：《王鏊集》卷一二《小学集注大全序》，上海古籍出版社，2013年，第212页。

他以《小学》为底本，"采取《内篇》之最切要者，旁及他书"①，编成《小学古训》。②朱熹在《题小学》与《大学章句序》中提出的小学论述，基本上为黄佐所崇奉，甚至引为张罗目次的根据。③由此可见黄佐对程朱理学的推崇。

黄佐早年在理学领域并未发展出自己的思想体系，就笔者所见《泰泉集》中收录的黄佐早期诗文来看，虽然他从弱冠之年就开始与广东名士或在广东任职的官员，如陈蘉、曹琚等人交往，但留存下来的阐发自身儒学思想的尺牍文字却不多。年轻时的黄佐主要以作文、著书来抒发自己对理学的认识。从其早年所撰文章，如《志学铭》《正己赋》等所表达的思想理念来看，黄佐一直坚持修身志学、谦虚克己的治学态度，在与尊长交游时，也始终保持谦逊，从不与师长激烈争论或在长辈面前旗帜鲜明地宣扬自己的儒学主张。

三十岁以后，黄佐与明中叶的理学名臣、宿儒多有往来，直至嘉靖二十六年他最终致仕，此间近三十年，是其交游活动的高峰期。黄佐有大量与交游相关的诗文、书信及应邀撰写的书稿序言、墓志存世，内容庞杂，反映了这一时期黄佐交游活动的丰富多彩。黄佐先后结识了舒芬、林俊、湛若水、王阳明、徐问、黎民表、梁孜等名儒，与他们在儒学方面多有探讨。彼时心学兴起，与黄佐相交之儒士，多有心学名家或信徒。黄佐在与他们的交游过程中，坚持了自身的理学信仰，并与心学家展开论辩。如黄佐与王阳明在嘉靖二年和嘉靖七年有过两次会面，双方就"知"与"行"的关系、对朱熹《大学章句》的看法等问题进行了辩难。二人机锋屡出，谁也没有使对方完全接受自己的观点。④但黄佐对当时的心学家依然尊重，他在《答王阳明书》中开头有"久违函丈"之语，将自己摆在了聆听者和

---

① 《泰泉集》卷四十《小学古训序》，凤凰出版社，2021年，第896页。
② 吴泽文、陈广恩：《从〈小学古训〉的流传看明中后期社会文化生态之变化》，纪宗安、马建春主编：《暨南史学》第十四辑，广西师范大学出版社，2017年，第120—121页。
③ 参阅庄民敬：《略论黄佐与湛若水对朱熹〈小学〉的改编》，《中国文哲研究通讯》2022年第1期。
④ 朱鸿林：《黄佐与王阳明之会》，收入氏著《儒者思想与出处》，生活·读书·新知三联书店，2015年，第306—322页。

受教者的地位。对另一位心学大家湛若水，黄佐则在与他的交游过程中吸收了不少白沙学派的思想。黄佐晚年曾与他人谈论博文、约礼的道理，构造了"'读书''内省''明理''养性''动静得宜'的理论体系"①，将湛若水之师陈献章的"养性"学说与程朱理学加以通融，足见湛若水的思想对其影响之大。

嘉靖二十六年，黄佐致仕归乡，专意治学、讲学。此时，其思想学说已自成体系，常常借书信与他人阐发理学思想。

嘉靖三十一年，黄佐的著作《庸言》刊刻完成。黄佐随即将这部凝结着自己理学思考的著作赠送给多位故交，并附有书信。他在这些书信中，一般都会谈及自己的理学思想。如他向明代经学家林士元赠送《庸言》时，在《与林北泉士元书》中就谈及了"气"与"理"的关系。他在书信中称蔡一卿认为"理即是气之有条不紊者"，罗钦顺也认为万物"依于气而立，附于气以行也"；而朱熹认为"天下未有无理之气，亦无无气之理"，主张理气不分、理就是气、气就是理。②黄佐虽然服膺程朱理学，但在"理气"问题上却与朱熹的看法不同。《明史》亦称"佐学以程、朱为宗，惟理气之说，独持一论"③。黄佐认为气在理先，"气之有条不可紊者谓之理，理之全体不可离者谓之道"④，意指气为万物之根本，气生万物，使万物而行。这是对程朱理学中"气""理"学说的批判性继承。这种看法，在黄佐的其他作品中亦有体现，如《涵一亭说》："天地大德，生理一气也。河图、洛书，生数一理也。数曰后理，理曰先气，二之则不是矣。"⑤《理气说》亦云：

> 先儒曰："地上之气，皆天也。"天之旋绕，其气急劲，自左而上，自上而右，自右而下，自下而复左，日与人事作息相陟降焉。仰而视之，高高在上，昭鉴若远，而不知人生其中，如鱼在水，相入而不相离也。是故一阴一阳，循环消息，降衷于继善之

---

① 陈宪猷：《黄佐论稿》，《华南师范大学学报（社会科学版）》1998年第4期。
② 《泰泉集》卷二十二，凤凰出版社，2021年，第493—494页。
③ 《明史》卷二八七《文苑传三·黄佐》，中华书局，1984年，第7366页。
④ 《泰泉集》卷二十二，凤凰出版社，2021年，第493—494页。
⑤ 《泰泉集》卷二十八，凤凰出版社，2021年，第637页。

> 初，受中于成性之后，凡所赋畀，有条不紊，是即理尔。理一分殊，随吾心区别而名言之，理岂在气之先哉？故曰"二之，则不是"。①

黄佐在文中陈述了人与气的关系，主张"气"与人事作息密切相关，如同鱼和水的关系一样。接着又指出有条不紊之理为气，这与蔡一卿、罗钦顺对"理气"的看法一致。

罗钦顺（1465—1547），字允升，号整庵。弘治六年进士，授编修，官至南京吏部尚书。罗钦顺是明代著名的哲学家，黄佐在《寿整庵先生序》中陈述了自己与罗钦顺的交游过程：

> 佐生也晚，初入翰林，尝邂逅太宰整庵罗公于东阁。其后公明农泰和，佐亦弃官归养。尝得公所著《困知记》而读之，三叹而作曰："天之觉民，其在公乎！"彼谓致吾之知，不必学古训而后为有获，公则证以经书，而辩其以非为是；彼谓宗吾自然，不必事躬行而后为有德，公则求诸实践，而辩其似是之非。何者？吾儒内外合一之学，廓然大公，物来顺应，以明觉为自然，则必以有为为应迹。若徒言知而不贵力行，亦奚异于圆觉之说，视有为如梦幻泡影者哉？公之德望在天下，佐无容论。而其立言，家传人诵，将使衺者自此正，晻者自此明，天下之民盖有攸赖焉。……今公生自成化乙酉，距今甲辰，行年八十而康健不衰，所谓天寿平格，自伊尹之后，惟公足以当之。且公卫道之功，亦既格于皇天矣。将使斯民终被尧舜之泽，则幡然兴起，佐于公重致望焉。②

从序文中可知，黄佐对罗钦顺所撰《困知记》印象深刻，《与林北泉士元书》中提到的罗钦顺"气本一也"的说法就出自该书。黄佐除了肯定他"气本一也"的学说，也非常认同罗钦顺"致知""躬行"的学说，且赞其有"卫道之功"。黄佐在向王任用、张鳌赠书之时，也于附信中阐述了他对

---

① 《泰泉集》卷二十八《理气说》，凤凰出版社，2021年，第647页。
② 《泰泉集》卷四十一《寿整庵先生序》，凤凰出版社，2021年，第921页。

第六章　黄佐交游的主要话题及其传播方式

"道""明德"等理学话题的看法。

黄佐晚年在坚决捍卫程朱理学正统地位的同时，对心学也持续关注。他在与徐问交游时，就有关于阳明心学"良知"等思想的讨论，具体情状已见前章。除此之外，黄佐在与友人何燕泉、汪思的书信中，也表达了类似的观点。在《与何燕泉书》中，黄佐写道："今之道学，未尝读书，而索之空杳冥，无由贯彻物理，而徒曰致知，则物既弗格矣，无由反身而诚，则乐处于何而得哉？"①所谓"今之道学"指的正是阳明心学，黄佐认为其特点是空明无根，空谈致知。这与黄佐在《书孔子通纪后》中对心学的看法一致："谓心学当求诸佛老，其为罪也大矣。"②此外，黄佐的友人汪思也是理学信徒，对阳明心学持激烈批判态度："吾不知其于洪水猛兽何如也。"③黄佐认为"阳明陷溺于佛氏三十年，然后以致良知为学，本不过一圆觉耳"④，汪思也认为阳明心学"阳儒阴释，误人深矣"。黄佐在给汪思的信中，一方面对阳明心学持批评态度，指出王阳明的学说名为儒学，内核实是佛学，有悖于纯正的孔孟之道。但另一方面，他援引《传习录》，对王阳明关于"性"与"理"关系的阐发持肯定态度，认为合于《大学》之道。⑤从中可见黄佐对阳明心学呈批判继承的理性态度。

黄佐反对在谈论心学时"以空为教"，强调务实，重视读书学习，如《乐典序》云："乐之为道，大哉深乎，殆本诸心者已。……周衰乐弛，仲尼忘味于齐，击磬于卫，语大师于鲁，盖求诸心也。道不离器，君子学道，其务实如是。世乃驾言心学，逯有司存，然则二三圣哲非与实不中，其声斯繁也已。"⑥认为乐道殆本诸心，君子学道应该务实。《游名山记序》亦云："苟谈心学而求诸空寂，屏绝书籍，谓无与于我，是犹欲游名山而无稽，则亦踬于途也已。然则读书，其合内外者与。嗟乎！博文而约之以礼，

---

① 《泰泉集》卷二十二《与何燕泉书》，凤凰出版社，2021年，第498页。
② 《泰泉集》卷四十四《书孔子通纪后》，凤凰出版社，2021年，第1005页。
③ 《泰泉集》卷二十二《答汪方塘思书》，凤凰出版社，2021年，第501页。
④ 《泰泉集》卷二十二《答汪方塘思书》，凤凰出版社，2021年，第502页。
⑤ 《泰泉集》卷二十二《答汪方塘思书》，凤凰出版社，2021年，第501—502页。
⑥ 《泰泉集》卷三十七《乐典序》，凤凰出版社，2021年，第831—832页。

多识而贯之以一，吾所以直指洙泗之真传，断断乎其不可易也。"①他提倡通过博文约礼来达到多识的境界，只有这样才能得到儒学真传。

总之，黄佐一生热衷于理学，他早年习于通过作文、撰书来阐释理学观念，实际上是对理学学习心得的自我总结。中年以后，黄佐的思想渐成体系，与人交游时，多涉及对理学思想的阐发。在与王阳明等心学家的交往过程中，始终捍卫理学的正统地位，但也积极与心学家交游，认真阅读了《传习录》等心学著作，对其中与理学相合之处加以肯定，不合于理学的则加以扬弃，丰富了自身的思想体系。

二、治国理念与为官之道

黄佐出身岭南世家，其祖父黄瑜曾在朝为官，父亲黄畿娶广东名士陈政之女，这样的身份背景使他较早地接触到了明代官僚阶层。后世常谓黄佐"疏狂耿介"②、不善逢迎，但这其实只是基于他不热衷于结党营私、不醉心权谋及在广西任职期间私自离任等行为而言的，并不能就此认定他恃才傲物，孤立于官员阶层之外。特别是黄佐中进士后，与朝中同僚多有往来。在《泰泉集》中，既收录了大量他与侪辈官员的唱和应酬之作，也有与杨廷和、杨一清、蒋冕等重要官员交流的书信。黄佐每次离京，京中同僚多有送行并留下饯别诗词者。特别是在大礼议事件中，无论是护礼派，还是议礼派，皆有拉拢黄佐之举动。在大礼议风波中，黄佐本人因得到杨一清庇护，自己知难而退，最终得以躲过迫害。由此可见，黄佐在官场上人缘并不差。黄佐本人也经常为他人撰写临别序言、书稿序言、悼念文字等。从他遗留下的多篇赠序来看，黄佐不仅与京城官员有交往，与许多地方官员也有往来，足见他在官场交游之广阔，绝非孑然孤立之辈。因此，官场交游构成了黄佐交游活动的重要组成部分。

在官员之间的交游话题中，为政之要自然是不可回避的主题。黄佐的诗文中，保留了不少他与官员交往时对此类问题的看法，从中也可以看出

---

① 《泰泉集》卷四十三《游名山记序》，凤凰出版社，2021年，第991页。
② 林璜：《略论明代黄佐的方志学成就》，《历史教学》2013年第6期。

黄佐的为政理念。当前学界对于黄佐,更多是作为思想家看待,论述、分析其儒学思想的成果汗牛充栋,难以详举,却较少有研究者分析黄佐的政治主张。但黄佐作为明代官僚阶层的一分子,其政治理念、为官之道也是他个人思想的重要组成部分,同时也可以被视为考察明代官僚士大夫精神生活的重要个案。

早年居家时,黄佐作为广州士绅阶层中的青年才俊,就与地方官员多有接触。正德六年,广州知府曹琥调任广西梧州。史载,曹琥在广州任上时,"以教化为首务,敦行乡饮,作养生徒",颇得人心,却因为"性刚劲,不为势利所动"而被调离。①临行之际,广州士民为其送行。年仅二十三岁的黄佐特地作《赠桂山先生序》(桂山先生即曹琥),以寄托对曹琥的不舍之情。嘉靖三年,曹琥病故,黄佐撰写了《桂山先生行状》,以纪念斯人。可见黄佐与曹琥相交多年,关系并非泛泛。

前文已提及黄佐求学时与广东学政李希彦、林廷玉等的交集,再从他给曹琥撰写临别赠序和身后行状来判断,黄佐早年即与广东政要多有接触往来。曹琥等官员的德政善举对黄佐的施政理念应当产生了深远影响。黄佐在《赠桂山先生序》中即描述了曹琥的高大形象:"刚大之气畅中华,外望之若凛不可犯,近之则温温其恭。窥其干事,动配道义,不以害回,不以利迁",治家则"上严下顺,内外井井",为政则"德刑并行""谨庠序之教,崇乡饮之礼,清鸭埠之弊,靖灯市之奸"。②在文中,年轻的黄佐表达了自己心目中良臣清官的形象。其中歌颂曹琥"刚大之气畅中华"之语,乃是化用《孟子·公孙丑上》中"浩然之气"的典故,赞扬曹琥真诚正直、心怀道义。而所谓"谨庠序之教,崇乡饮之礼"的施政举措,也是明初以来朝廷以乡约教化乡里的政治传统。故在黄佐看来,为官的关键是在儒家思想的指导下,将正身修己和推行教化相结合。这既是当时广东清官能吏对黄佐的启示,也反映了时人推崇的一种施政理念。

---

① 《粤大记》卷十二《宦绩类》,广东人民出版社,2014年,第354页。
② 《泰泉集》卷三十四《赠桂山先生序》,凤凰出版社,2021年,第772—773页。

黄佐"素称直笔"①，如前所述，他在《上杨石淙书》中论述了很多为官之道和治国理念，双方就选官与用人、宰相、台谏、经筵、守令等议题展开了具体的讨论。此外，黄佐在担任地方官时，也积极践行其政治理想，实现政治抱负。如他在广西提学任上，兴办学校，奖善惩恶，实践了他心目中官员应该"谨庠序之教，崇乡饮之礼"的政治抱负。黄佐在与人交流为官之道时，根据他在广西的政治实践一再强调儒家学说"治国平天下"的可行性。比如他晚年向学生讲起他督学广西期间，曾经用孔孟之道和孝亲之理劝化大藤峡瑶民的事迹。黄佐称："于此见人性皆善，直道可行，孔孟岂欺我哉！"②在他看来，为官当以推行孔孟教化为务，如此则能宵鱼垂化、变俗易教，这与他长期研究儒学，为理学忠实信徒的身份和思想背景有关。

明代官场，逢官员外任，同僚在送行时，往往作临别赠序或诗词。黄佐在赠序中，亦常以为官之道和施政理念为主题，抒发自己的观点，作为对其他官员的寄语。此外，黄佐还记录了一些在送别同僚时谈论为政之道的问对。在《泰泉集》中，收录了许多这样的赠序和问对文字，成为黄佐向后世展示个人为官之道的凭依。

需要强调的是，黄佐在这些寄语中并非一味空谈道德，而是十分注意结合实际情况，对政务提出中肯的见解，表现出过人的政治见识。如嘉靖元年正月，陕西地区受到蒙古部落威胁，朝廷委左佥都御史李钺"总制陕西三边军务"③。黄佐为李钺送行之际，作《送少司马李公序》。④他在这篇赠序中，谈及对付蒙古的策略，首先强调以怀柔政策感化边疆民族的理念，指出"彼虏亦人尔，将革顽慕义，尚何侵轶之能为？"⑤这一观点将蒙古族与汉族一视同仁，在那个时代明显具有进步意义。与此同时，对于眼前蒙古的实际威胁，黄佐在强调怀柔远方的同时，也必须以军事准备为后盾，

---

① 雷礼：《广东通志序》，《（嘉靖）广东通志》卷首，岭南美术出版社，2006年，第1页。
② 黄佐：《庸言》卷七《政教》，齐鲁书社，1995年，第610页下栏。
③ 谈迁著，张宗祥校点：《国榷》卷五十二《壬午嘉靖元年》，中华书局，1958年，第3251页。
④ 刘敬宜：《黄佐诗文系年》，暨南大学硕士论文，2020年，第27页。
⑤ 《泰泉集》卷三十四，凤凰出版社，2021年，第784页。

提出"广储胥以偫军食""勤训练以明军纪""悬重赏以购奇功""慎赏罚以绳废坏"①四条备边策略,对蒙古恩威并施,以维护边境和平。四十多年后的隆庆元年,明朝正是在强化边防的基础上,通过"俺答封贡"这一非军事手段,实现了明蒙双方的和解,在较长时间内解除了蒙古土默特部对明朝北方的军事威胁,从而证实了黄佐的先见之明。此时黄佐刚刚进入官场,就能有如此见识,对边事的见解可谓头头是道,从中可以看出他平时留心实务,绝非空谈道学之徒。

黄佐对官员的为政方略,也有理论化的总结。嘉靖三年,黄佐回家省亲,在广州留居了一阵子。其间广州知府简沛前往京师述职,参加考绩。同为朝廷命官,黄佐大抵是在省亲之际拜会过这位家乡的父母官,二者有一定交情。故简沛北行之际,黄佐特撰写《赠简君侯考绩序》。②序中借赞颂简沛政绩,指出为官要坚持"仁""明""文""武"四条准则。③在这里,黄佐系统阐述了自己关于治理地方的思考。

此后,他又进一步对其为政理念加以阐发。如嘉靖七年,原广州通判刘瓘转任泉州通判。④黄佐在赠序中,以泉水比喻官德,指出为官要以仁政为本,具体做法,要坚持"洪以为量""静以为体""洁以为操""平以为度""仁以为泽",以达到"政不竞""政不扰""政不疵""政不陂""政不忍"的施政目标。⑤这些观点是对孔孟等儒学家仁政思想的继承并融入个人思考后的产物。类似的观点在《泰泉集》中尚有许多,主旨皆在阐明为官治民所需遵循的准则。大抵来说,黄佐与人议论为官之道的言论虽多,但主要谈论如何实行仁政、善政,展示出高尚的政治节操。

对于嘉靖时期"南倭北虏"⑥交相为患的困局,黄佐也有自己的思考。

---

① 《泰泉集》卷三十四《送少司马李公序》,凤凰出版社,2021年,第784—785页。
② 刘敬宜:《黄佐诗文系年》,暨南大学硕士论文,2020年,第37页。
③ 《泰泉集》卷三十五《赠简君侯考绩序》,凤凰出版社,2021年,第808页。
④ 刘敬宜:《黄佐诗文系年》,暨南大学硕士论文,2020年,第50页。
⑤ 《泰泉集》卷三十六《赠刘郡丞之泉州序》,凤凰出版社,2021年,第813页。
⑥ 商传指出:"嘉靖时代,北有蒙古之骚扰,即所谓'北虏'者;东南沿海则有'倭患',合之而称'南倭北虏'。"见商传:《明朝文化概论》,南京出版社,2016年,第181页。

在《与潘朴溪书》中，黄佐对"南倭北虏"问题的由来和危害作了分析，并提出了针对性解决问题的策略。如对于"北虏"，黄佐认为明廷应当"积东南财赋，以养西北兵马，防秋戒严"，方可使得"降虏日至，残党远遁黄河之外"。而对于"南倭"，则应在"沿海设备倭官军，风迅时督兵壮出海缉访"，还应引进先进装备："闻广州东莞有乌艚船，盐徒守柘林澳者，能削坚木为白挺。彼虽髡跣，然弓弩、火炮、飞石及铁蒺藜，皆所不畏，登陆持刀，运用卷握之间，徐行近前，人不敢敌。"①黄佐本人并不专习兵事，为此他曾专门向香山知县邓迁请教。②可见他对时局朝政的关心。

对于官德，黄佐在与人交游的过程中也多有议论。如嘉靖五年，安庆知府陆钶任满考绩，进京述职。事毕，陆钶将启程返回南方。黄佐作诗赠序为陆钶饯行，序名《春塘咏别诗序》。③黄佐在序中除赞颂陆钶的政绩之外，还提到了他的两个在朝为官的弟弟（陆钶季弟即陆铖），称赞兄弟三人皆以学行显著、勤政任事。他还以东晋谢灵运为反例，认为官员主政一方，如果不能勤勉于政务，即使才华再高，"其于国家竟何如也"，反对官场尸位素餐的不正之风。最后提出："是故仁者广爱以及人，志士不后时而建功。愚者挟艺以为能，煦妪以自安，不能以其爱及其所不爱，非仁也。有君不能事，有民不能使，不可谓志。"④提倡做官应仁者爱人，积极为国家建功立业，其儒家积极进取的思想显而易见。

好友文徵明辞官之际，黄佐在序中称赞他不慕荣华富贵、不贪图权位的行为，对当时官场汲汲于富贵、为贪图权力而蝇营狗苟于终日的风气进行了抨击。⑤从黄佐后来两度辞官，在大礼议事件中明哲保身，不做政治投机的行为来看，黄佐对文徵明的寄语，也表达了他对官场权力争夺的真实态度。

黄佐个人不汲汲于富贵的价值观，也深刻影响了他的政治态度。因之，

---

① 《泰泉集》卷二十二《与潘朴溪书》，凤凰出版社，2021年，第488—489页。
② 《泰泉集》卷二十二《与潘朴溪书》，凤凰出版社，2021年，第489页。
③ 刘敬宜：《黄佐诗文系年》，暨南大学硕士论文，2020年，第41页。
④ 《泰泉集》卷三十五《春塘咏别诗序》，凤凰出版社，2021年，第804页。
⑤ 《泰泉集》卷三十五《送文待诏归姑苏序》，凤凰出版社，2021年，第805—806页。

在大礼议事件中，黄佐游离于两派之外。虽然赞同护礼派的价值观，却不主动参与对议礼派的斗争。后来黄佐又与杨一清交好，他在致杨一清的书信中谈论政务，提醒杨相权不应凌驾于皇权之上，应谨守人臣之礼。这表明黄佐除了意图游离于政治斗争之外，欲获得某种特殊的"局外人"位置，从而对嘉靖朝君主集权恶性膨胀的政治局势洞若观火外，实际也应当与他不热衷于争夺政治权力的官场价值观有关。

值得注意的是，黄佐只是在朝廷政争中采取了趋利避害的态度，这并不表示他奉行消极为官的处世哲学。比如嘉靖二年，河南汝阳士子赵继勋中进士后，因"不习为吏"①，在被外派担任知县后，心生辞官之意。黄佐或与赵继勋有一定的交游关系，闻讯后前来劝勉。据《说车与赵子继勋》载，赵继勋向黄佐发问："仕而不多行道，古之君子固如是乎？"黄佐答之："仕而务行道，虽周公不能也。"指出即使是圣人也会遭遇挫折，不能事事合于所愿，但这不损于君子践行自己的理念。赵继勋受到鼓舞，放弃了辞官的想法。②由此可见，黄佐并不希望他人消极避世，而是主张出世以践君子之道，这反映出了黄佐为官思想中积极进取的一面。

三、"礼"的观念

儒家素来重视礼法，以礼作为维护天下秩序的根基。黄佐作为理学名家，在交游过程中自然会涉及对礼法等的讨论。黄佐在恢复儒家礼教方面曾做出重要贡献，他修撰《礼典》四十卷，其《泰泉乡礼》对广东地方教化亦发挥过举足轻重的作用，去世后还被追赠礼部右侍郎。

就现存史料来看，黄佐对礼的议论文字，多集中于其为官期间，且皆与当时的政务活动相关，其中不乏记录国家礼仪的篇章，这与他翰林官员的身份和当时的大礼议背景是分不开的。古代社会，礼仪祭祀一直占据着重要地位，政治礼节备受关注。因之，黄佐获授官后不久，就十分留心礼仪方面的政务。可以说，黄佐为官之初便以考订朝仪而闻名。嘉靖二年正

---

① 《泰泉集》卷二十八《说车与赵子继勋》，凤凰出版社，2021年，第631页。
② 《泰泉集》卷二十八《说车与赵子继勋》，凤凰出版社，2021年，第631—632页。

月初一，明朝各藩属国使臣在京师朝贺，翰林编修作为皇帝的侍从官员，循例在宫中当值。黄佐目睹明廷招待诸藩使臣的礼节，认为有悖古礼，随后便上《考定朝仪以正夷礼疏》进谏：

> 《尚书大传》：夏后氏之世，四夷贡乐，俱奏于四门之外。……四夷虽其君入朝，各位于阙门外，遥望天威，可畏而不可近；夷使朝贡，各在东西二门外设位拜伏，若赐酒饭，则鸿胪寺官传天语以命之。①

此事在当时虽未能马上引起明廷重视，但是年发生的"宋素卿通倭"事件，使得人们开始对外交礼节重视起来。黄佐于是年初的上疏议礼举动很快就会被想起来，《考定朝仪以正夷礼疏》也成为他在官场上的成名作。

大礼议事件爆发后，黄佐在君主嗣统问题上与杨廷和有所论辩，逐渐引起杨廷和注意，后来二人遂有交游。后黄佐站在了护礼派一边，公开赞成礼部尚书毛澄的观点，因而受到议礼派猜忌。黄佐虽然仕宦时间颇长，但考察其人生经历可知，他经常萌生退出官场之意，曾数次上疏奏请回乡侍母。加上受父祖无意仕途的影响，黄佐本人并没有强烈的追逐名利之心，而是醉心于学问艺术和著书育人。黄佐无意卷入朝廷争斗，但因与护礼派众人多有交情，因此在护礼派失势后，亦努力周旋。嘉靖五年，明世宗举行郊祀，黄佐趁机上《郊祀礼成广恩疏》②，援引宋朝每逢郊祀必大赦天下的成例，为遭到贬黜的护礼派诸人如蒋冕、毛纪、杨慎等人求情，希望皇帝赦免他们，可惜未果。

黄佐在与好友的交游过程中，也时常会谈及礼制和礼法。如《赠别崔后渠少宗伯还金陵》的"君子典三礼，胡然南甸遥"③；《寿石川》的"义方诗礼闲过庭，子亦不羡金满籯"④；《送三江先生》的"三朝礼乐归青简，八座声华动紫宸"⑤；《暮春赠别李仪部四首·其四》的"北阙已新周典礼，

---

① 《泰泉集》卷十九，凤凰出版社，2021年，第436—437页。
② 《泰泉集》卷二十，凤凰出版社，2021年，第447—448页。
③ 《泰泉集》卷八，凤凰出版社，2021年，第142页。
④ 《泰泉集》卷九，凤凰出版社，2021年，第172页。
⑤ 《泰泉集》卷十二，凤凰出版社，2021年，第245页。

南宫曾识汉官仪"①等。类似的诗句在《泰泉集》中数不胜数。其实，早在正德十六年，黄佐在应对殿试时所作的《廷试策一道》中，就大量谈及"礼"的问题：

> 知仁义礼智原于天道，为性命之正，则存之必慎，虽忠言之拂心逆耳者，亦必察而赏焉。……成汤之时，……以义制事，以礼制心，而防形气之私，然后建中于民，视禹为无间也。……孔子祖述尧舜，示人以博约明诚，是即精一之传也。颜、曾、思、孟之徒，承其道学，凡夫知及仁守，复礼集义，尊德性，求放心，务约其情以合于中者，皆借是以入尧舜之道而已。……匡衡疏言治审，所上崇礼让，成教化，必自朝廷始，然而不能救其变更之失。……玄宗初政，姚崇以《十事要说》：曰政先仁恕，曰不幸边功，曰法行自近，曰请罢贡献，曰戚属不任台省，曰宦竖不预政，曰接下以礼，曰群臣得犯讳，曰绝道佛营造，曰以前代为鉴。……凡礼与非礼，以至非礼之礼，义与非义，以至非义之义，皆决去其非，必一于礼义而后施诸政令焉。②

孔孟提出的"仁义礼智"是中国传统道德伦理观念中的重要因素。黄佐对"礼"的应用有深刻认知。首辅杨廷和"以公所言切直，乃移置二甲十一名"，大学士蒋冕"阅公卷，又欲置第一"。③黄佐关于"礼"的多数文章在当时受到广泛关注，也是士大夫经常谈论的话题。

四、谈禅论道

早在元末明初，许多理学家修习儒学时，往往兼及佛教与道教学说，后世就有"刘基近道，而宋濂近佛"④的评价。明朝统治者以程朱理学为官方统治思想，同时重视佛道二教"阴翊王度"的作用，对二教加以提倡和

---

① 《泰泉集》卷十三，凤凰出版社，2021年，第286页。
② 《泰泉集》卷十五，凤凰出版社，2021年，第357—366页。
③ 黎民表：《泰泉先生黄公行状》，《泰泉集》，凤凰出版社，2021年，第11页。
④ 商传：《明代文化史》，安徽文艺出版社，2019年，第295页。

保护。兼习三教成为明代精英知识分子的共识。黄佐虽与佛道二教保持"游而不交"的关系，但释老思想仍是其交游过程中的重要话题。

如前所述，早在正德十一年，黄佐就曾与广东按察副使章拯同游佛教名刹南华禅寺。正德十五年，黄佐在京等待殿试开考，其间一度居住于北京大兴隆寺内。此后在京期间，曾与友人多次造访大兴隆寺，谈禅论道。如《招提联句同林见素何燕泉赋》记叙了黄佐与林俊、何孟春两位友人同游大兴隆寺的经历，联句后引林俊语谓："早极初雨，霾翳稍清，燕泉翁喜霁，散步兴隆寺前。适予值焉，偕入僧丈，共憩树阴。以黄太史希斋寓舍乎近简致，论心剧谈儒释，金和玉节，共联诗二十韵。"①林俊、何孟春、黄佐三人在大兴隆寺中相会，又至黄佐寓舍谈论儒释，联诗和韵。

黄佐对佛道颇为关注且有一定程度的研究，对佛道的危害深有体会和反思。在《原佛》一文中他对佛教传入中国的过程作了详细的梳理，对佛教的危害进行了激烈批判。在《学行论》一文中，黄佐表达了对佛教影响下儒学式微的担心："貌儒心释，佛教大行，而儒道困陋，颓风浩起，孰能回之？"②黄佐在主持会试、国子监策试时，也多次对佛道问题进行考察，体现了他对佛道问题的关切。③

黄佐在与侪辈交游的过程中，论及儒学时也常常谈到对佛老思想的看法。在与徐问交游的过程中，双方曾通过书信讨论这些话题。他在《与徐养斋书》中就有针对性地陈述了王阳明的治学经历。王阳明称："吾自幼笃志（佛道）二氏，自谓既有所得，谓儒者为不足学……错用三十年气力。大抵二氏之学，其妙与圣人只有毫厘之间。"④在描述自己人生前三十余年的治学历程时，王阳明自称将佛老放在了很重要的位置，但此后"幡然醒悟"，认为佛、道思想太过空洞，不及儒学。不过，他在对佛道加以批判的同时，也承认"二氏之学，其妙与圣人只有毫厘之间"。黄佐在《学行论》中又言："今谫谫然借片言以传心学，结徒党而弃经书，言必简易，耸人视

---

① 《泰泉集》卷十四，凤凰出版社，2021年，第344页。
② 《泰泉集》卷二十七，凤凰出版社，2021年，第613页。
③ 《泰泉集》卷二十四《拟策会试举人文七首》，凤凰出版社，2021年，第530页。《泰泉集》卷二十四《策国子监诸生文三首》，凤凰出版社，2021年，第536页。
④ 《泰泉集》卷二十一《与徐养斋书》，凤凰出版社，2021年，第470页。

听，徐察其行，嵬琐无恒，何其躬之不逮也？貌儒心释，佛教大行。"①认为当时的文人抛弃经书，用只言片语来传授心学，大多是耸人视听，并没有接触到心学的本质。这种做法只是外儒内释，并没有付诸实践。黄佐在与他人议论心学时，常常拿佛老之说与之对比。比如他在与徐问一起批判阳明心学时，就指出王阳明的"致良知"理论源于佛教的《金刚经》，不是正统儒学。②在与林俊的书信往来中，黄佐也表达了同样的观点。③这说明黄佐对佛道学问有深入的研究和理解，在加以批判的同时也看到了佛道合于理学的部分。黄佐在与他人的交游过程中，多次表达过这一观点。如《与崔洹野书》云："近日《金刚》、《圆觉》及六祖《坛经》，为讲道学者所宗，阳儒阴释，自谓易简，不涉支离……惟王阳明祖述吕希哲氏，专言致良知则静慧皆在其中，此阳儒阴释者所以乐从之说也。"④此处"道学"指的是宋明时期的理学。黄佐在书信中指出理学家在讲学时多宗法佛学，王阳明所说的致良知中的静慧，都是阳儒阴释的表现。另外，黄佐在《赠方伯东溪徐公序》《答汪方塘思书》《明翰林院学士奉政大夫一斋先生丰公墓碑》《见素先生林公祠记》等作品中，都指斥心学"阳儒阴释"。

黄佐将"貌儒心释""阳儒阴释"视为对儒学的离经叛道，一旦论证心学与佛教存在联系，便足以将其打入异端。黄佐经常在作品中指斥释老"异端""不实"，如《原心》云：

> 佛氏圆觉，觉性体之圆而不知方之以义，遗外者也；老氏致虚，致心体之虚而不知实之以理，废用者也。今之阳儒阴释，取孟氏一语以立门户者，不思理义，其流也殉欲射利，丧其良心。⑤

《重建长乐县儒学记》亦云：

> 故尧、舜之教人也，不善者必观其德，格庶顽而侯明以礼，

---

① 《泰泉集》卷二十七，凤凰出版社，2021年，第613页。
② 《泰泉集》卷二十一，凤凰出版社，2021年，第469页。
③ 《泰泉集》卷二十一，凤凰出版社，2021年，第466—467页。
④ 《泰泉集》卷二十一，凤凰出版社，2021年，第472页。
⑤ 《泰泉集》卷二十九，凤凰出版社，2021年，第656页。

言扬以乐是已；其用人也，有德者必考其业，举黎献而敷纳以言，明试以功是已。亲睦惇叙之化，即其振德之本，举而措之尔，初未尝如世之谈心学者，持守空虚而弃其运用流行之实也。①

由此可见，黄佐经常把三教放在一起阐述，多强调儒学的"实之以理"，批判释老的"空虚不实"。这说明在明代，虽然三教合流的趋势已经很明显，但儒、释、道三家依然保留了各自的独立性。儒学士大夫虽兼习三教者甚众，但依然以儒学为尊，而不愿与佛、道混一。所不同者，如王阳明这样的心学家，顺应了三教合一的思潮，承认佛教与儒学存在相通之处；而如黄佐这样的理学家，虽然对儒释相通偶有阐述，但大多数则坚决否认儒学与儒释二教具备相同性。如黄佐在《皋陶论》中对此论道：

今之儒者好佛书以谈心学，谓与吾儒同。其训金刚，则谓降伏其心，见自本性，有大定力，既附会精一之义矣。又训应无所住而生其心，不取于相，如如不动，则谓但无一切心，自然合天道，复附会天性之义焉。然释氏之书本无此语也，况其不察人伦，以空为教，削发袒肩，大倍典礼，偏僻恣肆，安知所谓中乎？是则尧舜心法决异于禅，章章明矣。②

"明心见性"实际上是禅宗的说法。儒者训"金刚心"，认为降伏其心，则见自本性，用此来附会儒家的"精一"之义。"又训应无所住而生其心，不取于相，如如不动，则谓但无一切心"，认为无心符合自然天道，以此来附会"天性"之义。但黄佐认为佛书中并没有这样的训语，而且儒者在训释上不察人伦，以空为教，过于注重外在形式，偏离正道。种种说法，表明儒家所谓的心法与禅学绝不相同，反映出黄佐崇儒抑佛的思想及当时理学思想"排他"的一面。

黄佐在与他人探讨学问时，也有过比较佛、道学说优劣之议。在翰林院时，黄佐与另一位翰林编修崔铣有旧交。在《与崔洹野书》中，黄佐论述了《金刚经》《圆觉经》《坛经》等佛教经典中的心性问题，认为佛教学

---

① 《泰泉集》卷三十三，凤凰出版社，2021年，第758页。
② 《泰泉集》卷二十五，凤凰出版社，2021年，第552页。

说"反不如老氏之简易矣"①。

五、文学创作与求学问道

黄佐博览群经，精通乐律和词章，《四库全书总目提要》在评论《泰泉集》时，称黄佐"文章衔华佩实，亦足以雄视一时。岭南自南园五子以后，风雅中坠，至佐始力为提倡。……广中文学复盛，论者谓佐有功焉。其诗吐属冲和，颇见研练。于时茶陵之焰将燖，北地之锋方锐，独能力存古格，可谓不失雅音"②。可见在岭南文学发展史上，黄佐是一名颇具影响力的诗人，他的诗文题材丰富，境界开阔，风格雄伟绮丽，内蕴深厚，被后人誉为"吾粤之昌黎"。清代学者朱彝尊称黄佐为"岭南诗派"领袖，认为黄佐在"南园五子"和"南园后五先生"间起到了承上启下的作用，在振兴岭南诗坛方面功不可没。

古代文人聚会一般要作诗唱和，临别时也常有诗相赠。在黄佐的交游中，与友人游览、宴饮、唱和等活动不可或缺。《泰泉集》中收录黄佐与其他文士往来唱和的诗文数十篇。这些诗歌的内容有涉及离别寄情者，如《送大理卿郑公讯狱如陕西》《送秦刑曹之留都》《赠郭循夫北上》等；宴饮唱和者，如《陆五湖寿我以罗浮歌次韵答之》《寿陈虚白炼师》《静坐宴起再用玄览台韵》等；与友人同游山水、寄情美景者，如黄佐六十一岁时与弟子同游罗浮山，作《罗浮道中》《罗浮瑶台石》《罗浮钓鳌石有怀罗豫章先生》《罗浮朱明洞二首》等十余首诗。总之，宴饮酬唱、寄情山水是黄佐交游话题的重要组成部分。

黄佐还时常与友人通过书信来探讨文学、学问等话题，如他在为新安人王克服所作《岣山诗集序》中云：

岁丙子，兰溪章尚书朴庵公来视学吾广，予时得与交游之末，间论诗。予曰："古之为诗者求其律，今之为诗者求其辞。唐人非

---

① 《泰泉集》卷二十一《与崔洹野书》，凤凰出版社，2021年，第472页。
② 《四库全书总目》卷一七二《别集类·泰泉集》，中华书局，1965页，第1503页下。

> 独《渭城》别词入于琴操而已，虽冰心玉壶、孤城万仞之句，犹能被诸弦歌，信非通于律吕，亡以诗为乎！"辱公不以予为谬。他日，谓新安有王克服氏者，貌若不扬，而积学工诗，大类摩诘。克服自是与予交游，予亦甚爱其诗也。今年，克服之子履祥来，予与之坐草堂，啸吟竟日而后去。已而从汪君渝、佘君世亨，时来笑语，依倚青山白云，闻我天乐，间求予序克服所著《屿山诗集》。予甚爱其诗，欲精择以协诸律，而未之能也，乃序其首简，俾履祥归语乃翁，自择以传焉。嘻乎！朴庵公今亦归隐道山矣，倘克服相见，更以予言相与订之。①

由这篇序文可知，正德十一年（丙子），黄佐曾与章拯讨论诗律、诗辞等问题，二人皆认为唐人作诗重律，今人则更为重辞。

黄佐在史馆结识的周宣（1478—1532），曾于嘉靖六年任广东左布政使，著有《秋斋文集》。黄佐在为此书所作序中有言：

> 明兴将二百载，海内文章凡三变。洪武初，括苍、金华巨儒迭出，闽中王孟扬辈起而效之，壹是以班、马、韩、柳为宗，故其体洪博而深厚。永乐至于天顺，馆阁颉师欧阳，三杨其尤也，绳袭至西涯、篁墩而益盛，故其体简质而纤徐。成化末，林见素、罗圭峰蜕陈化新，骎骎庚革。逮弘、德之间，关、洛诸英，始务为瑰玮，故其体奇崛而闳肆。大抵南士迭相倡和，而后昭融于北，谁谓越无人哉？莆田周氏，时则有若鹤洲太守、翠渠方伯、耻斋都运，皆以文鸣，闽产之杰然者也。秋斋先生以魁垒之才，晚出弘、德间，积学浩富，作为诗文，不逐时好，力挽国初雄浑之气，直欲颉颃宋刘，而与汉、唐名家相长雄，殆志士也夫！②

在这篇序文中，黄佐按洪武初、永乐至天顺、成化末、弘治正德年间的时间顺序，简明扼要地阐述了明代文章多次发生变化的原委。由此可以看出，黄佐对明代的文学脉络和发展态势了如指掌，对各个时期的文学领

---

① 《泰泉集》卷三十九，凤凰出版社，2021年，第884页。
② 《泰泉集》卷四十二，凤凰出版社，2021年，第954页。

袖也如数家珍。

在家学的熏陶下，黄佐从小以聪颖知名，四岁读《孝经》，五岁执养亲礼，二十岁乡试第一，后官至翰林，"明习掌故，博综今古"[①]，精通典礼、乐律、词章，在文学方面也做出了重要贡献，无愧于明代岭南学者中"最有根柢"[②]之誉。

《泰泉集》中有"乐章""琴操""乐府"等与音乐关系密切的作品，更有专门论述音乐的作品《韶乐论》等。通览《泰泉集》可知，黄佐论及音乐的作品数不胜数，且常与"礼"结合起来论述。除了讨论礼乐的作品，黄佐还有很多题画诗，如《题石川画赠张子》《题画猫为丁大章》《燕山田少参将奉表北上以忠孝节义四画见惠题诗其上赋此答赠》等。

张璧为黄佐作的《泰泉集序》载："博学于文，知其根而溉之者也；约之以礼，归其根则千华万叶，受泽而结实者也。博而反约于心，则视听言动之中礼，喜怒哀乐之中节，彝伦经权之中道，一以贯之而无遗矣。"[③]这可以说是对黄佐教育思想十分中肯的评价。黄佐学问深厚，博学多才，其在与门生交游之时也常常以"博学勤思"来教导他们：

> 仓山欧子大任从予讲学，自言山在旗峰之阳，其麓蒙茏萧椮，局然小也。九曲而上，岑崟坦荡，可以俯观于海，则巍然大矣。予告之曰："吾之所履，其犹兹与。博学于文，思则得之。虽若勤苦，能不懈焉，真积力久，则喜怒哀乐发皆中节，视听言动自无非礼，是乃心学，非口耳之末也，否则诗文焉而已矣，举业焉而已矣。狯乎小哉！尽于履者如是。古之学者，心与我同。履必以渐博而守之以约，多识而贯之以一，故曰'弘于天若，德裕乃身'，又曰'乾元用九，乃见天则'。其体一，其用九，其合内外之道者与。是故君子有九思，约乎内者也；天下国家有九经，贯乎外者也。非穷九曲，见大无由，子必勖之。"欧子受教而归，陟

[①]《四库全书总目》卷一七二《别集类·泰泉集》，中华书局，1965年，第1503页下。

[②]《四库全书总目》卷一七二《别集类·泰泉集》，中华书局，1965年，第1503页下。

[③] 张璧：《泰泉集序》，《泰泉集》，凤凰出版社，2021年，第8页。

> 仑山闻樵父之歌，适惬吾言。①

由此可以看出，黄佐提倡在学习过程中要博学多思、持之以恒，真积力久，方能体会真理、德裕于身。他提倡"渐博"，认为学习要循序渐进，且要不断反思，学思结合才能掌握所学要领。序言中还提到了"合内外之道"，黄佐在《内外合一论》中对此有详细阐释：

> 儒者内外合一之学，非徒成己成物而已。内圣则体道以尽性，外王则行道以辅君，必也博学穷理而约诸性乎！②

黄佐教导门生要"内圣外王"，但要用博学穷理来约束性。"内圣外王"的说法出自《庄子》，是古代士人修身为政的最高理想，意即内在要有圣人的才德，外在又能施行王道。该词虽首见于《庄子》，但已成为儒家哲学的代名词，亦可见在黄佐眼中，儒家学说海纳百川，能包蕴万象。

第二节 黄佐交游话题的传播方式

上述话题构成了黄佐交游活动内容的重要组成部分。这些话题促进了黄佐与当代文士的交流，也传播了自己的思想学说。在媒体不发达的古代，上述话题如何被记录和传播下来，是一个需要被单独讨论的话题。大致来讲，黄佐主要通过书院讲学、文人雅集和书信往来来传播自己的观念与思想。

一、书院讲学，人才培养

黄佐一生的主要精力在教书育人、著书立说，他"在广东创办泰泉书院，在广西重建宣成书院和湘山书院、桂林武学等，培养出了一批优秀弟

---

① 《泰泉集》卷四《仑山樵父辞》，凤凰出版社，2021年，第73页。
② 《泰泉集》卷二十七，凤凰出版社，2021年，第608页。

子"①。嘉靖三年、嘉靖九年至十五年、嘉靖二十六年以后,黄佐多次在粤洲草堂、泰泉书院等广收门徒、开馆讲学,他将讲学视为一生中最重要的事业。②

黄佐称"书院非古也,肇自唐人,禁中以储书籍。宋儒踵为之,始以施教焉"③,他认为书院产生于唐代,但在当时仅作藏书之用,其兴起"是由于'小学、大学之教废',书院才承担起使'童者有养、成人有德'的责任"④。此外,他认为书院可起到"文起八代之衰,道承千载之绪,而通情思于周孔,溯渊源于伊洛。所以嘉惠吾人者至矣"的作用。兴办书院,便可使"硕士名儒往往汇兴,李渤、象山岂能专其美哉?自是忠贤之所过化,钜公之所乐育,莫不效焉"⑤。群贤毕集、培育人才,这便是黄佐创办书院的初衷。

在兴办书院的过程中,黄佐与地方官宦、名士多有接触,也不乏前来求教者,这无疑丰富了他的交游生活。林俊就曾致信黄佐"询及讲学著书",黄佐回复称:"开缄如觌光霁而聆嘉言。"⑥与此同时,黄佐在其漫长的讲学生涯中,培养了许多知名学者。在众多弟子当中,有不少人还曾参与了黄佐的著述活动。如黎民表与黄佐一同编撰了《罗浮山志》,姚泓、姚澜、张文钜、徐国瞻、汤相等人则出资刊刻了此书,扩大了黄佐的学术影响力,有力地传播了黄佐的思想和交游话题。前已述及,黄佐晚年的著作《庸言》,也系其弟子辑录成书并主持刊刻。该书出版后,黄佐赠予了多位

---

① 梁艳:《黄佐的教育活动及其教育思想》,暨南大学硕士论文,2015年,第16页。
② 需要指出的是,黄佐虽曾先后修建泰泉书院、粤洲草堂以作讲学之用,但二者发挥的作用并不相同,黄佐的讲学活动主要是在粤洲草堂开展的,堪称"讲学中心地"。对此,吴泽文分析道:"泰泉书院建于番禺县北部的栖霞山上,离县中心地距离较远,山林书院与外界往来多有困难。"因此嘉靖七年,黄佐在粤秀山建粤洲草堂。粤洲草堂遂逐渐发展成为黄佐主要的讲学场所。见吴泽文:《黄佐与明代广东地方教化研究》,暨南大学硕士论文,2018年,第81页。
③ 《(嘉靖)广州志》卷二八《学校下》,岭南美术出版社,2007年,第397页。
④ 梁艳:《黄佐的教育活动及其教育思想》,暨南大学硕士论文,2015年,第17页。
⑤ 《(嘉靖)广东通志》卷三八《礼乐志三》,岭南美术出版社,2007年,第950页。
⑥ 《泰泉集》卷二十一《复林见素书》,凤凰出版社,2021年,第466页。

友人。在赠书的附信中，黄佐所言多涉及前文提到的交游话题，实际上在空间维度上构成了其交游话题的有效传播途径。黄佐去世后，门人黎民表专门撰写了《泰泉先生黄公行状》，记录了黄佐一生当中的若干交游活动，是后人研究黄佐交游情况的参考资料，这也在时间维度上形成了黄佐交游话题的传播途径。

黄佐年轻时就注意到了讲学的重要性，其《廷试策一道》中就多次谈及讲学：

> 故孝宗淳熙之世，朱熹草奏《自新十事》，则所谓讲学以正心，修身以齐家……陛下欲讲学穷理，是长治之道也。朱熹谓学之当讲，而曰读书之法，在穷理以致精，然则讲学非所以穷其理乎？臣尝观于祖宗之时，《诗》、《书》、诸史，多自讲解。正统以后，经筵之御，不避寒暑……正德初政，惟事逸游，经书所陈，史籍所载，一切厌弃而不之讲，其蔽深矣。臣愿陛下立心以实理为主，修身以实践为贵，讲学以实见为是，行事以实用为功……是上事者究而言之，节财爱民本于讲学穷理，求贤纳谏本于修德勤政。①

从这篇殿试策问可以看出，黄佐提倡的讲学内容主要是"《诗》、《书》、诸史"等儒家之学，更具体地说是程朱理学。"讲学以正心""讲学以穷理"，都是为了更有效地治理国家。黄佐也意识到了正德时期的讲学之弊，并提出了应对之策，即"立心以实理为主，修身以实践为贵，讲学以实见为是，行事以实用为功"。正德时期"不讲经书"的弊病，在其《梦中朔风诗》序中亦有体现：盖方今讲学，多弃经书而谈心，殊不知博学可以为政，必明善诚身，亲民如赤子，此谓知本，乃大学之道也。②黄佐在这里其实是批判了心学，主张在教育过程中灌输博学、明善的大学之道。

《泰泉集》中也时有涉及讲学的内容，如《明辨说》云："讲学所当明辨者有六，道、德、义、理、性、命是也。"③《赠郑韶州序》："泰泉子与

---

① 《泰泉集》卷十五，凤凰出版社，2021年，第360—371页。
② 《泰泉集》卷五，凤凰出版社，2021年，第100页。
③ 《泰泉集》卷二十八，凤凰出版社，2021年，第653页。

来朋讲学于栖霞之椒，甫及克己复礼之说，而英德吴令伻至问赠言焉，遂叙其说以赠。"①由这些材料可以看出，黄佐主张讲学的内容涉及道德、义理、性命之说，还有博学、约礼等。他还对古代先贤的讲学内容有深入研究②。后人评价黄佐在教育方面："教生徒为学以程、朱为主，'由博返约'。"③

从黄佐在书院的讲学情况来看，他的讲学内容以程朱理学为主，教授的内容也符合儒家仕进之路。黄佐创办书院，目的是传承其学术思想，当然也不排除他想要在地方树立家族威望，为地方教化做贡献。值得注意的是，黄佐清醒地意识到官方意识形态对士人的严厉控制与官方讲学之弊，他的讲学内容是其思想形态的体现，为理学发展注入了一股新势力。有学者认为，明代"书院的发达，一方面是传播新的学术思想的需要，一方面也是学校衰败后，为挽救教育的危机而进行的努力"④。黄佐的书院讲学为传播理学做出了贡献，对明代书院的发展也有启示意义。

二、文人雅集，诗歌唱和

古代文人雅集，往往伴随着赋诗、宴集的交游活动，有时还会请人作序纪念。举行雅集的原因多种多样，有送别、祝寿、游览、宴会、同年会等，黄佐作有《湛子宅夜宴和吕子仲木边炉诗》《梁彦国贺七十一寿次韵》《次潘少承寿七十一韵》《游李将军梅园呈同游张廖童三子》《大兴隆寺小集赠别卢侍御尧文分韵》《同年会以新秋同年雅集为韵六首，在会者顾金宪溱、刘金宪乔、余给谏经、梁侍御世骠、伦侍御以谅及予也》《游粤台与方棠陵伦右溪王象川伦彦蕃同赋得览字》《春日草堂雅集分得桥字》《郭中丞半隐园迎春雅集》等，类似的诗歌在《泰泉集》中屡见不鲜。

文人间的日常交往，诗歌互动也是思想传播的途径之一。《泰泉集》中

---

① 《泰泉集》卷四十三，凤凰出版社，2021年，第979页。
② 《泰泉集》卷四十《四如黄先生讲稿序》，凤凰出版社，2021年，第927—928页。
③ 蒙荫昭、梁全进主编：《广西教育史》，广西人民出版社，1999年，第192页。
④ 尹选波：《中国明代教育史》，人民出版社，1994年，第5页。

表现其日常活动的诗歌为数众多，如礼物赠答类有《调鹿出郊谢徐方伯惠酒》《答黎惟仁惠酒骰兼柬梁思伯》《答侯少参惠雁宕明茶》《梁思伯惠盆兰对酒有作学月露体》《燕山田少参将奉表北上以忠孝节义四画见惠题诗其上赋此答赠》《汤文明惠并头葵花二株口占十绝》等；哀悼类诗文有《哭崔南甫二首》《祭李略阳文》《朝列大夫国子祭酒鲁文恪公神道碑》等。黄佐所作的碑文、墓表、墓志、诔、传、行状、祭文等作品，也是反映他日常交往、人际关系及日常生活状态的重要资料。

不仅如此，与黄佐交游的文人名士极多，其中不乏文集传世者，如《湘皋集》（蒋冕撰）、《白沙先生集》（陈献章撰）、《东川刘文简公集》（刘春撰）、《巽峰集》（尹襄撰）、《梓溪文集》（舒芬撰）、《渐山文集》（屠应埈撰）、《东所先生文集》（张诩撰）、《瑶石类稿》（黎民表撰）等。另有众多与友人赠别、雅集时所作的诗序，如《送陆舜臣诗序》《赠方重耿诗序》《永思诗序》《秋江别意诗序》《赠周玉岩诗序》《送徐西溪入觐诗序》等。另有写给友人的题跋文，如《书赠黎韶山卷后》《书柯尚立卷》等。这些集序、诗序、题跋涉及的人物关系非常丰富，详细记载了书籍作者、编纂者、刊刻者及所涉人物与黄佐交游的复杂情形。

这些诗文保存了大量黄佐交游时的话题，随着文集流传，也使时人和今人能够充分了解黄佐生前交游的种种话题内容。是以黄佐虽然逝去数百年，而其言尚存于世间，实现了交游话题在时间和空间双重维度的传播，可谓黄佐交游话题的重要传播路径。

三、书信来往，学术论辩

在传媒不发达的古代社会，人的言行活动只有诉诸文字才能广为流传，为他人所知。黄佐著述颇丰，除生前已刊刻成书的著作外，散见诗文则被其子孙和弟子整理为《泰泉集》六十卷。这是目前已知收录黄佐诗文最全的别集，别集中收录有黄佐与他人交游过程中撰写的信件、赠序、题跋等。

黄佐在日常交游中，常与交游对象互致书信，其中多有学术论辩。如前所述与阳明辩"知行""良知"的《答王阳明书》，与徐问论"阳明心学"

"中和观"的《与徐养斋书》。通过书信来往、学术论辩，黄佐对程朱理学及阳明心学的态度得以彰显传播。

黄佐还经常通过书信与友人讨论教育问题。如《复林见素书》云：

> 夫古今著书者多矣，博而不约，是畔道也；讲学者亦多矣，言而不行，是欺世也。……然则著书讲学，为世法程，执事固当任世道之责者也。佐何人斯，敢与于此？……夫修德不讲学，则不明；讲学不修德，则不诚。明则察理必精，诚则循理必一。①

在写给林俊的书信中，黄佐提出了"博学""守约"的理论，也提出了修德在讲学过程中的重要性。在《与郑抑斋书》中亦有类似观点：

> 生今与后进讲学，只博约二语而已。读书以明之，闻见之知，研究此理，博文也；反身以诚之，德性之知，惇庸此理，约礼也。②

黄佐《明诚论》中亦有"修德不讲学不明，讲学不修德不诚"③等语。这些材料实际上体现了黄佐的教育主张："先生以博约为宗旨，博学于文，知其根而溉之者也。约之以礼，归其根则千枝万叶，受泽而结实者也。"④他认为做学问要有广博的知识，这样才可以知仁、明善，与此同时，又要遵循礼之规范，"言要而检束"，言行一致，切中要点。

---

① 《泰泉集》卷二十一，凤凰出版社，2021年，第466页。
② 《泰泉集》卷二十二，凤凰出版社，2021年，第491页。
③ 《泰泉集》卷二十七，凤凰出版社，2021年，第604页。
④ 《明儒学案（修订本）》卷五一《文裕黄泰泉先生佐》，中华书局，2008年，第1203页。

结　语

作为明代中叶著名的理学家、文学家、史学家，也作为一名任职多年的官员，黄佐一生的交游活动十分丰富。从《泰泉集》中收录的大量序文、书信、墓志、诗歌，我们可以看出与黄佐交游的官员数量很多。黄佐交游的官员队伍中，既有像舒芬、蒋冕、杨一清那样的朝中重臣，也有为官清正而长期不得晋升的地方官员。在与这些官员交游的过程中，黄佐并不主动攀附权贵以求富贵闻达，足见其坚持的是道义之交。京中重臣大多有广博的学问和深厚的文化素养，他们的见解对黄佐的思想产生了重要影响。黄佐在官场沉浮多年，虽"不喜干谒"，但并不孤立于同僚之间。在与地方官员交游过程中，黄佐与他们讨论治国之策和为官之道，也从他们那里深入了解当地的风土人情，这些都丰富了他对官僚系统的了解和对地方社会的认知。大礼议背景下，党争之风浓郁。黄佐与官员在交游时尽量规避陷入党争风波，呈现出"友而不党"的交游特点。

黄佐与王阳明、湛若水、徐问等理学大家谈论程朱理学与阳明心学，与他们的交游无疑激发了他对理学的深刻探索。在与理学家交往的过程中，黄佐能虚心接受对方的教诲和指导，对他们的学术观点表示尊重，同时亦能不惧对方博学硕儒的身份，坚持他对理学的独特看法。通过考察黄佐的理学思想，可以发现他在阐述理学观点时往往引经据典，把在史学、文学等领域的认知和理学结合起来，对"慎独""中庸""约礼""知行"等思想多有深入阐发，逐渐形成了自己独特的学术体系，并在不断探究理学奥秘的过程中，助力明代理学的新发展。

结　语

对佛道二教，黄佐保持着"游而不交"的态度，虽与友人多次游历佛教宝刹、道教名胜，但与佛道等宗教人士却交游甚少。从中可见黄佐对二教态度之一斑。深受佛教扰害的亲身经历，加之明代中叶政治、宗教环境的变化，黄佐对佛道二教也逐渐转变为批判态度。

明代讲学之风兴盛，老师与弟子之间的交游，常常被视为宗亲之外的重要的"社会关系"。纵观黄佐一生，他在晚年主要从事著书立说和聚众讲学活动。致仕后的讲学语录《庸言》，必然与门人弟子的交游生活分不开。在授徒讲学、谈学论道的过程中，黄佐不遗余力地教给学生博学约礼之法和为人处世之道，展现了他作为导师博学多才的人格魅力。黄佐与弟子始终保持着亲密的师生关系，明代广东文坛有重要影响的"南园后五先生"中，黎民表、欧大任、梁有誉等受黄佐影响颇深，其他弟子亦多受其沾溉。这些优秀学子的成长，离不开黄佐苦心孤诣、独树一帜的教育理念。

在与地方社师、学官等人的交游过程中，黄佐也为地方教化和编纂地方文献做出了卓越贡献，反映了他对文化传承和地方社会建设的关注。常璩在《华阳国志序》中点明了编纂方志的主要功用："夫书契有五善：达道义，章法式，通古今，表功勋，而后旌贤能。"①这也是黄佐编纂地方志的原因。黄佐在正德年间撰成《广州人物传》，嘉靖年间编纂成《广州志》《广东通志》《罗浮山志》《广西通志》《香山县志》等，对岭南文化的发展和传承做出了很大的贡献。

通过上述考察可以看出，黄佐的交游对象十分广泛，交游活动不仅对他的日常生活、文学创作、理学认知、心性塑造有重要影响，对明代岭南地区文化发展和地方教化也有重要意义。通过对黄佐交游事迹与交游话题的分析，我们也可以看出黄佐深厚的学术素养和平等的交游心态。在与理学家谈论儒学时，他往往抱着与人为善的态度；在与侪辈探讨学问时也能直言观点，充分交流，即使不赞成对方的学说，也会予以尊重。这在他与王阳明的交游过程中就可以看出来。黄佐作为理学名家，其交游话题常常离不开对儒家伦理的探讨。纵观黄佐一生，未有狂悖不法之举，在明代政

---

① 常璩撰，刘琳校注：《华阳国志校注》卷十二《序志》，巴蜀书社，1984年，第895页。

治高压环境下被卷入大礼议之争而能够全身而退，也反映出他在交游活动中遵循礼法、慎言慎行的特点。在黄佐与众人的交游过程中，始终保有极高的严肃性，这或许是他理学家的身份使然。在他与友人的书信中，时常可以看到他们之间的相互规诫与鼓励。他们的论交也多以道义为基础，所涉话题和内容严肃而动人，往往标示出"朋友"伦理的道德高度。从他在文章中所论述的"朋友之交""朋友之信"及众友人对黄佐的评价，我们可以直观感受到他在交友方面的人格魅力。要而言之，可用《论语·季氏》中的"直谅多闻"来概括。正是这种"直谅"和博学之友的难得，他与友人之间的"信""义"，才使得黄佐在遭遇危险时，总有朋友挺身而出相助相救。黄佐生活的明代中叶政治斗争激烈，君臣冲突的情况也时有发生，这也促使了士人对同道者的渴望，而在与同道者的交游中也逐渐完成了他理学家心性的塑造。

附录　黄佐家族世系表

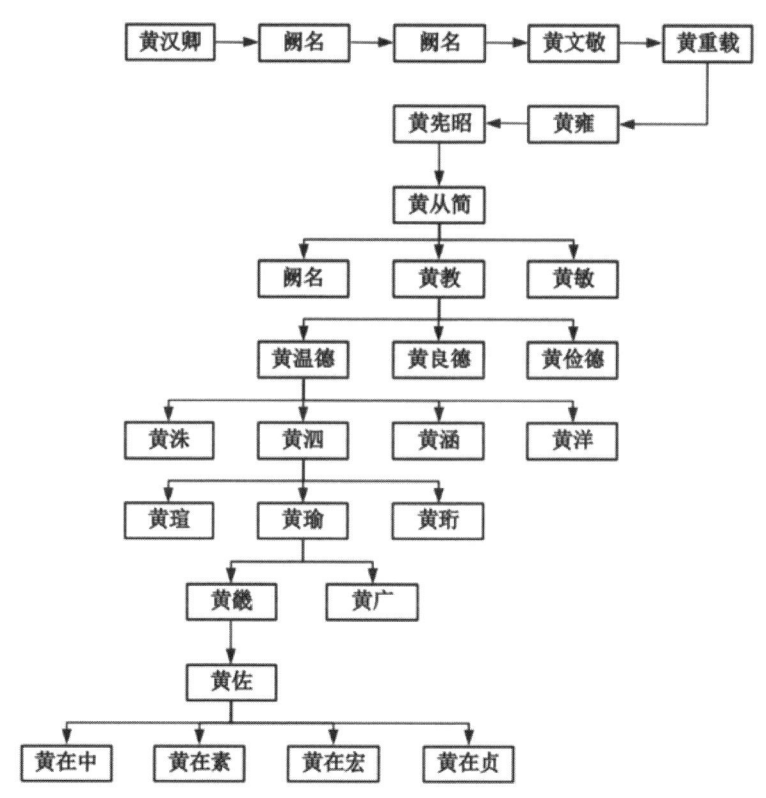

说明：①本表主要依据黄佐《郡志自叙先世行状》《黄氏家乘》制作；
　　　②本表主要记录黄佐一脉。

参考文献

一、史料

1. 舒芬：《舒梓溪先生集》，国家图书馆藏嘉靖三十二年刻本。
2. 陈选注：《小学集注》，中华书局，1936年。
3. 谈迁著，张宗祥校点：《国榷》，中华书局，1958年。
4. 何良俊：《四友斋丛说》，中华书局，1959年。
5. 《明宪宗实录》，台湾"中研院"历史语言研究所校勘，1962年。
6. 《明世宗实录》，台湾"中研院"历史语言研究所校勘，1962年。
7. 陈寿撰，陈乃乾校点：《三国志》，中华书局，1964年。
8. 范晔撰，李贤等注：《后汉书》，中华书局，1965年。
9. 余保纯修，黄其勤纂：《直隶南雄州志》，台湾成文出版社，1967年。
10. 马呈图纂辑：宣统《高要县志》，台湾成文出版社，1967年。
11. 张廷玉等：《明史》，中华书局，1974年。
12. 梁有誉：《兰汀存稿》，台湾伟文图书出版社有限公司，1976年。
13. 钱谦益辑：《列朝诗集小传》，上海古籍出版社，1983年。
14. 常璩撰，刘琳校注：《华阳国志校注》，巴蜀书社，1984年。
15. 屈大均：《广东新语》，中华书局，1985年。

16. 朱孟震：《玉笥诗谈》，中华书局，1985年。

17. 苏轼著，孔凡礼点校：《苏轼文集》，中华书局，1986年。

18. 黄佐：《泰泉乡礼》，《景印文渊阁四库全书》第142册，台湾商务印书馆，1986年。

19. 王世贞：《嘉靖以来首辅传》，《景印文渊阁四库全书》第452册，台湾商务印书馆，1986年。

20. 黄宗羲编：《明文海》，中华书局，1987年。

21. 司马光著，邓广铭、张希清点校：《涑水记闻》，中华书局，1989年。

22. 朱彝尊著，黄君坦校点：《静志居诗话》，人民文学出版社，1990年。

23. 李光祚修，顾诒禄纂：《（乾隆）长洲县志》，江苏古籍出版社，1991年。

24. 黄佐撰，陈宪猷疏校：《广州人物传》，广东高等教育出版社，1991年。

25. 陈田辑：《明诗纪事》，上海古籍出版社，1993年。

26. 黄佐：《庸言》，齐鲁书社，1995年。

27. 徐问：《山堂续稿》，《四库全书存目丛书·集部第五四册》，齐鲁书社，1997年。

28. 李福泰修，史澄纂，邓光礼、贾永康点注：《（同治）番禺县志》，广东人民出版社，1998年。

29. 孔安国传，孔颖达疏，廖名春、陈明整理：《尚书正义》，北京大学出版社，1999年。

30. 王弼注，孔颖达疏，卢光明、李申整理：《周易正义》，北京大学出版社，1999年。

31. 郑玄注，孔颖达疏，龚抗云整理：《礼记正义》，北京大学出版社，1999年。

32. 何晏集解，邢昺疏，朱汉民整理：《论语注疏》，北京大学出版社，1999年。

33. 赵岐注，孙奭疏，廖名春、刘佑平整理：《孟子注疏》，北京大学出版社，1999年。

34. 黄瑜撰，魏连科点校：《双槐岁钞》，中华书局，1999年。

35. 温汝能纂辑，吕永光等整理：《粤东诗海》，中山大学出版社，1999年。

36. 黄培芳等纂修：《黄氏家乘》，《北京图书馆藏家谱丛刊·闽粤（侨乡）卷》第5册，北京图书馆出版社，2000年。

37. 黄佛颐：《黄氏家乘续篇》，《北京图书馆藏家谱丛刊·闽粤（侨乡）卷》第5册，北京图书馆出版社，2000年。

38. 欧阳修著，李逸安点校：《欧阳修全集》，中华书局，2001年。

39. 杨一清撰，唐景绅、谢玉杰点校：《杨一清集》，中华书局，2001年。

40. 蒋冕著，唐振真、蒋钦挥、唐志敬点校：《湘皋集》，广西人民出版社，2001年。

41. 田明曜修，陈澧纂：《（光绪）香山县志》，上海古籍出版社，2002年。

42. 黄佐：《翰林记》，傅璇琮、施纯德编：《翰学三书》，辽宁教育出版社，2003年。

43. 黄佐纂修：《（嘉靖）广东通志》，岭南美术出版社，2006年。

44. 黄佐纂修：《（嘉靖）广州志》，岭南美术出版社，2007年。

45. 林俊：《见素集》，《景印文渊阁四库全书》第1257册，台湾商务印书馆，2008年。

46. 黄宗羲著，沈芝盈点校：《明儒学案（修订本）》，中华书局，2008年。

47. 张衡著，张震泽校注：《张衡诗文集校注》，上海古籍出版社，2009年。

48. 邵伯温撰，王根林校点：《邵氏闻见录》，上海古籍出版社，2012年。

49. 朱国祯撰，王根林校点：《涌幢小品》，上海古籍出版社，2012年。

50. 王鏊著，吴建华点校：《王鏊集》，上海古籍出版社，2013年。

51. 杨一凡点校：《皇明制书·军政条例》，社会科学文献出版社，2013年。

52. 文徵明著，周道振辑校：《文徵明集》，上海古籍出版社，2014年。

53. 郭棐撰，黄国声、邓贵忠点校：《粤大记》，广东人民出版社，2014年。

54. 杜甫著，谢思炜校注：《杜甫集校注》，上海古籍出版社，2015年。

55. 霍韬：《渭厓文集》，广西师范大学出版社，2015年。

56. 李贺著，吴企明笺注：《李长吉歌诗编年笺注》，中华书局，2016年。

57. 郭茂倩编：《乐府诗集》，中华书局，2017年。

58. 王世贞著，吕浩校点：《弇山堂别集》，上海古籍出版社，2017年。

59. 李贤等撰，方志远等点校：《大明一统志》，巴蜀书社，2018年。

60. 王守仁撰，吴光等编校：《王阳明全集》，上海古籍出版社，2018年。

61. 李元阳：《李元阳文集》，云南大学出版社，2018年。

62. 吴道镕、张学华辑：《广东文征》，广东人民出版社，2019年。

63. 湛若水撰，黄明同主编：《湛若水全集》，上海古籍出版社，2020年。

64. 王世贞撰，姚大勇等校点：《弇州山人四部稿》，上海古籍出版社，2021年。

65. 黄佐著，陈广恩点校：《泰泉集》，凤凰出版社，2021年。

66. 李东阳撰，钱振民编订：《李东阳全集》，复旦大学出版社，2022年。

二、专著

1. 高春缎：《黄佐生平及其史学（一四九〇——一五六六）》，台湾高雄文化出版社，1992年。
2. 张建仁：《明代教育管理制度研究》，文津出版社，1993年。
3. 尹选波：《中国明代教育史》，人民出版社，1994年。
4. 蒙荫昭、梁全进主编：《广西教育史》，广西人民出版社，1999年。
5. 刘海峰：《科举学导论》，华中师范大学出版社，2005年。
6. 王凯旋：《明代科举制度考论》，沈阳出版社，2005年。
7. 郭培贵：《明史选举志考论》，中华书局，2006年。
8. 谭祖安、戴美政：《杨一清评传》，云南人民出版社，2007年。
9. 林子雄：《黄佐》，广东人民出版社，2010年。
10. 张伯宇：《湛甘泉心学思想研究》，台湾花木兰文化出版社，2010年。
11. 黄明同：《陈献章评传》，南京大学出版社，2011年。
12. 王文娟：《湛甘泉哲学思想研究》，巴蜀书社，2012年。
13. 陈泽泓：《岭表志谭》，广东人民出版社，2013年。
14. 邓洪波：《中国书院史（增订版）》，武汉大学出版社，2013年。
15. 黄明同：《岭南心学：从陈献章到湛若水》，上海辞书出版社，2015年。
16. ［美］富路特、房兆楹原主编，李小林、冯金朋主编：《明代名人传》，北京时代华文书局，2015年。
17. 朱鸿林：《儒者思想与出处》，生活·读书·新知三联书店，2015年。
18. 黎业明：《湛若水年谱》，上海古籍出版社，2016年。
19. 商传：《明朝文化概论》，南京出版社，2016年。
20. 束景南：《王阳明年谱长编》，上海古籍出版社，2017年。

21. 尹德元编著：《大学士张治》，民主与建设出版社，2018年。

22. 商传：《明代文化史》，安徽文艺出版社，2019年。

23. 周道振、张月尊纂：《文徵明年谱》，中华书局，2020年。

24. 陈来：《宋明理学》，北京大学出版社，2020年。

25. 李龙潜：《李龙潜文集》，齐鲁书社，2020年。

26. 王聪明：《双城记：明清清淮地区城市地理研究》，社会科学文献出版社，2020年。

27. 刘海峰、李兵：《中国科举史（修订本）》，东方出版中心，2021年。

28. 王建军：《广东教育史（上卷）》，广东高等教育出版社，2021年。

29. 邹长清：《清代翰林院庶吉士制度研究》，商务印书馆，2021年。

30. ［美］戴思哲著，向静译：《中华帝国方志的书写、出版与阅读：1100—1700年》，上海人民出版社，2022年。

三、论文

（一）学位论文

1. 邱晓平：《明中叶吴中文人集团研究》，首都师范大学博士论文，2004年。

2. 杨华文：《明朝回避制度述论》，湖南师范大学硕士论文，2005年。

3. 张敏：《南园后五先生诗歌研究》，暨南大学硕士论文，2007年。

4. 李亮：《左顺门事件研究》，西北师范大学硕士论文，2011年。

5. 陈宗梓：《嘉靖前期张璁与杨一清关系研究》，西北师范大学硕士论文，2012年。

6. 杨明铭：《略论明代言官规谏皇帝》，辽宁师范大学硕士论文，2012年。

7. 王其良：《黄佐交游研究——以名宦和大儒为考察对象》，暨南大学硕士论文，2013年。

8. 于天娇：《明代文官考核制度》，哈尔滨师范大学硕士论文，2013年。

9. 孔祥龙：《明代广东书院研究》，云南大学硕士论文，2014年。

10. 梁艳：《黄佐的教育活动及其教育思想研究》，暨南大学硕士论文，2015年。

11. 董莉莉：《明代广州府作家研究》，上海师范大学硕士论文，2016年。

12. 由迅：《明代湖北经学研究》，华中师范大学博士论文，2017年。

13. 陈志婷：《经筵与嘉靖大礼议》，东北师范大学硕士论文，2017年。

14. 孙宇：《黄瑜〈双槐岁钞〉研究》，江苏师范大学硕士论文，2018年。

15. 吴泽文：《黄佐与明代广东地方教化研究》，暨南大学硕士论文，2018年。

16. 周兴：《明代广东儒学史研究》，西南大学博士论文，2019年。

17. 杨戴君：《黄佐及其诗歌研究》，广州大学硕士论文，2019年。

18. 张俊业：《黄佐年谱》，广州大学硕士论文，2019年。

19. 曲劲竹：《陈献章理学诗研究》，延边大学硕士论文，2019年。

20. 刘敬宜：《黄佐诗文系年》，暨南大学硕士论文，2020年。

21. 李美琴：《黄瑜研究》，江西师范大学硕士论文，2022年。

22. 刘涛：《张衮与〈张水南文集〉文献研究》，东北师范大学硕士论文，2022年。

23. 崔全婷：《明代官员考满制度之研究》，东北师范大学硕士论文，2023年。

（二）其他论文

1. 王兴亚：《明代官吏的回避制度》，《河南大学学报（社会科学版）》1991年第1期。

2. 何国华：《明代著名教育家湛若水》，《岭南文史》1991年第3期。

3. 邹长清：《明代庶吉士制度探微》，《广西师范大学学报（哲学社会科学版）》1998年第2期。

4. 陈宪猷：《黄佐论稿》，《华南师范大学学报（社会科学版）》1998年第4期。

5. 诸焕灿：《王阳明弟子杂考》，《浙江学刊》1999年第5期。

6. 王冬：《古代"中和"观及其现实意义》，《天津师大学报（社会科学版）》2000年第2期。

7. 汤开建：《元明之际广东政局演变与东莞何氏家族》，《中国史研究》2001年第1期。

8. 何孝荣：《论明世宗禁佛》，《明史研究》第7辑，黄山书社，2001年。

9. 胡发贵：《江右大儒 宋学中坚——试论罗钦顺的学术思想》，《南昌大学学报（人文社会科学版）》2002年第2期。

10. 胡发贵：《试论罗钦顺思想的影响》，《船山学刊》2003年第3期。

11. 黄敏：《罗浮山与岭南文化》，《社会科学家》2003年第5期。

12. 赵园：《乱世友道——明清之际有关"朋友"一伦的言说的分析》，《甘肃社会科学》2006年第1期。

13. 刘志伟：《从乡豪历史到士人记忆——由黄佐〈自叙先世行状〉看明代地方势力的转变》，《历史研究》2006年第6期。

14. 陶明选：《论明代宗教政策的宽容特色》，《兰州学刊》2007年第11期。

15. 徐永杰：《宁波争贡事件再研究》，《历史教学（高校版）》2008年第22期。

16. 胡小安：《论黄佐在广西的教化活动》，《广西民族大学学报》2008年第3期。

17. 翟奎凤：《致良知与致中和——王阳明中和论思想发微》，《安徽大学学报（哲学社会科学版）》2008年第4期。

18. 关汉华：《黄佐及其〈翰林记〉》，《广东社会科学》2009年第3期。

19. 赵毅、胡克诚：《杨一清与大礼议》，《东北师大学报》（哲学社会科学版）2009年第6期。

20. 陈广恩：《试论黄佐对岭南文化的贡献》，《文化杂志》2011年冬季刊。

21. 刘金平：《儒家"中和"思想对人与自然和谐发展的意义及局限性》，《湖北大学学报（哲学社会科学版）》2011年第6期。

22. 李四龙：《论儒释道"三教合流"的类型》，《北京大学学报（哲学社会科学版）》2011年第2期。

23. 周炽成：《"心学"源流考》，《哲学研究》2012年第8期。

24. 林璜：《略论明代黄佐的方志学成就》，《历史教学（下半月刊）》2013年第3期。

25. 翟爱玲：《"大礼议"事件的政治意义与嘉靖前期的政治局势》，《史学集刊》2013年第4期。

26. 童杰：《从明日勘合贸易的历史进程看"宁波争贡事件"》，《宁波大学学报（人文科学版）》2013年第6期。

27. 陈广恩：《〈泰泉集〉版本初探》，《暨南学报（哲学社会科学版）》2014年第2期。

28. 陈广恩：《〈泰泉集〉文献价值管窥》，《文化杂志》2014年冬季刊。

29. 陈广恩、梁艳：《黄佐历史观刍议》，刘正刚主编：《历史文献与传统文化》第十九辑，暨南大学出版社，2014年。

30. 关汉华：《黄佐〈广东通志〉之编纂及其文献价值》，《图书馆论坛》2014年第10期。

31. 许潇：《湛若水的儒佛之辨》，《北京理工大学学报（社会科学版）》2014年第4期。

32. 陈圣争：《梁有誉籍贯家世生平考》，《中国文学研究》2014年第2期。

33. 陈旭：《林俊与明代"大礼议"》，《西南大学学报（社会科学版）》2015年第2期。

34. 马寄：《论湛若水"随处体认天理"的功夫》，《伦理学研究》2015年第6期。

35. 储卉娟：《家国互构：社会史视角下的明代"大礼议"——以霍韬为切入点》，《社会学评论》2016年第4期。

36. 赵现海：《明代中国的历史定位与研究视野——2015年明史研究的总结与展望》，《中国史研究动态》2016年第3期。

37. 黄雪敏、区婉仪：《岭南香山黄氏文化世家考述》，《佛山科学技术学院学报（社会科学版）》2017年第2期。

38. 吴泽文、陈广恩：《从〈小学古训〉的流传看明中后期社会文化生态之变化》，纪宗安、马建春主编：《暨南史学》第十四辑，广西师范大学出版社，2017年。

39. 林子雄：《明嘉靖〈广东通志〉考略》，《古版新语：广东古籍文献研究文集》，广州出版社，2018年。

40. 赵德波：《黄佐与王阳明之会的思想史意义》，《广州大典研究》2018年第2辑。

41. 刘慧宽：《隐去的脉络：明代理学诗的形成》，Science and Engineering Research Center，*Proceedings of 2018 2nd International Conference on Education, Management and Applied Social Science（EMASS 2018）*，DEStech Publications，2018年6月。

42. 李德锋：《论明代程朱理学的官方化及其对史学的消极影响》，《内蒙古大学学报（哲学社会科学版）》2018年第3期。

43. 张吉寅：《"水不润下"与北宋濮议》，《北京社会科学》2019年第7期。

44. 黄鹤：《经学向理学转变中的〈诗经〉——以黄佐〈诗〉学为例》，《鹅湖月刊》2019年第10期。

45. 陈利娟：《〈双槐岁钞〉对广东文化的正面书写与形象建构》，《广州大典研究》2020年第2辑。

46. 吴泽文：《明代理学社会化与祖先故事的再书写：以香山黄氏为中心》，《历史人类学学刊》2021年第1期。

47. 姚才刚、李莉：《宋明儒学中的"心学"概念》，《湖北大学学报（哲学社会科学版）》2021年第5期。

48. 杨锐明：《父子关系与新旧交替：再论北宋"濮议之争"》，《河南理工大学学报（社会科学版）》2022年第3期。

49. 李华瑞、武彦赟：《吕诲与濮议之争》，《西北师大学报（社会科学版）》2023年第2期。

50. 刘斌：《试论"宁波争贡"事件对朝鲜处理日本漂流民政策的影响》，《海交史研究》2023年第1期。

后　记

　　观黄佐生平，其心自乐也。三赴春闱而不第，宦海浮沉而不惊，终择其所乐：著书讲经，谈学论道。千年以降，士人求达者，莫不以科举为阶。明中叶世潮汹涌，佐虽非游刃有余，然能全身而退，终得圆满。其前半生宦海周旋，尽展礼法节度、人际张弛；后半生乡野沉潜，设帐授徒，另辟蹊径。

　　余自谓亦好书者，书房笔墨常警吾以临帖读书。自千禧年入大学至今，未尝辍笔，有习所爱之业，亦有因事所需之学。余本学服装设计，忝列美术生之列。艺术之益，首在审美、感性与精神之丰。昔年沉浸于设计稿中，可忘尘世纷扰。本科既毕，跨专业攻法学。此学也，严谨缜密，需践于行，亦富千年沿革——自上古石柱至今世三载一订之民法。余喜研案牍，观世间百相、人情冷暖，更见疾苦纷纭、因果循环。后因事涉工商管理，深入实务，周旋于市井之间，如阅世俗绘本、人性万态，或工笔细描，或简笔勾勒。

　　然此诸般，多循前人旧轨。遂转研史乘，观朝代兴衰、将相风云，见有人名垂青史，功成名就。然窗外珠江日沉，古来英雄安在？圣贤虽逝，功名载于竹帛，然廿一世纪之千年后乎？上世纪初新思潮破千年传统，近廿年科技革新变数无穷，万物疾驰，吾辈能留何物？幸有黄佐同僚杨慎语曰："青山依旧在，几度夕阳红。"

　　世人多羡渔翁垂钓清风，然终碌碌一生，及至鹤发垂枕，方悟本心。此非消极处世，亦非颓然躺平，唯叹浮生倥偬，几人得活真我？岂堪终日困于人际樊笼，如阿房宫阙，勾心斗角？

此或为是书之结语也。行文至此，当止笔矣。忆昔年求学历程，虽多经磨砺，然于教育之忱，未曾稍减。尝闻："教育者，一棵树摇一棵树，一朵云推一朵云，一灵魂唤一灵魂。"无分贵贱，人皆有其价值。或专于一业，或博涉诸科，广见闻、丰眼界，皆为美事。

感父母之恩，育我于军旅之家，母嗜戏曲，父严而身范。四十余载人生路，刚柔相济，既崇军人之刚毅，亦爱艺术之灵动。双亲所赐，实乃天地之宽。

更念及良人，结缡数稔，鹣鲽情深。其于我，非独柴米晨昏之伴，实乃砚田文海之师。忆往昔，每陷经籍疑云，困于考据迷津，君必援典据理，如庖丁解牛析其症结；若逢事业蹇滞，心绪怫郁，君则温言相慰，妙策频出，恰似春风解冻，霁月光尘。观其学，博通今古，胸藏丘壑；察其思，洞见幽微，烛照千里。譬若灯塔引航，暗夜启明，令我迷途知返，终达津岸。此情此德，镂骨铭心，虽九死而难忘焉。

谢恩师陈广恩先生，不厌其烦，指谬正讹，校订书稿。先生腹笥丰赡，风趣可亲，研古籍则字斟句酌，授业道则一丝不苟，真"一片冰心在玉壶"也。师母朱巧云先生，慈蔼可敬，与先生皆人中君子。愿两位体健神清，诸事顺遂。

谢同门高弘泽、钟洁华、谭宝鑫、张勉柏诸弟，刘敬宜、徐甜、李艳敏诸妹，及门生徐肃。诸君于文献考辨、文字校雠多有助力，愿学业精进，宁静致远。

四载博士研修，今将暂告段落。后事如何，且待来日。

尝叹红尘无知己，错慕天阙云高。瑶琴弦断任风飘。问谁堪共语，唯有木萧萧。偶见钱塘潮上月，故人影动迢迢。携壶欲问客安否。笑答随风去，脱缰自逍遥。

撰者小识

王婷，别号醉秦潮，斋名卿语堂。暨南大学研究员，跨界执艺术之笔、法学之剑，怀丹青雅趣与经世宏愿。

求学之路，纵横多元。以艺术设计与法学双学士学位为基，工笔白描深得中国诗书画研究院夏山河先生真传，笔下人物形神兼具，尤擅以传统技法解析文化精髓；后投身法学殿堂，追随中国政法大学民商法泰斗江平教授，摘得硕士、博士学位，于法理思辨中锻造缜密逻辑；继而进入中山大学岭南学院，师从组织行为学大家储小平教授，攻读工商管理硕士，将管理智慧融入实践；终以暨南大学中国史博士身份，在陈广恩教授指导下深耕文化史籍，熔铸"艺术风骨、学术脉络、管理实用"的跨学科研究体系。

职业履痕丰富多元，从律所的严谨专业，到商海的风云变幻，再至高校的育人天地，于企业管理、ESG研究、社会公益领域游刃有余。这种跨界经历，恰似其工笔技法：以法学严谨勾勒制度轮廓，以艺术敏锐捕捉管理美学，以历史纵深洞察社会肌理。

现潜心卿语堂，专注潮州文化研究，于戏服纹样间探寻千年潮韵，在针线交织中解码文化基因。今新作《明代岭南大儒黄佐交游研究》中，更以跨界者的独特视角，深挖历史人物交游脉络，为岭南文化研究与传承绘就别具一格的学术图景。

乙巳年清明，书于暨南同卿语堂